Transferências e Registros de Atletas Profissionais de Futebol: Responsabilidades e Direitos

1ª Edição — Junho, 2016
2ª Edição — Dezembro, 2019

Marcos Ulhoa Dani

Juiz do Trabalho da 10ª Região. Ex-Juiz do Trabalho da 3ª Região.
Ex-Advogado da Caixa Econômica Federal. Bacharel em Direito pela UFMG.
Pós-graduado em Direito Material e Processual do Trabalho com Formação para Magistério Superior pela Faculdade Anhanguera-Uniderp.
Membro da Academia Nacional de Direito Desportivo (ANDD) – cadeira 42.

Transferências e Registros de Atletas Profissionais de Futebol: Responsabilidades e Direitos

2ª Edição

LTr®

LTr®

EDITORA LTDA.

Rua Jaguaribe, 571
CEP 01224-003
São Paulo, SP – Brasil
Fone: (11) 2167-1101
www.ltr.com.br
Dezembro, 2019

Projeto Gráfico e Editoração Eletrônica: Peter Fritz Strotbek
Projeto de Capa: Danilo Rebello
Impressão: Forma Certa

Versão impressa: LTr 6247.6 – ISBN 978-85-301-0141-1
Versão digital: LTr 9661.1 – ISBN 978-85-301-0142-8

Dados Internacionais de Catalogação na Publicação (CIP)
(Câmara Brasileira do Livro, SP, Brasil)

Dani, Marcos Ulhoa

Transferências e registros de atletas profissionais de futebol : responsabilidades e direitos / Marcos Ulhoa Dani. — 2. ed. — São Paulo : LTr, 2019.

Bibliografia.
ISBN 978-85-301-0141-1

1. Contratos profissionais desportivos — Brasil 2. Futebol — Leis e legislação — Brasil 3. Jogadores de Futebol — Estatuto legal, leis, etc. I. Título.

19-31434 CDU-34:796.332

Índice para catálogo sistemático:

1. Futebol : Direito desportivo 34:796.332

Cibele Maria Dias – Bibliotecária – CRB-8/9427

Agradecimentos

Agradeço àqueles que me inspiraram a escrever a segunda edição deste livro, seja pelo exemplo de vida, seja pela excelência acadêmica e intelectual, seja pela autenticidade e coragem, seja pelo esforço e dedicação ao trabalho e ao esporte.

Assim, rendo homenagens ao meu colega da ANDD, o professor e advogado Gustavo Lopes Pires de Souza, profissional vanguardista, corajoso e autêntico, que, gentilmente, escreveu o prefácio deste livro. Ao Exmo. Ministro Guilherme Augusto Caputo Bastos, Ministro do TST e Presidente da ANDD, fomentador intelectual do estudo e engrandecimento do Esporte, em todas os seus matizes. Ao ilustre Desembargador Ricardo Alencar Machado, um dínamo, verdadeira força motriz no trabalho e no incentivo ao esporte. Aos servidores da 13ª Vara do Trabalho de Brasília e aos colegas magistrados do TRT da 10ª Região, pelo suporte e trabalho realizados em prol do Direito do Trabalho. Aos colegas acadêmicos da Academia Nacional de Direito Desportivo, pelo brilhantismo intelectual e ricas discussões jurídicas.

A Deus, por me agraciar com saúde para trabalhar.

Para minha família e amigos, em especial aos meus pais,
que me proporcionaram tudo que tenho.

À minha amada esposa Paula,
companheira de todas as horas e amor da minha vida,
por tentar compreender a paixão pelo futebol
e por ser meu porto seguro.

Sumário

Lista de Abreviaturas

ADI .... Ação Direta de Inconstitucionalidade
ANDD .... Academia Nacional de Direito Desportivo
BID .... Boletim Informativo Diário
CAS................. Corte Arbitral do Esporte
CBDE .... Confederação Brasileira de Desporto Escolar
CBDU............. Confederação Brasileira de Desporto Universitário
CBF................. Confederação Brasileira de Futebol
CBJD .... Código Brasileiro de Justiça Desportiva
CBMA .... Centro Brasileiro de Mediação e Arbitragem
CC.................. Código Civil
CCPs.............. Comissões de Conciliação Prévia
CTI .... Certificado de Transferência Internacional
CTIF .... Certificado de Transferência Internacional de Futsal
CLT .... Consolidação das Leis do Trabalho
CNJ .... Conselho Nacional de Justiça
CNRD .... Câmara Nacional de Resolução de Disputas
CONCACAF. *Confederation of North, Central American and Caribbean Association of Football* (Confederação de Futebol da América do Norte, Central e Caribe)
CONMEBOL Confederação Sul Americana de Futebol
CPC/1973 ...... Código de Processo Civil de 1973
CPC/2015 ...... Código de Processo Civil de 2015
CRL................ Comitê de Resolução de Litígios
CRM .... Conselho Regional de Medicina
CTPS .... Carteira de Trabalho e Previdência Social
DeJT-MG....... Diário eletrônico da Justiça do Trabalho de Minas Gerais
DJ .... Diário de Justiça

DRC............... *Dispute Resolution Chamber* (Câmara de Resolução de Disputas da FIFA)

ECA............... Estatuto da Criança e do Adolescente

EEE............... Espaço Econômico Europeu

FAAP............. Federação das Associações de Atletas profissionais

FENAPAF...... Federação Nacional dos Atletas Profissionais

FIFA............... *Fédération Internationale de Football Association* (Federação Internacional de Futebol)

FMF............... Federação Mineira de Futebol

HC................. *Habeas corpus*

ICAS.............. Conselho Internacional de Arbitragem do Esporte

LINDB........... Lei de Introdução às Normas do Direito Brasileiro

MG................ Minas Gerais

MLS............... *Major League Soccer* (Liga Maior de Futebol dos Estados Unidos da América)

NCPC/15....... Novo Código de Processo Civil de 2015

PEA............... População Economicamente Ativa

PROFUT........ Programa de Modernização da Gestão e de Responsabilidade Fiscal do Futebol Brasileiro

REC............... Regulamento Específico da Competição

RCNRD.......... Regulamento da Câmara Nacional de Resolução de Disputas

RGC............... Regulamento Geral de Competições

RNI................ Regulamento Nacional dos Intermediários

RNRTAF........ Regulamento Nacional de Registro e Transferências de Atletas de Futebol da CBF

RO................. Recurso Ordinário

STF................ Supremo Tribunal Federal

STJ................ Superior Tribunal de Justiça

SbDI.............. Subseção de Dissídios Individuais

TAS............... Tribunal Arbitral do Esporte

TFS................ Tribunal Federal da Suíça

TMS............... *Transfer Matching System*

TRT............... Tribunal Regional do Trabalho

TST................ Tribunal Superior do Trabalho

UE.................. União Europeia

UEFA............ *Union of European Football Associations* (União das Federações Europeias de Futebol)

Apresentação

Quando o artista esculpe a pedra e alcança a forma nas três dimensões que imaginou, ele termina a obra, não retorna para conferir outro talho.

O escritor, por sua vez, não esquece, reflete o tempo todo sobre o que poderia acrescer no texto. Sem modificar a sua essência, persiste buscando melhorar o que não terminou.

O Torcedor, Juiz do Trabalho e Membro da Academia Nacional de Direito Desportivo, Marcos Ulhoa Dani, felizmente é um desses persistentes.

Com maestria, mais uma vez, o autor, apaixonado pelo futebol e pelo Direito, consegue reunir nessa edição conceitos de vários temas de Direito do Desporto.

A primeira edição de *Transferências e Registros de Atletas Profissionais de Futebol — Responsabilidades e Direitos*, que foi um sucesso, recebeu novas reflexões, que contribuem para difundir os resultados das pesquisas na área do Direito Desportivo.

Acontecimentos recentes são analisados nesta obra, o que dá a ela o caráter de atualidade necessário à nova edição.

Os leitores terão a oportunidade de satisfazer o desejo de encontrar a leitura instigante, clara e precisa.

Arrisco dizer que, talvez, essa edição revisada e ampliada de *Direito do Desporto* não mereça outro talho. O escritor aproximou-se do escultor.

Obrigado, Marcos, por mais um gol.

Guilherme Augusto Caputo Bastos
Presidente da Academia Nacional de
Direito Desportivo. Ministro do TST

Prefácio

"O intelectual brasileiro que ignora o futebol é um alienado de babar na gravata."
(Nelson Rodrigues)

O Direito Desportivo é o ramo do direito que rege o desporto e se apresenta de forma multi e interdisciplinar, eis que abrange várias áreas do Direito como Teoria Geral dos Contratos, Consumidor, Tributário, Trabalhista, Internacional e até Penal.

Em sua segunda edição ampliada e revisada, esta obra debruça-se sobre os bastidores técnico-jurídicos das transações envolvendo jogadores de futebol.

Marcos Ulhoa Dani traz o tema com o raríssimo olhar de quem conhece a advocacia privada (2001 a 2005), a advocacia pública (foi advogado da Caixa entre 2005 e 2012), a sala de aula (foi professor em cursos preparatórios para concursos) e a Magistratura (é Juiz do Trabalho desde 2012).

O autor também é palestrante, autor de artigos jurídicos e dos livros *Direito Processual do Trabalho no TST: Teoria e Práticas Modernas*, (2012) e *Transferências e Registros de Atletas Profissionais de Futebol — Responsabilidades e Direitos*, (2016), bem como membro da cadeira 42 da Academia Nacional de Direito Desportivo — Brasil.

Para se compreender a complexidade que envolve as transferências dos atletas de futebol, inicialmente é preciso conhecer as normas aplicáveis.

Assim, a presente obra inicia-se com a apresentação das principais normas aplicáveis, especialmente, a legislação trabalhista brasileira e os regulamentos federativos da FIFA e da CBF.

Com coragem, o autor enfrenta a polêmica que envolve a possibilidade, ou não, de se buscar as vias arbitrais para solução de conflitos trabalhistas e aponta, de forma paradigmática, o caso Paolo Guerrero, condenado pelo Tribunal Arbitral do Esporte por uso de cocaína.

Em seguida, Ulhoa indica e debate os principais institutos desportivo-laborais surgidos com a extinção do passe.

Quem pretende atuar no desporto como advogado, gestor, dirigente e intermediário (agente) precisa conhecer, dentre outros institutos, as cláusulas rescisórias do contrato de trabalho (indenizatória e compensatória desportiva), a função do pré-contrato e as nuances dos direitos econômicos e federativos.

Estes e outros conceitos são trazidos com a didática exigida pelos iniciantes sem, no entanto, afastar a profundidade que interessa aos mais avançados.

Após auxiliar no conhecimento e na compreensão dos institutos normativos e conceituais das transferências dos atletas, o autor passa aos aspectos práticos.

Há, por exemplo, um período específico para as transferências denominado "Janela de Transferências" e elas são lançadas em um sistema denominado *TMS — Transfer Matching System*.

Estas e outras questões fáticas são trazidas à baila pelo autor, o que confere a esta obra um "que" de guia de consulta indispensável.

Destaque especial para os aspectos laborais que permeiam o distrato contratual e suas cláusulas abusivas, em que Ulhoa traz o paradigmático caso Fred que ao rescindir com o Atlético Mineiro firmou termo em que se comprometia a pagar substancial multa em caso de transferência para o rival Cruzeiro.

O leitor não pode deixar de concentrar atenção especial às dicas de ouro do autor no que diz respeito à produção de provas na Justiça do Trabalho.

Em um mundo de leituras fugazes e conhecimento descartável, a presente obra consegue unir a linguagem simples dos tempos modernos sem perder o conteúdo que a temática exige.

Todo estudioso e profissional do Direito Desportivo precisa ter este livro não em sua estante, mas à mão para consultá-lo sempre que se deparar com transferências de atletas de futebol.

Existe um grande (e novo) livro na cidade que, certamente, será constante nas suas pesquisas!!!

Gustavo Lopes Pires de Souza
Mestre em Direito Desportivo pela
Universidade de Lleida. Coordenador do
Curso de Especialização em *Marketing*,
Gestão e Direito Desportivo do INEJE.
Cadeira 36 da Academia Nacional de
Direito Desportivo — Brasil

Capitulo 1

Introdução

O futebol é um esporte que, há muito, move multidões e atrai a atenção de todos os povos, nas mais diferentes culturas. Há registros de jogos ou práticas militares parecidas com o futebol na China, no ano 207 a.C., e no antigo Egito, com pinturas encontradas nas tumbas de faraós(1). A uniformização das regras e o estabelecimento do formato do desporto, tal como o conhecemos atualmente, aconteceu nos séculos XVIII e XIX. Registra Zainaghi:

> "Em 1863, os defensores da prática do esporte somente com os pés fundaram o *'Football Association'*, numa taberna, em Londres, chamada *Old Freemanson Tavern*, localizada na Greet Queen Street, uniformizando as regras. [...] Rapidamente, o futebol se difundiu por todo o Reino Unido, graças à simpatia que tinha entre os estudantes, operários e comerciantes. Logo, sua prática alcança a Europa continental e, em seguida, chega à América. Com a Revolução Industrial o futebol começou, no século XVIII, a se organizar como prática desportiva excelente para a educação das pessoas, com seu caráter de disciplina e companheirismo."(2)

O jogo floresceu, em cores vivas, durante o século XX. Em grande medida, até pela sua origem inglesa, o desporto, tal como o conhecemos atualmente, foi disseminado em dimensão planetária pela influência do antigo Império Britânico durante o século passado, especialmente na sua primeira metade. Um dos maiores historiadores do século XX, o saudoso Eric Hobsbawn, citado por Cesar Augusto Cavazzola Junior, pontuou tal fato em sua grande obra, *A Era dos Extremos: o breve século XX:*

> "O esporte que o mundo tornou seu foi o futebol de clubes, filho da presença global britânica, que introduziu times com nomes de empresas britânicas ou compostos de expatriados britânicos (como o São Paulo Atlético Club) do gelo polar ao Equador. Esse jogo simples e elegante, não perturbado por regras e/ou equipamentos complexos, e que podia ser praticado em qualquer espaço aberto mais ou menos plano do tamanho exigido, abriu no mundo inteiramente por seus próprios méritos e, com o estabelecimento da Copa

(1) ZAINAGHI, Domingos Sávio. *Os atletas profissionais de futebol no direito do Trabalho*. 2. ed. São Paulo: LTr, 2015. p. 27-28.

(2) *Ibidem*, p. 31.

do Mundo em 1930 (conquistada pelo Uruguai), tornou-se genuinamente universal (HOBSBAWN, 2005, p. 197)."[3]

A profissionalização do esporte, o patrocínio e o investimento de grandes conglomerados internacionais, o envolvimento, inclusive monetário, dos torcedores e o surgimento de novas ligas implicaram na densificação dos valores envolvidos nas negociações de direitos de atletas profissionais de futebol. O esporte tornou-se um fenômeno mundial, até pela inserção das novas mídias e transmissões de campeonatos ao redor do globo, em tempo real. Os atletas, em cada vez mais tenra idade, são recrutados e transferidos entre países. Lembrou, novamente, Eric Hobsbawn, em entrevista dada no ano de 1999, a Antonio Polito, no livro "O novo século":

> "O crescimento de um mercado global tornou possível as comunicações rápidas, de modo que o mesmo programa de televisão ou o mesmo filme pode ser transmitido ao mesmo tempo a todo o mundo. Isso fez de espetáculos ao vivo, como os jogos de futebol, entretenimentos genuinamente internacionais, nos quais os times não estão mais associados a um país específico ou, ainda menos, a determinada cidade. Há uma reserva global de jogadores que são recrutados e transferidos de uma parte a outra do globo, tal como no passado ocorria apenas com as divas da ópera e os grandes maestros. Nada ilustra melhor a globalização do que as transformações por que passou o futebol na última década."[4]

Constata-se que os jovens torcedores, no Brasil, não raro, tem mais simpatia e vontade em adquirir camisetas de clubes de futebol internacionais como Real Madrid, Barcelona, Juventus, Chelsea, Manchester City, entre outros haja vista que os grandes ídolos do esporte, normalmente, são transferidos para aquelas agremiações, o que ganha a cobertura das mais variadas mídias, em tempo real. Usualmente, os grandes ídolos se concentram onde os recursos monetários para pagamentos de salários, luvas e premiações são mais abundantes. O *site sportsvalue* levantou que o mercado global de receitas de arenas, estádios e complexos esportivos superam US$ 50 bilhões anuais[5], isto sem contar, é claro, o que cada clube gera de riqueza em outras receitas de *marketing*, direitos de transmissão, venda de camisetas, produtos licenciados e as próprias transferências de atletas.

Em 2015, o Brasil "exportou" 1.212 atletas, dos quais 771 profissionais, 232 amadores e 209 profissionais que aceitaram deixar clubes profissionais brasileiros para jogar em clubes amadores no exterior. Só houve, entretanto, dinheiro envolvido em 99

(3) CAVAZZOLA JUNIOR, Cesar Augusto. *Manual de direito desportivo.* São Paulo: EDIPRO, 2014. p. 268.

(4) HOBSBAWN, Eric J. (1917) *O novo século:* entrevista a Antonio Polito/Eric J. Hobsbawn. Tradução do italiano para o inglês Allan Caeron; tradução do inglês pra o português e cotejo com a edição italiana Claudio Marcondes. São Paulo: Cia. das Letras, 2009. p. 116-117.

(5) Disponível em: <https://www.sportsvalue.com.br/estudos/maiores-receitas-com-matchday-do-esporte-global/>. Acesso em: 28 maio2019.

vendas. Por meio das 99 transações, entraram R$ 679,7 milhões nas contas bancárias dos clubes brasileiros. A média é de R$ 6,8 milhões obtidos para cada jogador vendido. No mesmo ano, o Brasil "importou" 648 jogadores — 580 profissionais e 68 amadores(6). Já em 2018, houve cerca de 830 transferências de jogadores e jogadoras do Brasil para o exterior e 677 do exterior para o Brasil. Os valores envolvidos nas transferências internacionais giraram em torno de R$ 1.600.000.000,00 (um bilhão e seiscentos milhões de reais)(7). Já em âmbito nacional, foram cerca de 16.389 transferências entre clubes(8).

Nações até então sem nenhum interesse e tradição no esporte, tais como Estados Unidos, Coreia do Sul e China, criaram ligas próprias com grande aceitação da população local, o que gerou uma entrada de enormes investimentos no setor e, consequentemente, aumento nas transferências internacionais dos atletas. Somente para se ter uma ideia, na temporada de 2015/2016, só os direitos de transmissão televisiva do Campeonato Chinês de Futebol ultrapassaram o valor de 4,5 bilhões de reais(9); isto tudo em uma primeira divisão com somente dezesseis clubes(10).

Só nas temporadas de 2014 e 2015, a CBF contabilizou cerca de 31 transferências de atletas que atuavam no futebol brasileiro para a China(11). A situação ainda existe nos dias atuais, como se constatou, recentemente, no caso do jogador Ricardo Goulart. O meia atacante, no início de 2019, foi cedido à Sociedade Esportiva Palmeiras, para um contrato de empréstimo de 1 ano, pelo seu empregador Chinês, o *Guangzhou Evergrande.* O negócio foi peculiar, pois o atleta veio em recuperação de uma lesão. Recebia, então, o maior salário para um atleta no Brasil: R$ 600.000,00 pelo Palmeiras e R$ 2.400.000,00 pelo *Guangzhou Evergrande,* totalizando 3 milhões de reais mensais(12). Após apenas 5 meses, quando se recuperou da lesão e voltou a marcar gols, o atleta foi, antes do fim da cessão, convocado para voltar a defender as cores do *Guangzhou Evergrande.* A possibilidade de retorno do atleta antes do fim do empréstimo provavelmente constou do contrato de cessão, sendo que a volta precoce do profissional ao

(6) Disponível em: <http://epoca.globo.com/vida/esporte/noticia/2016/02/brasil-obtem-r-565-milhoes-na-balanca-comercial-do-futebol-onde-esta-o-dinheiro.html>. Acesso em: 14 mar. 2016.

(7) Disponível em: <https://www.cbf.com.br/a-cbf/informes/index/raio-x-do-mercado-2019-r-1-6-bilhao-em-transferencias-internacionais>. Acesso em: 10 ago. 2019.

(8) Disponível em: <https://www.cbf.com.br/a-cbf/informes/index/raio-x-do-mercado-2019-numeros-gerais-de-registro e https://www.cbf.com.br/a-cbf/informes/index/raio-x-do-mercado-2019-top-10-destinos-dos-jogadores-de-futebol>. Acesso em: 19 jun. 2019.

(9) Disponível em: <http://zh.clicrbs.com.br/rs/esportes/noticia/2016/01/como-a-china-pretende-se-tornar-a-inglaterra-da-asia-no-futebol-4947663.html>. Acesso em: 10 jan. 2016.

(10) Disponível em: <http://www.futebol.com/china/campeonato-chines/classificacao.html>. Acesso em: 10 jan. 2016.

(11) Disponível em: <http://www.mg.superesportes.com.br/app/noticias/ultimas-noticias/1,1208,1,200/2016/01/20/noticia_futebol_internacional,327831/cbf-contabiliza-31-transferencias-para-china-entre-2014-e-2015.shtml>. Acesso em: 21 jan. 2016.

(12) Disponível em: <https://veja.abril.com.br/placar/no-palmeiras-ricardo-goulart-tera-o-maior-salario-do-futebol-brasileiro/>. Acesso em: 28 maio 2019.

clube chinês implicou em um novo contrato de 5 anos e um renovado salário mensal que o próprio jogador classificou como "irrecusável"(13).

As cifras milionárias líquidas oferecidas aos atletas, em valores inclusive maiores daqueles oferecidos no mercado europeu, salários em dia e segurança nas ruas chinesas têm seduzido os atletas a se transferirem ao país asiático. As condições de trabalho têm atraído especialmente os jogadores de nacionalidades latino-americanas, cujos clubes de origem não detêm condições econômicas para enfrentar as propostas estrangeiras, o que implica em verdadeira "debandada" de talentos para o exterior. Ademais, a desvalorização da moeda nacional perante moedas estrangeiras densificou tal realidade, e, não raro, verificamos atletas migrando para outras praças futebolísticas de menor tradição no esporte, cada vez mais em tenra idade.

Via de consequência, as entidades desportivas nacionais, em especial as equipes cujos atletas se destacam no ano anterior, ficam sujeitas a desmanches de seus escretes quase em uma sazonalidade anual ou semestral, nas chamadas "janelas de transferência internacional". Por outro lado, as inúmeras e sucessivas reformulações de plantéis de jogadores dos clubes nacionais implicam em novas transferências também no mercado interno, seja pela cessão definitiva, seja pela cessão temporária de atletas, o que faz emergir outras questões, tais como a responsabilidade pelo pagamento de salários e outros direitos trabalhistas.

A entrada de capitais no esporte, como se vê, tornou-se fator indispensável para manter o negócio como um entretenimento atrativo e empreendimento viável, reforçando-se a importância da saúde financeira dos clubes envolvidos para que seja fomentado um ambiente competitivo, o que atrai maiores patrocínios, cotas de transmissão, bem como o interesse dos fãs. Nesta esteira, a UEFA já vem implementando e exigindo o chamado *Fair Play Financeiro* aos seus afiliados, que significa que o clube não pode gastar mais do que a sua receita, observado determinado lapso temporal. São introduzidos, portanto, conceitos de governança, transparência e *compliance*. Caso os clubes não cumpram os requisitos não poderão disputar as competições organizadas por aquela federação. Atualmente, as equipes só têm licença para competir na Liga dos Campeões e Liga da Europa se não tiverem dívidas com o Estado, com os atletas e demais clubes. Importante destacar que tais vedações são oriundas de normas próprias da entidade de organização do desporto. No Brasil, já com maioria formada no Plenário do STF, na ADI n. 5.450, vem se estabelecendo o convencimento, com lastro na autonomia das entidades de organização do Desporto (art. 217, I, da CRFB-88), que lei heterônoma estatal não pode condicionar a participação de clubes em competições à regularidade fiscal e trabalhista. Assim, o Plenário do STF está formando posição pela inconstitucionalidade do art. 40 da Lei n. 13.155/2015 (PROFUT), no que tange à necessidade de regularidade fiscal e trabalhista dos clubes para efeito de participação nas competições, com eventual risco de descenso. Frise-se que, em nossa

(13) Disponível em: <https://esporte.uol.com.br/futebol/ultimas-noticias/2019/05/24/goulart-fala-em-salario-irrecusavel-e-diz-que-sai-pela-porta-da-frente.htm>. Acesso em: 28 maio 2019.

visão, tal entendimento não veda que as associações, ligas e entidades de organização do desporto possam estabelecer punições equivalentes nos seus regulamentos gerais, o que densificaria a previsão constitucional de sua autonomia, tal como se encaminha o julgamento do STF citado.

Observado tal cenário de rearranjo econômico, é notório que o futebol vem se adaptando e gerando novas receitas através das mídias sociais, como se verificou, por exemplo, em alguns jogos da Copa Libertadores da América do ano de 2019, em que houve transmissão exclusiva, em alguns jogos, de imagens e som pela rede social *Facebook* (em sua plataforma de *streaming*), inclusive com recordes de visualizações simultâneas(14).

Outros dois fenômenos decorrentes, em muito, da crise financeira que atravessa o país, injetaram novos recursos no mercado nacional de transferências de atletas. Dados recentes do Banco Central do Brasil dão notícia de que houve, somente em 2018, 2,9 bilhões de reais renegociados em dívidas da população brasileira(15). A demanda por capital de giro básico para a população densificou o nicho de empréstimos pessoais no Brasil. Aliado a tal fato, houve a autorização, pela Lei n. 13.756/2018, da exploração comercial das chamadas "apostas de cota fixa", que consiste em sistema de apostas relativas a eventos reais de temática esportiva. Via de consequência, percebe-se que, dos 20 clubes de futebol da primeira divisão brasileira no ano de 2019, nada mais nada menos do que 13 agremiações contam com patrocínios de instituições financeiras ou *sites* de apostas esportivas.

As transferências de atletas, especialmente quando o contrato desportivo com a entidade desportiva cedente ainda está em curso, implicam em uma série de obrigações financeiras e de registro para todas as partes envolvidas, sejam eles intermediários, empresários, clubes, federações e atletas. Por outro lado, surge a necessidade de garantia de direitos dos trabalhadores, em especial o livre exercício da profissão (art. 5º, XIII, da CRFB-88), seja nas transferências nacionais, seja nas transferências de âmbito internacional. Tal direito básico do trabalhador muitas vezes se choca com os interesses econômicos envolvidos nas transações e as consequentes pendências financeiras decorrentes do contrato de trabalho desportivo antes assinado. É preciso esclarecer quais os direitos, limitações e deveres das partes envolvidas em uma transferência e em um registro desportivo. De outro lado, é preciso estabelecer qual o substrato normativo a ser aplicado nestas situações, eis que a legislação nacional heterônoma é insuficiente nestas questões. Como se verificará, outras fontes extraestatais cuidaram de regular as questões que serão aqui tratadas, inclusive com limitações a atuações de terceiros, a bem do desporto. Também foi estabelecida a possibilidade de resolução de litígios em

(14) Disponível em: <https://uolesportevetv.blogosfera.uol.com.br/2019/04/11/jogo-do-flamengo-na-libertadores-bate-recorde-de-audiencia-no-facebook/>. Acesso em: 30 maio 2019.

(15) Disponível em: <http://www.jornaldebrasilia.com.br/economia/dividas-do-cartao-sao-mais-reestruturadas--por-clientes-de-baixa-renda/>. Acesso em: 28 maio 2019.

transferências internacionais, via arbitragem de órgãos da FIFA. Nesta edição também foram abordadas as questões processuais referentes aos litígios na Justiça do Trabalho para liberação de atletas. Finalmente, é preciso pontuar qual é a competência material de atuação, nestas questões, da Justiça do Trabalho.

As particularidades dessas transferências e registros, suas responsabilidades, procedimentos, formas de resolução de conflitos, questões processuais, direitos e questões circundantes, bem como as suas normas aplicáveis, serão a temática do presente estudo.

Das Normas Aplicáveis. Regulamentos das Entidades de Organização do Desporto. A Linha Tênue entre as Competências Materiais da Justiça do Trabalho e da Justiça Desportiva. Arbitragem no Campo Desportivo Trabalhista. Solução de Litígios Via Arbitragem Internacional. O Caso Paolo Guerrero

2.1. Das normas aplicáveis. Regulamentos das entidades de organização do desporto

Em vista do aumento da realidade de transferências, inclusive no âmbito internacional, torna-se cada vez mais comum o conflito entre clubes, atletas e terceiros, sendo necessária a interferência do Direito do Trabalho, em seu viés desportivo, para regular e pacificar tais questões. Como se notará, a Lei n. 9.615/1998 (Lei Pelé) não trouxe regulação exaustiva de todas as situações que podem advir de um contrato desportivo, em especial no que tange aos registros e às transferências de atletas. Por oportuno, destacamos que foi criada uma Comissão Especial de Juristas pelo Senado Federal em outubro de 2015, que vem discutindo um anteprojeto da Lei Geral do Desporto, com fincas a modernização da legislação desportiva nacional(16).

De toda sorte, para a solução e prevenção dos conflitos nesta área, com a atribuição das responsabilidades e direitos devidos, torna-se necessária a utilização de regras de hermenêutica para suprimento de lacunas, bem como uma interpretação integrada

(16) Informações disponíveis em: <http://www.ibdd.com.br/index.php/noticias/senado-federal-cria-comissao-de-juristas-para-elaborar-anteprojeto-da-lei-geral-do-desporto/>. Acesso em: 21 jan. 2016.

com os Princípios do Direito do Trabalho e a utilização de outras fontes subsidiárias, tais como aquelas previstas no art. 8º, *caput*, e parágrafo único da CLT, conforme autorização do art. 28, § 4º, da Lei n. 9.615/1998.

Neste particular, cabe destacar que as entidades privadas de organização do desporto, tais como a FIFA — *Fédération Internationale de Football Association* (Federação Internacional de Futebol), esta em âmbito internacional; UEFA — *Union of European Football Associations*, que em português significa União das Federações Europeias de Futebol — esta em âmbito europeu; a CONMEBOL (Confederação Sul Americana de Futebol); a CONCACAF (*Confederation of North, Central American and Caribbean Association of Football* — Confederação de Futebol da América do Norte, Central e Caribe) e a CBF - Confederação Brasileira de Futebol, esta última em âmbito nacional; têm regras próprias para a viabilização burocrática das transferências de jogadores e capacitação administrativa para a habilitação de registro dos atletas para participarem de disputas desportivas organizadas por aquelas entidades. É certo, até pela ausência de outras normas, que tais regramentos se aplicarão no Direito Brasileiro às transferências e registros, observados os limites mínimos (patamares civilizatórios mínimos) previstos nas normas cogentes tais como a Constituição da República e observada, ainda, as peculiaridades do esporte.

Nesse sentido é a posição do Professor Theophilo Antonio Miguel Filho, ao citar Álvaro Melo Filho que enalteceu a decisão judicial da lavra do Juiz Carlos Alberto May, da 20ª Vara do Trabalho de Porto Alegre, segundo o qual:

> "[...] tanto o Regulamento da FIFA sobre transferência internacional de jogadores como a Resolução da Presidência da CBF (02/2005) restam recepcionadas pelo art. 1º, § 1º, da Lei n. 9.615/1998 e pelo art. 217, inciso I, da Constituição Federal, uma vez que dispõe sobre uma situação diferenciada, qual seja, a transferência de jogadores profissionais de clubes estrangeiros para clubes brasileiros. Por conseguinte, não violam e nem colidem com o princípio da igualdade insculpido no art. 5º, *caput*, da Carta Magna."[17]

Creio que a questão não chega sequer a aprofundar as diferenças e discussões do Monismo e Dualismo. Poder-se-ia, dizer, grosso modo, que o Dualismo admite duas ordens jurídicas independentes, a ordem jurídica interna e a internacional. Já o Monismo prevê somente um ordenamento jurídico, com regras para a inserção das normas internacionais na legislação interna e uma única fonte normativa — o Estado. Com efeito, esclarece Kelsen:

> "Não há para os monistas duas ordens jurídicas estanques, como querem os dualistas, cada uma com âmbito de validade dentro de sua órbita, mas um

(17) MIGUEL FILHO, THEOPHILO ANTÔNIO. Soberania Nacional, Normas da FIFA e Juridicidade das Janelas de Transferência. In: *Direito do trabalho desportivo: os aspectos jurídicos da Lei Pelé frente às alterações da Lei n. 12.395/2011/organização e coordenação Alexandre Agra Belmonte, Luiz Philippe Vieira de Mello, Guilherme Augusto Caputo Bastos* – São Paulo: Ltr, 2013, p. 267.

só universo jurídico, coordenado, regendo o conjunto de atividades sociais dos estados, organizações internacionais e dos indivíduos."[18]

O fato é que entendo que a intervenção do Monismo e Dualismo seriam mais relevantes quando falamos de tratados internacionais, cujos signatários são pessoas jurídicas de direito público internacional reconhecidas pelos países em que a norma será acreditada e eventualmente recepcionada no ordenamento.

Todavia, não é esta a discussão aqui, pois, no presente caso, a FIFA é uma entidade de direito internacional privado e, a nosso sentir, suas normas e regulamentos foram recepcionadas como *usos e costumes* desportivos internacionais, fontes do direito reconhecidas no art. 8º, *caput*, da CLT. No particular, nos parece que, no âmbito do Direito Desportivo e em suas implicações diretas no Direito do Trabalho, a vertente mais consentânea com a realidade é a Teoria Pluralista. Esta teoria foi classificada pelo Exmo. Ministro do TST, Mauricio Godinho Delgado, como a mais compatível com o Direito do Trabalho e as suas particularidades. Com efeito, disse o citado doutrinador:

> "Já a teoria pluralista não considera válida a tese do exclusivismo estatal sustentando a clara existência de distintos centros de positivação jurídica ao longo da sociedade civil, como o demonstram, ilustrativamente, os costumes e os instrumentos jurídicos da negociação coletiva trabalhista (contrato coletivo, convenção coletiva ou acordo coletivo do trabalho). Para a vertente pluralista, a circunstância de se reconhecer no Estado o centro hegemônico de positivação jurídica não impede a percepção da nítida convivência, no âmbito societário, de outros núcleos de produção de fontes formais do Direito."[19]

Desta forma, a meu sentir, e dentro da realidade da Teoria Pluralista mais consentânea com o Direito do Trabalho, os regulamentos desportivos, tanto nacionais como internacionais, por serem criadores de normas jurídicas gerais, impessoais, abstratas e dotadas de sanção serão verdadeiros "atos-regra" (costumes) e, portanto, fontes formais autônomas do direito, oriundas, desta maneira, de outros núcleos jurígenos que não o Estado. A incidência de normas extraestatais desportivas já foi identificada pela doutrina:

> "A prática da atividade desportiva de alto rendimento invoca uma regulação híbrida, heteronormativa, da simbiótica relação ordenamento desportivo supraestatal e ordenamento laboral comum, este inteiramente emanado pelo Estado."[20]

---

(18) KELSEN, Hans. *Teoria Geral do Direito e do Estado*. Tradução: Luís Carlos Borges. São Paulo: Martins Fontes, 2000. p. 62-63.

(19) DELGADO, Mauricio Godinho. *Curso de direito do trabalho*. 8. ed. São Paulo: LTr, 2009. p. 130-131.

(20) RAMOS, Rafael Teixeira. *Direito desportivo trabalhista* — A fluência do ordenamento do desporto na relação laboral desportiva e seus poderes disciplinares. São Paulo: Quartier Latin, 2010. p. 133.

Consideramos os regulamentos mencionados como fontes autônomas (costumes), pois as entidades de organização do Desporto, como a FIFA e a CBF, elegem seus dirigentes, o que implica em dizer que participam, assim, da elaboração dos seus regulamentos, por meio dos dirigentes eleitos pela via representativa. Ao aderir à FIFA e às competições patrocinadas por aquela entidade e suas afiliadas, o clube se submete aos seus regulamentos. O Ministro Mauricio Godinho Delgado também classificou e identificou as qualidades e funções dos costumes no ordenamento:

> "Por costume entende-se, [...], a prática habitual adotada no contexto mais amplo de certa empresa, categoria, região etc., firmando um modelo ou critério de conduta geral, impessoal, aplicável *ad futurum* a todos os trabalhadores integrados no mesmo tipo de contexto. Os costumes têm, assim, caráter inquestionável de atos-regra, isto é, normas jurídicas. A qualidade e a função dos costumes como normas jurídicas autônomas, vocacionadas a suprirem lacunas percebidas nas fontes jurídicas principais do sistema, são referidas pela legislação trabalhista não apenas genericamente (através do mencionado art. 8º, da CLT), como também de modo tópico e específico."(21)

No caso da expressa citação legal de empoderamento da Justiça Desportiva e das entidades de organização do desporto, como ocorre no caso da Lei Pelé (*caput* dos arts. 16, 20 e 50 da Lei n. 9.615/1998) e da CRFB-88 (art. 217), entende-se que o costume é *secundum legem*, ou seja, conforme previsto em lei. Rafael Teixeira Ramos observa:

> "Vale ressalvar que, nas querelas tipicamente desportivas, como aquelas de disciplina, critérios técnicos e organização de competições, a FIFA não permite intervenção de poderes estatais, conforme os arts. 13, 14, 15 e 62 do seu Estatuto."(22)

Especialmente por lacuna legal, como já dito, os regulamentos desportivos sobre o assunto também se enquadram como usos e costumes. Assim, diferentemente de querelas tipicamente desportivas, que são ligadas à disciplina e às competições desportivas (submissão à Justiça Desportiva), as transferências e registros desportivos, até por poderem estar diretamente ligadas às relações de trabalho em âmbito desportivo, poderão ser, e normalmente são, diretamente analisadas pela Justiça do Trabalho, nos termos do art. 114, I e IX, da CRFB-88, sem a limitação do art. 217 da mesma Carta. No caso, como dito, o costume de admissão dos regulamentos a respeito atuará na lacuna da lei. Atuando na lacuna da lei, o costume será *praeter legem*, ou seja, uma fonte integrativa do ordenamento. No mesmo sentido desta integração está o magistério do Professor Gustavo Filipe Barbosa Garcia:

> "Os usos e costumes são considerados fontes formais também no Direito do Trabalho. Trata-se de conduta reiteradamente praticada e observada pelo

(21) DELGADO, Mauricio Godinho. *Op. cit.*, p. 154.

(22) RAMOS, Rafael Teixeira. *Direito desportivo trabalhista* — A fluência do ordenamento do desporto na relação laboral desportiva e seus poderes disciplinares. São Paulo: Quartier Latin, 2010. p. 94.

grupo social ou comunidade, que a considera juridicamente obrigatória. O costume *secundum legem* refere-se à conduta que já está prevista na própria lei [...] o costume *praeter legem* significa aquele que, embora não previsto em lei, não a afronta, sendo aceito pelo sistema jurídico, podendo, ainda, ser aplicado no caso de lacuna da lei. [...] O art. 8º, *caput*, da CLT explicita que os usos e costumes também podem ser utilizados na falta de disposições legais e contratuais, ou seja, como forma de integração do ordenamento jurídico no Direito do Trabalho."(23)

O professor Miguel Filho conclui o raciocínio da questão esclarecendo que a recepção das normas de uma organização de direito privado internacional como a FIFA não viola a soberania nacional, até pelos princípios modernos de cooperação internacional. Diz:

> "Em outras palavras, a fim de atender aos prementes anseios da globalização, consistente no congestionado tráfego mundial de bens, pessoas e direitos, hodiernamente exercer a soberania significa cooperar, outrora um favor (comitas gentium), hoje um dever constitucional; aderir a tratados internacionais; integrar organizações e reverenciar a normatividade delas oriunda. Nenhum desrespeito ao texto constitucional há nisso. Muito pelo contrário, há é risco de responsabilização perante a sociedade internacional em contrair uma obrigação de fazer e desrespeitá-la. O âmbito deste trabalho não permite o aprofundamento concernente à distinção de natureza jurídica entre organizações internacionais de direito internacional, criadas por tratados internacionais, e organizações internacionais de direito privado, como é o caso da FIFA. Relevante é a imperiosa necessidade de respeitar a normatividade dela oriunda, à qual a República Federativa do Brasil aderiu e aquiesceu, logo, a integrando. Destarte, não existe inconstitucionalidade ou mácula à soberania disso."(24)

Na nossa visão, a aplicação dos regulamentos mencionados justifica-se, em primeiro lugar, pois a própria Lei Pelé empoderou e reconheceu aquelas entidades e eventuais Ligas autônomas formadas por Entidades Desportivas como organizadoras do desporto (*caput* dos arts. 16 e 20 da Lei n. 9.615/1998). Em segundo lugar, como se notará, a legislação brasileira (arts. 22, I, XVI e 24, IX, da CRFB-1988) é insuficiente e lacunosa no que tange à regulação das transferências nacionais e internacionais de atletas profissionais, inclusive quanto aos seus procedimentos burocráticos de validade e registro de jogadores para o efetivo e regular exercício da profissão. Nesta situação, incide a possibilidade de suprimento de lacunas via regulamentos e estatutos daquelas entidades, bem como uma interpretação integrada com os Princípios do Direito do Trabalho e a utilização dos regulamentos e estatutos como fontes subsidiárias (costumes), tais como

(23) GARCIA, Gustavo Felipe Barbosa. *Curso de direito do trabalho.* 6a edição revista, atualizada e ampliada – Rio de Janeiro: Forense, 2012. p. 67-68.

(24) MIGUEL FILHO, Theophilo Antonio. *Op. cit.*, p. 267.

aquelas previstas no art. 8º, *caput* e parágrafo único da CLT, conforme autorização do art. 28, § 4º, da Lei n. 9.615/1998. O fenômeno de aceitação das normas desportivas, ao lado das normas heterônomas estatais, foi classificado como **internormatividade**, dentro de uma realidade de pluralismo jurídico — em que são consideradas várias fontes, métodos de produção autônomos e centros de positivação diversos do estatal. Wladimyr Vinycius de Moraes Camargos conceitua o instituto da internormatividade:

> "A internormatividade possibilita uma denominada coabitação entre as normas e poderes estatais e desportivos através de um reconhecimento explícito da autonomia do ordenamento desportivo, porém com a consignação referente às restrições ao exercício desse instituto."(25)

A internormatividade é, em nossa visão, um viés da chamada Teoria do "Diálogo das Fontes", em que não se permite uma solução de antinomias (conflitos de regras) somente pelos métodos tradicionais de solução, como a anterioridade, especialidade e hierarquia. Permite-se uma solução dos casos concretos pela interpenetração de fontes, em aplicações conjuntas e complementares. Diz Cláudia Lima Marques:

> "[...] 'diálogo' em virtude das influências recíprocas, "diálogo" porque há aplicação conjunta das duas normas ao mesmo tempo e ao mesmo caso, seja complementarmente, seja subsidiariamente, seja permitindo a opção voluntária das partes pela fonte prevalente (especialmente em matéria de convenções internacionais e leis modelos) ou mesmo a opção por uma solução flexível e aberta, de interpenetração [...]. O diálogo das fontes é iluminado pelos valores constitucionais e os direitos humanos ou fundamentais."(26)

No caso, há, de fato, uma interpenetração de normas heterônomas estatais e autônomas, sempre em prol do fomento ao desporto, da manutenção da competitividade, não se olvidando da proteção do trabalhador dentro das normas do jogo, mantendo-se o equilíbrio entre a relação laboral e a relação desportiva propriamente dita; faculta-se, ainda, como se irá ver, a opção voluntária das partes por uma solução autônoma de consenso para certos litígios, mesmo em âmbito desportivo trabalhista. As normas cogentes Estatais serão temperadas e interpenetradas, especialmente por lacuna, pelos regramentos oriundos das entidades de organização do desporto, mantendo-se o equilíbrio da proteção do trabalhador e o interesse da competição. O Poder Judiciário não pode deixar de perceber esta nova realidade, mesmo porque, como se vê, a lacuna normativa estatal assim o impõe ao intérprete.

(25) CAMARGOS, Wladimyr Vinycius de Moraes. Conflito entre fontes normativas estatais e não estatais do direito desportivo. O recurso ao pluralismo jurídico como forma de superação da falsa dicotomia. In: BELMONTE, Alexandre Agra; MELLO, Luiz Philippe Vieira de; BASTOS, Guilherme Augusto Caputo (Orgs. e Coords.). *Direito do trabalho desportivo:* os aspectos jurídicos da Lei Pelé frente às alterações da Lei n. 12.395/2011. São Paulo: LTr, 2013. p. 87.

(26) MARQUES, Cláudia Lima. O "Diálogo das Fontes" como método da nova teoria geral do direito: um tributo a Erik Jayme. In: MARQUES, Cláudia Lima (Coord.). *Diálogo das fontes:* do conflito à coordenação de norma do direito brasileiro. São Paulo: Revista dos Tribunais, 2012. p. 28.

Como se verificará no tópico seguinte, é clara a segregação, em âmbito nacional, das competências do Poder Judiciário Nacional e da Justiça Desportiva; é óbvio que, eventualmente, as decisões emitidas e os trâmites administrativos das entidades como as Federações Estaduais e a CBF poderão ter incidência e influência diretas nas relações empregatícias desportivas e nas transferências de atletas, até impedindo o registro e atuação de um atleta por uma determinada agremiação, gerando responsabilidades laborais, como, por exemplo, a definição sobre de quem seria o encargo de pagamento de salários no interregno de uma eventual transferência frustrada administrativamente.

Isso acontece, primordialmente, porque se há algum problema burocrático na transferência ou no registro dos atletas, estes últimos não ganharão condição de jogo na entidade desportiva cessionária ou adquirente dos direitos econômicos/federativos do jogador, fim último das transferências de atletas, haja vista o Princípio da Competitividade. Nessas situações, até pela incidência dos arts. 5º, XXXV e XIII, da CRFB-1988, o Poder Judiciário, por meio da Justiça do Trabalho, poderá ser acionado para solucionar a celeuma, mesmo porque entendemos que as normas autônomas estabelecidas pelas organizações privadas desportivas podem prevalecer como substrato normativo aplicável desde que em consonância com os limites, princípios mínimos civilizatórios e diretrizes das leis heterônomas estatais (cogentes) e também considerada as peculiaridades excepcionais da profissão de jogador de futebol, que pressupõe, também, o equilíbrio dos direitos do trabalhador e a viabilidade da competição. Nesse sentido, também parece ser o posicionamento do Exmo. Ministro Godinho Delgado, ao aferir a validade das normas autônomas, tais como os costumes:

> "Tal critério de aferição de validade apenas não subsiste se o conflito normativo instaurar-se com respeito a normas proibitivas do Estado, que sempre hão de prevalecer em face do matiz soberano de que tais normas se encouraçam em sua incidência sobre os casos concretos."

O art. 1º, § 1º, da Lei n. 9.615/1998 admite a coexistência das normas estatais e não estatais no âmbito desportivo:

> "Art. 1º O desporto brasileiro abrange práticas formais e não formais e obedece às normas gerais desta Lei, inspirado nos fundamentos constitucionais do Estado Democrático de Direito.
>
> § 1º A prática desportiva formal é regulada por normas nacionais e internacionais e pelas regras de prática desportiva de cada modalidade, aceitas pelas respectivas entidades nacionais de administração do desporto."

O multicitado Wladimyr Vinycius de Moraes Camargos esclarece, finalmente, que:

> "Não seria necessário, portanto, maior esforço para se entender que a mais importante norma infraconstitucional nacional que dispõe sobre o desporto é taxativa em recepcionar a tese de coabitação entre fontes estatais e não estatais para a regulação do tema. A interpretação mesma da Lei Pelé deve sempre ser balizada por esta assertiva. Assim, para o Direito Desportivo,

ao lado da força irradiadora dos Princípios Gerais do Direito e da base principiológica da Constituição, que são necessariamente o corolário para a hermenêutica jurídica, está o recurso à internormatividade, que se desdobra do pluralismo jurídico."(27)

O importante, de toda forma, no tratamento dos conflitos decorrentes das transferências e registros de atletas, até pelo curto tempo médio de carreira (em alto nível) de um atleta profissional de futebol(28), será separar as responsabilidades financeiras trabalhistas dos interessados para o bem da Competição Desportiva e da sobrevivência financeira das entidades desportivas em si e o direito constitucional do atleta em exercer livremente a sua profissão. João Leal Amado qualificou tal situação como "Causa Mista" do contrato de trabalho desportivo. Segundo o articulista:

> "O regime jurídico do contrato de trabalho desportivo deverá, por conseguinte, adequar-se aos fins de ambos os ordenamentos, buscando a melhor combinação possível entre a tutela do trabalho e a tutela do jogo, entre a promoção dos interesses do trabalhador e a preservação do interesse da competição, entre a proteção da pessoa do fator produtivo/praticante desportivo e a salvaguarda da qualidade do produto/espetáculo desportivo."(29)

É este o pano de fundo normativo em que se baseará este estudo.

2.2. A linha tênue entre as competências materiais da Justiça do Trabalho e da Justiça Desportiva. Arbitragem no campo desportivo trabalhista

Neste ponto é importante destacar que o Poder Judiciário, nos termos dos §§ 1º e 2º, do art. 217, da CRFB-1988, só tem competência *subsidiária* para admitir ações relativas **à disciplina e às competições desportivas** após, portanto, esgotarem-se as instâncias da Justiça Desportiva, regulada em lei, ou após o prazo de 60 dias para a decisão final da Justiça Desportiva.

Todavia, no caso das transferências e registros de atletas, entendemos que as questões laborais daí advindas não se enquadram como ações relativas à disciplina e às competições desportivas propriamente ditas. Ou seja, em caso de conflito sobre transferências e registros desportivos, entendemos que a Justiça do Trabalho detém, em princípio, competência para dirimir tais questões, eis que dizem respeito diretamente à

---

(27) CAMARGOS, Wladimyr Vinycius de Moraes. *Op. cit.*, p. 89.

(28) DANI, Marcos Ulhoa. Artigo publicado no sítio eletrônico do Jornal Correio Braziliense. *Redução de salário em contratos esportivos*. Disponível em: <http://correadaveiga.adv.br/reducao-de-salario-em-contratos-esportivos/>. Acesso em: 8 jan. 16.

(29) AMADO, João Leal. Desporto, Direito e Trabalho: uma Reflexão sobre a Especificidade do Contrato de Trabalho Desportivo. In: BELMONTE, Alexandre Agra; MELLO, Luiz Philippe Vieira de; BASTOS, Guiherme Augusto Caputo (Orgs. e Coords.). *Direito do trabalho desportivo:* os aspectos jurídicos da Lei Pelé frente às alterações da Lei n. 12.395/2011. São Paulo: LTr, 2013. p. 14.

relação de trabalho desportiva, nos termos do art. 114, I e IX, da CRFB-1988, isso em âmbito nacional. Eventualmente, se as questões referentes às transferências e registros só tiverem implicações tipicamente desportivas, como, por exemplo, uma punição disciplinar desportiva a um clube por transgressão de regulamento em uma transferência desportiva, a Justiça Desportiva e os órgãos internos das Federações e entidades de organização do desporto terão a competência material para decidir a questão.

Todavia, como se verificará na exposição abaixo, a arbitragem vem ganhando força em âmbito internacional para resolução de disputas tipicamente desportivo trabalhistas. É preciso destacar que a resolução extrajudicial no campo tipicamente trabalhista desportivo ainda não tem encontrado grande guarita no Brasil, apesar de haver substrato regulamentar e legal para tanto, como se verificará adiante, até pelas inovações trazidas pela chamada "Reforma Trabalhista" (Lei n. 13.467/2017); a resolução extrajudicial de litígios nesta seara já vem sendo abraçada em outros países, e, segundo algumas respeitáveis vozes, como a de Rafael Teixeira Ramos[30], deveriam ganhar mais espaço também em terras brasileiras.

Nesse diapasão, e até pela autorização interpretativa do art. 217, I, da CRFB-1988, as Ligas, a FIFA, as demais Federações e a CBF poderão estabelecer seus próprios regulamentos e normas para resolução de conflitos, inclusive no que tange às transferências e registro de atletas, mesmo porque há lacuna legal. Assim, para definição de conceitos jurídicos indeterminados e regras básicas para as transferências e registros, naquilo que não dispuser em contrário a legislação formal heterônoma estatal nos seus patamares civilizatórios mínimos, incidirão as normas, por exemplo, do Regulamento Nacional de Registro e Transferências de Atletas de Futebol da CBF (doravante RNRTAF), recentemente editado em nova versão; o Regulamento Nacional dos Intermediários da CBF (doravante RNI); bem como o Estatuto da FIFA para transferência de jogadores, também recentemente reformulado em alguns pontos.

Frisa-se que a possibilidade de acionamento dos interessados sobre querelas relativas a transferências e registros perante os órgãos decisórios das Federações, da CBF e/ou da FIFA, não tem o condão de afastar a jurisdição da Justiça do Trabalho para a resolução de eventual disputa laboral relativa à transferência e registro dos atletas, nos termos do art. 114, I, e IX da CRFB-1988, pois, como já dito, a questão aqui não tratará de disciplina e disputas desportivas. A doutrina adverte:

> "Quanto à competência material, o Estatuto Supremo delimitou bem a área de atuação da Justiça Desportiva nas ações relativas às disciplinas do esporte e às competições desportivas, conforme § 1º do art. 217 da CF/88."[31]

Isso significa dizer que, ainda que potencialmente lesiva ao princípio constitucional do livre exercício da profissão, a Justiça do Trabalho não tem competência para se imiscuir em uma decisão da Justiça Desportiva que, por exemplo, suspenda um

(30) RAMOS, Rafael Teixeira. *Direito desportivo trabalhista* — A fluência do ordenamento do desporto na relação laboral desportiva e seus poderes disciplinares. São Paulo: Quartier Latin, 2010. p. 217.

(31) *Ibidem*, p. 226.

determinado atleta por 12 partidas em virtude de agressão na praça de disputa desportiva (art. 254-A do CBJD — Código Brasileiro de Justiça Desportiva), impedindo-o de atuar naquele interregno, pois trata-se de um processo relativo à disciplina do esporte.

Em outras palavras, em âmbito nacional, entidades como as Ligas, as Federações Estaduais e a CBF são entidades desportivas privadas e têm competência para questões disciplinares e regulatórias das disputas desportivas que organizam (*caput* dos arts. 16 e 50 da Lei n. 9.615/1998 — art. 217, §§ 1º e 2º da CRFB-1988); não adentram, em regra, a competência, portanto, da Justiça do Trabalho e das decisões judiciais que dizem respeito às relações de emprego desportivas (questões laborais propriamente ditas), mesmo que a decisão da Justiça do Trabalho utilize como substrato normativo decisório as próprias regulamentações daquelas entidades.

A exceção que gostaria de analisar será a possibilidade de arbitragem desportiva sobre questões tipicamente desportivo trabalhistas que será explicitada a frente e que demandará, em âmbito nacional, comum acordo entre as partes. A utilização desses regulamentos, conforme tópico anterior, se dá pela aplicação do Princípio mencionado da Internormatividade, bem como pela própria aplicação do art. 8º e parágrafo único da CLT, conforme autorização do art. 28, § 4º, da Lei n. 9.615/1998, sendo que a aplicação dos regulamentos desportivos se enquadraria como a fonte de usos e costumes (no campo desportivo), previsto no *caput* do art. 8º da CLT. Houve, também, novidades nesse campo, haja vista modificações legislativas advindas da Lei n. 13.467/2017, que serão analisadas adiante.

Assim, considerando a perspectiva nacional apenas, a regra geral é que, no que toca à disciplina e as regras de competição, qualquer decisão da Justiça Desportiva, da FIFA ou da CBF, se dará em âmbito desportivo, competitivo e disciplinar (matéria afeta à Justiça Desportiva), sem o condão, portanto, de impedir a competência da Justiça do Trabalho na relação laboral. A autonomia das decisões daquelas associações se dá em âmbito interno. Nesse sentido, a doutrina:

> "Existe internormatividade quando o Estado brasileiro assume o papel de protagonista na regulação do Sistema Brasileiro do Desporto, mas admite que as entidades desportivas possuam autonomia no que tange a assuntos internos."(32).

A regra geral atual, portanto, é que, para as disputas e litígios tipicamente trabalhistas, as partes procurem a Justiça do Trabalho. Seguindo versão anterior do Regulamento Nacional de Registro e Transferências de Atletas de Futebol da CBF (doravante RNRTAF), o Regulamento da Câmara Nacional de Resolução de Disputas previu, também em âmbito nacional, a possibilidade, de acordo com os termos de seu art. 3º, da mencionada Câmara arbitrar acerca de matérias tipicamente laborais, sem prejuízo

(32) CAMARGOS, Wladimyr Vinycius de Moraes. *Op. cit.*, p. 88.

do atleta ou clube poderem recorrer aos órgãos judicantes trabalhistas. Confira-se o que diz o art. 3º do RCNRD:

> "Art. 3º Sem prejuízo do direito de qualquer atleta, treinador, membro de comissão técnica ou clube recorrer aos órgãos judicantes trabalhistas para dirimir litígios de natureza laboral, na forma da lei, a CNRD tem competência para conhecer de litígios: I – entre clubes e atletas, envolvendo o vínculo desportivo do atleta ou a manutenção da estabilidade contratual, em especial nos casos em que, solicitada uma transferência nacional, houver requerimento de uma das partes ou de terceiros interessados relativo à transferência solicitada, nomeadamente quanto ao registro do atleta, à aplicação de sanções esportivas ou ao pagamento de compensação por rescisão de contrato; II – entre clubes e atletas, de natureza laboral, desde que de comum acordo entre as partes, com garantia de um processo equitativo e respeito ao princípio da representação paritária de atletas e clubes; III – entre clubes e atletas, ou entre clubes, acerca da aplicação do art. 64 do RNRTAF; IV – entre clubes, envolvendo a compensação por formação e/ou o mecanismo de solidariedade interno, previstos nos arts. 29 e 29-A da Lei n. 9.615/98, respectivamente; V – entre clubes brasileiros, relacionados com a indenização por formação (training compensation) ou com o mecanismo de solidariedade FIFA, previstos nos arts. 20 e 21 do Regulamento sobre o Status e a Transferência de Jogadores da FIFA, respectivamente; VI – entre intermediários registrados na CBF, ou entre estes e clubes, membros de comissão técnica e/ou atletas; VII – entre clubes e membros de comissão técnica, de natureza laboral, desde que de comum acordo entre as partes, com garantia de um processo equitativo e respeito ao princípio da representação paritária de atletas e membros de comissão técnica; VIII – resultantes do descumprimento do RNRTAF e/ou do RNI; IX – decorrentes de decisões de federações ou ligas de futebol vinculadas à CBF, desde que os estatutos dessas entidades não o vedem expressamente; X – de competência originária do CRL; e XI – sobre os quais haja convenção de arbitragem elegendo a CNRD para dirimi-los."

Os incisos do artigo que chamam mais a atenção, para efeitos trabalhistas, são os de números I e II. Dizem que a Câmara tem competência para litígios envolvendo o vínculo desportivo do atleta ou a manutenção da estabilidade contratual, em especial nos casos em que, solicitada uma transferência nacional, houver requerimento de uma das partes ou de terceiros interessados relativo à transferência solicitada, nomeadamente quanto ao registro do atleta, à aplicação de sanções esportivas ou ao pagamento de compensação por rescisão de contrato; e litígios entre clube e um atleta, <u>de natureza laboral, desde que de comum acordo entre as partes</u>, com garantia de um processo equitativo e que respeite o princípio da representação paritária de atletas e entidades de prática desportiva. Perceba-se, inicialmente, a necessidade de comum acordo entre as partes para a arbitragem extrajudicial de litígio em demanda laboral. Na nossa visão, o formato de tal Câmara Arbitral se aproxima, em muito, das Comissões de Conciliação Prévia (CCP's) previstas nos arts. 625-A a 625-H da CLT. Tanto lá, como cá, haverá a possibilidade de resolução extrajudicial de demandas trabalhistas, sendo que, no caso da Câmara Nacional de Resolução de Litígios, a demanda trabalhista tratará dos conflitos desportivos do futebol e a solução virá por arbitragem (título executivo judicial); sua utilização é, em nossa ótica, facultativa e demanda o comum acordo para a sua validade, com a posterior e eventual formação de um título executivo judicial, nos termos do art. 475-N, IV do CPC de 1973 e 515, VII do NCPC/2015. A questão se densificou ainda mais por ocasião da chamada Reforma Trabalhista que inseriu o art. 507-A ao texto da CLT.

Neste ponto, é importante destacar o art. 90-C da Lei Pelé:

"Art. 90-C. As partes interessadas poderão valer-se da arbitragem para dirimir litígios relativos a direitos patrimoniais disponíveis, vedada a apreciação de matéria referente à disciplina e à competição desportiva. (Incluído pela Lei n. 12.395, de 2011).

Parágrafo único. A arbitragem deverá estar prevista em acordo ou convenção coletiva de trabalho e só poderá ser instituída após a concordância expressa de ambas as partes, mediante cláusula compromissória ou compromisso arbitral. (Incluído pela Lei n. 12.395, de 2011)."

Perceba-se que a principal lei referente ao desporto no Brasil, a exemplo do que prevê o art. 1º da Lei n. 9.307/1996 (Lei de Arbitragem), disse que a arbitragem desportiva é capaz de dirimir disputas relativas a direitos patrimoniais disponíveis. A regra geral é de que os direitos trabalhistas seriam indisponíveis. Segundo Fábio Menezes de Sá Filho:

> "As turmas do TST são praticamente unânimes neste sentido, quanto aos empregados em geral. Das 8 (oito) turmas da referida corte superior, apenas a 7ª (sétima) entende ser possível haver a utilização da arbitragem para resolver conflitos trabalhistas, uma vez que desafogariam o Poder Judiciário e poderiam proporcionar soluções mais satisfatórias do que as impostas pelo Estado-juiz. Por outro lado, as demais 7 turmas e a Subseção de Dissídios Individuais 1 (SBDI-I) entendem ser inválida a utilização da arbitragem para se resolver conflitos individuais trabalhistas."[(33)]

Todavia, é preciso diferenciar duas categorias de direitos trabalhistas. Os primeiros dizem respeito aos direitos trabalhistas típicos, como salários, gratificação natalina, férias, FGTS, dentre outros. Em um primeiro momento, nos parece que estes seriam os direitos indisponíveis trabalhistas considerados pela jurisprudência majoritária do TST. Entretanto, não nos parece que os direitos trabalhistas oriundos de registros e transferências de atletas profissionais de futebol poderiam ser considerados como indisponíveis. Como se verificará em capítulos posteriores, os direitos econômicos e federativos dos atletas de futebol, institutos umbilicalmente ligados ao contrato de trabalho desportivo, poderão ser negociados entre clubes, e, no caso dos direitos econômicos, repartidos patrimonialmente entre as agremiações e o próprio atleta, o que denota, claramente, a sua disponibilidade. Nesse sentido, também converge a opinião de Fábio Menezes de Sá Filho:

> "Dessa maneira, seriam resolúveis pela arbitragem, no âmbito laboral desportivo, conflitos que envolvessem questões atinentes: a) às cláusulas

(33) SÁ FILHO, Fábio Menezes de. Análise da admissibilidade da resolução de conflitos individuais afetos ao Direito Laboral Desportivo pela Arbitragem no Brasil. In: MELO FILHO, Álvaro; SÁ FILHO, Fábio Menezes de; SOUZA NETO, Fernando Tasso de; RAMOS, Rafael Teixeira (Coords.). *Direito do trabalho desportivo* — homenagem ao Professor Albino Mendes Baptista – atualizado com a lei que alterou a Lei Pelé – Lei n. 12.395 de 16 de março de 2011. São Paulo: Quartier Latin, 2012. p. 147.

> compensatória ou indenizatória desportivas, as quais são sucessoras, não exatamente na mesma ordem, das antigas cláusula penal e multa rescisória desportivas; b) direito de imagem, quando não houver fraude à lei; c) às luvas adimplidas em parcela única ou em poucas parcelas, mas sem que haja a configuração de habitualidade; d) a indenização pelo direito de formação; e) entre outros direitos patrimoniais disponíveis.(34)"

Alguns doutrinadores entendem que, para a arbitragem desportiva, haveria a necessidade de autorização coletiva pelo parágrafo único do art. 90-C da Lei Pelé. Não entendo que seja necessário o ajuste coletivo, bastando o acordo entre as partes envolvidas. A disposição legal diz que "A arbitragem deverá estar prevista em acordo ou convenção coletiva de trabalho...". Quando mencionou o vocábulo "acordo", o dispositivo legal não o vinculou a expressão "coletivo", tal como fez com a convenção coletiva. Assim, até pela maior efetividade do instituto, e pelo "silêncio eloquente" da lei, entendo que bastaria o comum acordo entre as partes para a validade da via arbitral, sem a necessidade de ajuste coletivo, sendo, por consequência lógica, vedada a imposição da arbitragem (art. 5º, II, da CRFB-1988). Tal conclusão se densificou haja vista o disposto no novel art. 507-A, da CLT. Conclui-se, desta maneira, que a via arbitral é de possível utilização das partes para a resolução de conflitos desportivos relacionados às transferências e registros desportivos, uma vez obedecidos os requisitos legais. Uma vez escolhida tal via arbitral, a sentença arbitral fará título executivo com a mesma força das sentenças proferidas pelo Poder Judiciário, nos termos do art. 31 da Lei n. 9.307/1996. Entretanto, caso exista alguma nulidade dos procedimentos que levaram àquela decisão, por óbvio, o Judiciário poderá ser chamado a intervir na situação nos termos previstos na própria Lei de Arbitragem.

Tal entendimento, a nosso sentir, teve corroboração pela novel legislação a respeito.

A discussão teve nova coloração, pois cabe lembrar a novidade legislativa trazida pelo art. 507-A da CLT, na chamada "Reforma Trabalhista" oriunda da Lei n. 13.467/2017. O artigo em comento aduz a possibilidade de solução arbitral para aqueles que ganham mais do que duas vezes o teto da Previdência Social, por meio de pactuação de cláusula compromissória de arbitragem, na forma da Lei n. 9.307/1996. Segundo abalizada doutrina:

> "A arbitragem consiste em mecanismo extrajudicial no qual um terceiro imparcial, indicado ou aceito pelas partes ou designado pelo juiz, decide o conflito que as partes, por vontade própria, confiem a este sistema alternativo à jurisdição estatal. Em linhas gerais, portanto, o árbitro julga as demandas que lhe sejam submetidas por pessoas que resolvam, voluntariamente, valer-se deste instrumento judicial."(35)

---

(34) SÁ FILHO, Fábio Menezes de Sá Filho. *Op. cit.*, p. 147-148.

(35) Reforma Trabalhista: análise comparativa e crítica da Lei n. 13.467/2017. SOUZA JÚNIOR, Antônio Umberto; SOUZA, Fabiano Coelho de; MARANHÃO, Ney; AZEVEDO NETO, Platon Teixeira de. São Paulo: Rideel, 2017. p. 234.

No caso desportivo, nos parece que, caso pactuada uma cláusula compromissória de arbitragem deste jaez, o órgão arbitral escolhido, no caso do futebol, seria a CNRD (Câmara Nacional de Resolução de Disputas) da CBF. Nesse caso, se as partes envolvidas ajustassem tal cláusula, segundo a cláusula compromissória assinada, poderiam recorrer à solução arbitral sendo que o novo regramento do art. 507-A da CLT não fez qualquer diferenciação entre direitos disponíveis ou indisponíveis, sendo certo que caberá à jurisprudência a equalização da possibilidade arbitral para os direitos ditos indisponíveis. O regulamento da CNRD diz a respeito de medidas de urgência, no Compromisso Arbitral:

> "Art. 21 – As partes podem requerer tutela de urgência de acordo com o presente Regulamento, devendo protocolar pedido devidamente fundamentado juntamente com o comprovante de recolhimento de custas, sem o qual a CNRD não o apreciará.
>
> § 1º O Presidente da CNRD, antes de designar relator, pode apreciar o requerimento de concessão da tutela de urgência, sempre ouvida previamente a parte contrária.
>
> § 2º Na hipótese do parágrafo anterior, a CNRD deve intimar a outra parte (ou partes) a manifestar a sua posição no prazo de até cinco dias corridos, ou em um prazo mais curto, nunca a inferior a vinte e quatro horas, caso as circunstâncias assim exigirem, a critério do Presidente da CNRD."[36]

O regulamento de arbitragem desportiva do CBMA (Centro Brasileiro de Mediação e Arbitragem), na mesma linha, também prevê a possibilidade de tutelas provisórias de caráter cautelar ou antecipatório, inclusive introduzindo a figura do "Árbitro de Emergência", especialmente previstos para situações de perigo de dano de difícil reparação:

> "3.1. Caberá pedido de tutela provisória, de caráter cautelar ou antecipatório, tanto antes como depois da formação do Tribunal Arbitral. Caso o pedido seja formulado antes da formação do Tribunal Arbitral, será nomeado árbitro de emergência pelo CBMA, nos termos deste Regulamento. Após a sua formação, a competência para confirmação, revogação ou apreciação dos pedidos de tutela provisória ficará a cargo do Tribunal Arbitral.
>
> 3.2. Não será admitido pedido de tutela provisória perante o CBMA, antes do esgotamento de todos os meios disponíveis de impugnação da decisão recorrida nas instâncias inferiores.
>
> 3.3. A Parte que requerer a medida cautelar ou antecipatória, antes da formação do Tribunal Arbitral, deverá instruir sua manifestação com o comprovante de pagamento da taxa de registro prevista no Regimento de Custas de Arbitragem Esportiva, sem o qual o procedimento não deverá prosseguir.
>
> 3.4. Ao submeter o conflito ao presente Regulamento de Arbitragem Esportiva, as Partes automaticamente renunciam a possibilidade de requerer tais medidas perante o Poder Judiciário.
>
> 3.5. Os honorários do árbitro de emergência serão fixados pelo Presidente do CBMA, conforme tabela prevista no Regimento de Custas para Arbitragem Esportiva. A análise do pedido de tutela provisória ficará condicionada à comprovação do depósito dos honorários do árbitro de emergência, que deverá ocorrer em até 72 (setenta e duas) horas a contar da comunicação sobre sua fixação pelo Presidente do CBMA.

(36) Disponível em: <https://cdn.cbf.com.br/content/201712/20171221165506_0.pdf>. Acesso em: 3 jun. 2019.

3.6. O árbitro de emergência ou o Tribunal Arbitral apenas deferirão o pedido de efeito suspensivo — ou outro pedido de natureza cautelar ou antecipatória — caso identifiquem a presença dos seguintes requisitos:

(a) risco de dano irreparável ou de difícil reparação; e

(b) verossimilhança das alegações."[37]

Assim, os Regulamentos da CNRD e do CBMA preveem medidas de urgência, inclusive, portanto, para casos de ruptura antecipada do contrato de trabalho desportivo. Interessante observar que a Lei de Arbitragem (Lei n. 9.307/1996) diz, em seus arts. 22-A e 22-B:

"Art. 22-A. Antes de instituída a arbitragem, as partes poderão recorrer ao Poder Judiciário para a concessão de medida cautelar ou de urgência. (Incluído pela Lei n. 13.129, de 2015) (Vigência)

Parágrafo único. Cessa a eficácia da medida cautelar ou de urgência se a parte interessada não requerer a instituição da arbitragem no prazo de 30 (trinta) dias, contado da data de efetivação da respectiva decisão. (Incluído pela Lei n. 13.129, de 2015) (Vigência)

Art. 22-B. Instituída a arbitragem, caberá aos árbitros manter, modificar ou revogar a medida cautelar ou de urgência concedida pelo Poder Judiciário. (Incluído pela Lei n. 13.129, de 2015) (Vigência)

Parágrafo único. Estando já instituída a arbitragem, a medida cautelar ou de urgência será requerida diretamente aos árbitros." (Incluído pela Lei n. 13.129, de 2015) (Vigência)

Como se vê, a Lei de Arbitragem previu a possibilidade da parte procurar o Poder Judiciário antes de requerer a instituição da arbitragem. Uma vez instituída a arbitragem, caberá aos árbitros manter, modificar ou revogar a medida cautelar ou de urgência concedida pelo Poder Judiciário. Cabe lembrar, entretanto, que os árbitros elegidos pelas partes não têm poder de coerção perante terceiros, como, por exemplo, para garantir as medidas de urgência que deferem, sendo, no caso, necessária a intervenção do Poder Judiciário, detentor do Poder de Polícia Estatal, para fazer valer o título executivo gestado no âmbito arbitral, inclusive no que tange a eventuais tutelas de urgência deferidas.

Dos regramentos analisados, nos parece claro que a "Reforma Trabalhista", nos termos do art. 507-A da CLT, permitiu a utilização da arbitragem para casos de trabalhadores que ganhem mais do que duas vezes o teto da Previdência Social, caso da maioria dos atletas que procuram o Judiciário para rupturas antecipadas de contratos de trabalho desportivos. Também nos parece claro que a condição imposta pela lei seria a existência de cláusula pregressa (antes da existência do conflito) que instituísse o compromisso pela solução arbitral, cláusula esta destacada, nos termos da Lei n. 9.307/1996, de livre pactuação e sem vícios.

(37) Disponível em: <http://www.cbma.com.br/regulamento_arbitragem_esportiva>. Acesso em: 18 jan. 2018.

Verificou-se, inclusive, que a parte interessada poderá pedir a tutela de urgência inicialmente ao Judiciário, tendo 30 dias para instaurar o Procedimento Arbitral. A questão fulcral deste ponto é: uma vez assinada a cláusula compromissória de arbitragem de modo anterior ao conflito, seu procedimento é obrigatório, sob pena de potencial extinção do processo judicial, por falta de interesse de agir? Duas posições emergem.

A primeira indica que a obrigatoriedade de se acessar a tentativa arbitral não teria guarita constitucional, nos termos do art. 5º, XXXV, da CRFB-1988, uma vez que impediria o amplo acesso à Justiça. Há um caso análogo já analisado pelo STF, que dizia respeito à obrigatoriedade, ou não, dos trabalhadores acessarem, inicialmente, as CCPs (Comissões de Conciliação Prévia) para, somente em caso de frustração de acordo, acessarem o Judiciário. Nas ADIs ns. 2.139 e 2.160, o STF firmou posição plenária pela não obrigatoriedade do trabalhador acessar as CCPs antes de tentar a via judicial. Argumenta-se, também, que os conflitos individuais trabalhistas, por tratarem de potenciais direitos indisponíveis dos trabalhadores, estariam infensos à solução arbitral.

A segunda posição diz respeito à obrigatoriedade do trabalhador atleta ter que, inicialmente, acessar a via arbitral antes de apelar ao Poder Judiciário. Os fundamentos para esta posição, além do próprio art. 507-A da CLT, seriam a assinatura de cláusula compromissória da via arbitral entre as partes, o que significa compromisso pregresso "inter partes" e a própria interpretação do parágrafo único do art. 22-A da Lei de Arbitragem que diz, em seus termos: "Cessa a eficácia da medida cautelar ou de urgência se a parte interessada não requerer a instituição da arbitragem no prazo de 30 (trinta) dias, contado da data de efetivação da respectiva decisão". Com lastro na interpretação sistemática do parágrafo único do artigo mencionado, poder-se-ia chegar à conclusão que o legislador tornou obrigatório o Procedimento Arbitral que as partes se comprometeram, pois, mesmo deferida tutela de urgência no Judiciário, a parte teria 30 dias para instituir a via arbitral, sob pena de perda da vigência da tutela eventualmente deferida pelo Poder Judiciário. A diferenciação do caso das CCP´s, anteriormente analisado pelo STF, residiria essencialmente no compromisso pregresso das partes, livremente pactuado sob os ditames da boa-fé (arts. 113 e 422, do CC), de optarem pela assinatura de cláusula compromissória arbitral no momento da assinatura do contrato desportivo. Ou seja, a obrigatoriedade da via arbitral não adviria da simples vontade do legislador, mas de um compromisso pactuado livremente entre as partes, sendo que o trabalhador, no caso, é um trabalhador que a doutrina resolveu classificar como "hipersuficiente", por receber mais de duas vezes o teto da Previdência Social. Ainda sob o pálio do regramento anterior, já decidiu o TRT da 10ª Região, na lavra do e. Desembargador Pedro Luis Vicentin Foltrán:

00794-2007-019-10-00-6-RO

LEI N. 9.307/96. EXISTÊNCIA DE CLÁUSULA COMPROMISSÓRIA NOCONTRATO. OBRIGATORIEDADE DA SUBMISSÃO DA DEMANDA AO JUÍZO ARBITRAL.

Havendo no contrato cláusula compromissória que elege a arbitragem como meio de solução de conflitos, a submissão da contenda ao juízo arbitral é obrigatória, ainda que a discussão verse acerca de matéria trabalhista. Isto porque não existe qualquer desarmonia entre o Direito do Trabalho e o instituto, pois além de se tratar de mais um meio pelo qual as partes buscam o acesso à justiça, a arbitragem é instrumento legítimo para a solução de controvérsias que requer, apenas, a estrita observância dos termos da Lei n. 9.307/1996.

A discussão, todavia, tendo em vista a contemporaneidade do art. 507-A da CLT, ainda não alcançou o Judiciário Trabalhista sob a luz da novel legislação a ponto de se formar uma jurisprudência, mas se mostra interessantíssima a possibilidade de novos debates acerca do tema.

Dessa forma, fica claro, a nosso sentir, a possibilidade de utilização da via arbitral para as disputas de direitos trabalhistas disponíveis, como aqueles oriundos das transferências e registros de atletas. Porém, é preciso aprofundar um pouco mais a discussão, e questionar, sem uma resposta pronta neste momento, se não seria o caso de, no âmbito laboral desportivo, admitir-se a arbitragem para todos os conflitos trabalhistas. Esta é a opinião de muitos juristas, como Vera Lúcia Sabo, que questiona, ao fim e ao cabo, o conceito da "indisponibilidade" dos direitos trabalhistas típicos. Diz a articulista, sempre ressalvando que deve ser fomentada a verdadeira arbitragem, e não a eivada de fraude:

> "Dentro deste princípio da primazia da realidade, não podemos dizer que os direitos do trabalhador são indisponíveis. (...) Dentro deste quadro, o direito do trabalhador não está sendo preservado na forma como prevê a lei, e a utilização da arbitragem de forma correta, por árbitros sérios, jamais será uma afronta às normas. Note-se que o que se renuncia, ao celebrar um acordo na esfera trabalhista, não é ao direito em si, mas em sua repercussão patrimonial e esta, certamente, poderá ser objeto de transação, renúncia ou transferência. [...]. Não se pode confundir o juízo eleito, de via arbitral, com o tribunal de exceção de que dispõe o inciso XXXVII do art. 5º da Constituição Federal. [...] a Constituição não proíbe a utilização de meios alternativos de solução de conflitos em dissídios individuais que, como salientamos acima, é plenamente utilizável e reconhecida pelo Tribunal Superior do Trabalho que certamente, como os demais tribunais, não acolho pseudo-arbitragens, onde se evidencia fraude, mas respeita e não anula laudo arbitral em que se verificam presentes os requisitos legais. [...] Após a dissolução do pacto, no entanto, não há se falar em vulnerabilidade, hipossuficiência, irrenunciabilidade ou indisponibilidade, na medida em que o empregado não mais está dependente do empregador. [...] A eleição da via arbitral para solução de conflitos individuais de atletas profissionais de futebol é uma solução bastante plausível, mais ainda do que para outras categorias profissionais. A atividade do jogador de futebol se desenvolve dentro de campeonatos regionais, nacionais e internacionais que acontecem no decorrer das temporadas. Nestas temporadas, toda sorte de conflito trabalhista que puder surgir necessitará de resposta rápida e efetiva, a fim de não impedir o atleta de trabalhar. [...] A utilização da arbitragem para dirimir controvérsias trabalhistas entre

atletas de futebol e seus clubes empregadores não apresenta desvantagens para nenhuma das partes. [...] A solução de conflitos trabalhistas dos atletas de futebol pela arbitragem seria de grande valia para dirimir as controvérsias em tempo hábil a fim de que o atleta pudesse obter nova contratação dentro das janelas nacionais e internacionais. [...] A partir daí, a resolução de controvérsias dentro do futebol deve se adequar a novos métodos mais compatíveis com as necessidades próprias do esporte. Parece-nos que a arbitragem é o método hoje mais célere, seguro e eficaz de dirimir questões relativas aos conflitos esportivos e trabalhistas, desde que devidamente resguardados os princípios que regem a Lei de Arbitragem. [...] Dentro do entendimento de que a Lei de Arbitragem poderá ser utilizada nos conflitos trabalhistas e sua solução, não há porque obstar sua utilização com relação aos contratos de jogadores de futebol e seus empregadores."[38]

Perceba-se que o substrato de validade para que as Comissões de Conciliação Prévia tratem de direitos trabalhistas (que, em regra, são indisponíveis) é, exatamente, a composição paritária de representantes de empregados e empregadores. Na Câmara Nacional de Resolução de Litígios também haverá uma composição paritária constituída, nos termos do art. 5º do RCNRD, por cinco (5) árbitros, sendo um (1) indicado pela Federação Nacional dos Atletas Profissionais de Futebol (doravante FENAPAF), um (1) indicado pelos intermediários registrados na CBF, 1 (um) indicado pelos técnicos de futebol, um (1) indicado pelas entidades de prática desportiva filiadas à CBF e um (1) Presidente indicado pela CBF, exigindo-se de todos os membros que tenham formação jurídica e reconhecida competência para integrá-la. Cada membro tem um suplente e o mandato é de dois anos, permitida uma recondução. Com a paridade em sua formação (sendo composta por membros indicados pelos jogadores/empregados e pelos empregadores/clubes), diferentemente de outras câmaras de arbitragem que elegem terceiros estranhos às partes para a sua composição, quer nos parecer que a CNRD da CBF tem uma competência eletiva concorrente para decidir acerca de litígios trabalhistas desportivos podendo formar título executivo judicial via laudo arbitral. Destaco que, para além da discussão acerca de direitos disponíveis ou indisponíveis, entendo que, caso não existisse a formação paritária em sua composição, a Câmara não poderia adentrar na Competência da Justiça do Trabalho, pois os jogadores, como trabalhadores, não poderiam se sujeitar a um juízo de terceiros totalmente estranhos à sua categoria profissional quando estivesse em disputa direitos trabalhistas alimentares.

Assim, apesar de ainda pouco utilizada pelas partes para as soluções de litígios trabalhistas desportivos (a exemplo do que também ocorre com as CCPs), por sua composição paritária e semelhança de propósitos, entendemos que a Câmara Nacional de Resolução de Litígios é capaz de produzir títulos executivos judiciais no âmbito

(38) SABO, Vera Lúcia. Utilização da Lei de Arbitragem no contrato de trabalho do atleta profissional do futebol. In: MACHADO, Rubens Approbato; LANFREDI, Luis Geraldo Sant´ana; TOLEDO, Otávio Augusto de Almeida; SAGRES, Ronaldo Crespilho; NASCIMENTO, Wagner (Coords.). *Curso de direito desportivo sistêmico* — Volume II. São Paulo: Quartier Latin, 2010. p. 653-659.

desportivo trabalhista, via laudo arbitral, por comum acordo das partes para a sua utilização, sem contudo, a vedação da atuação da Justiça do Trabalho, conforme explicitado acima. Almeja-se, ao fim e ao cabo, a pacificação social.

No atual estágio do Poder Judiciário, em que o CNJ noticia o trâmite, atual, de cerca de 100 milhões de processos no Brasil[39], não se pode mais negar, respeitada a paridade de representantes de clubes e jogadores nos órgãos arbitrais nacionais e internacionais, a relevância e utilidade de soluções arbitrais em matérias desportivas trabalhistas.

Nesse momento histórico, respeitadas as doutas opiniões em contrário, nos parece certa a possibilidade de submissão de disputas sobre direitos desportivos trabalhistas disponíveis àquela Câmara arbitral, com formação paritária, tais como os direitos decorrentes de transferências e registros de jogadores de futebol, por comum acordo entre as partes, observados os critérios do art. 507-A da CLT.

Quanto à possibilidade de arbitragem quanto aos direitos desportivos trabalhistas indisponíveis não tenho, neste momento, uma posição definitiva, mas, me parece que a nova realidade econômica, social, jurídica (inclusive quanto à quantidade de processos no Judiciário), a exemplo do procedimento permitido no art. 896-C, § 17º, da CLT, autoriza, ao menos, uma reanálise da jurisprudência prevalente a respeito, dentro de um ambiente de segurança jurídica dinâmica ("[...] o ambiente de Segurança Jurídica Dinâmica é aquele que permite a revisão do entendimento pacificado pela existência de modificações de âmbito jurídico, econômico e social, bem como permite a distinção de uma determinada situação jurídica pacificada de um caso concreto em específico."[40]). Nesse sentido, constata a professora Vólia Bonfim Cassar, apesar de registrar seu entendimento em contrário ao do legislador:

> "O legislador partiu da premissa de que os empregados que percebem mais que duas vezes o teto da Previdência são hipersuficientes, pois tanto o empregado precisa do emprego como o patrão de seu serviço. Em pesquisa, o Legislativo aponta que apenas 2% dos empregados recebem este ou valor maior que o teto apontado no artigo. A intenção foi tornar disponíveis os direitos trabalhistas, podendo a lide ser apreciada pelo árbitro."[41]

A quantidade diminuta da população economicamente ativa que ganha mais de duas vezes o teto da Previdência Social, tal como citado pela professora Vólia, demonstra que a arbitragem desportiva trabalhista detém um campo diminuto de atuação entre

(39) Disponível em: <http://www.cnj.jus.br/files/conteudo/arquivo/2015/09/ff7463a6fe08604488795034964c0508.swf>. Acesso em: 3 fev. 2016.

(40) DANI, Marcos Ulhoa. Os recursos de embargos no TST sob a égide da Lei n. 13.015/2014: a influência do novo CPC e o princípio da segurança jurídica dinâmica. In: *Revista do Tribunal Superior do Trabalho*, Rio de Janeiro, Lex Magister, vol. 80, n. 4, p. 366, out./dez. 2014.

(41) CASSAR, Vólia Bonfim. Comentários à reforma trabalhista. CASSAR, Vólia Bonfim; BORGES, Leonardo Dias. 3. ed. Rio de Janeiro: Forense; São Paulo: MÉTODO, 2018. p. 88.

os trabalhadores, demonstrando, sob a nossa ótica, que aqueles trabalhadores, quando comparados à massa geral da PEA detêm, em princípio, uma condição diferenciada na realidade brasileira que permite um discernimento e assessoria maiores para a opção pela possibilidade de resolução de litígios pela via arbitral.

Novos tempos demandam novas soluções.

2.2.1. Solução de litígios via arbitragem internacional. O caso Paolo Guerrero

Passamos a analisar, agora, a questão da arbitragem para questões desportivas e desportivo trabalhistas de âmbito internacional. A situação modifica-se um pouco no âmbito das transferências internacionais, em que o Regulamento da FIFA para transferências estabelece a possibilidade de competência concorrente daquela entidade com a Justiça dos países, sem a necessidade de comum acordo. O art. 22º do Regulamento da FIFA para registro e transferência de jogadores estabelece que a FIFA também terá competência para da mesma forma dirimir questões em âmbito laboral (competência concorrente com os Tribunais comuns), no caso de litígios que envolvam transferências internacionais. Segue o texto do artigo, em tradução livre, cuja versão em inglês encontra-se disponível no *site* da FIFA (<www.fifa.com>):

> **"Art. 22º Competência da FIFA**
>
> Sem prejuízo do direito de qualquer jogador ou clube recorrer aos tribunais comuns para dirimir litígios de natureza laboral, é da FIFA a competência para conhecer dos:
>
> a) litígios, entre clubes e jogadores, relativos à manutenção da estabilidade contratual (arts. 13º a 18º) sempre que tenha sido pedido um CTI e exista uma queixa de uma das partes interessadas relativamente a esse pedido de CTI, nomeadamente no que diz respeito à sua emissão, às sanções desportivas ou à compensação por rescisão de contrato:
>
> b) litígios, entre um clube e um jogador, de natureza laboral e âmbito internacional, salvo se for constituído, a nível nacional no âmbito da federação e/ou de uma convenção coletiva de trabalho, um tribunal arbitral independente que garanta um processo equitativo e respeite o princípio da representação paritária de jogadores e clubes;
>
> c) litígios, entre um clube ou uma federação e um treinador, de natureza laboral e âmbito internacional, salvo se for constituído, a nível nacional, um tribunal arbitral independente que garanta um processo equitativo;
>
> d) litígios, entre clubes pertencentes a federações diferentes, relacionados com a compensação por formação (art. 20º) e com o mecanismo de solidariedade (art. 21º);
>
> e) litígios, entre clubes pertencentes à mesma federação, relacionados com o mecanismo de solidariedade (art. 21º), desde que a transferência que tenha dado origem ao litígio ocorra entre clubes pertencentes a federações diferentes;
>
> f) litígios, entre clubes pertencentes a federações diferentes, que não se encontrem abrangidos nos casos previstos nas alíneas a), d) e e).[(42)]"

---

(42) Dados disponíveis em: <www.fifa.com>. "*Without prejudice to the right of any player or club to seek redress before a civil court for employment-related disputes, FIFA is competent to hear: a) disputes between clubs and*

Perceba-se que o texto regulamentar da FIFA não exclui a competência do Poder Judiciário nacional e estabelece que a competência da entidade internacional para dirimir aqueles conflitos laborais se verifica quando a disputa envolve questões internacionais, ou seja, relativas a transferências internacionais e disputas entre clubes, jogadores e treinadores sempre que a questão envolver federações de países diferentes.

Concluímos que as decisões da FIFA nestes litígios não vedam a interferência da Justiça do Trabalho nas mesmas questões, observadas os requisitos para tanto já enumerados anteriormente. No particular, cabe ao demandante sopesar a efetividade do cada via eleita. Imagine-se que um jogador, reclamante, queira discutir eventuais prejuízos que tenha suportado em uma transferência internacional frustrada de seu empregador nacional para equipe de outro continente. No que tange ao seu empregador nacional, é bem mais razoável, efetivo e fácil que acione a Justiça do Trabalho brasileira, pois a facilidade de citação, tramitação e eventual cumprimento executivo de um hipotético título judicial contra empregador nacional será infinitamente maior. A realidade é que poucos atletas e clubes têm condições de acessar a arbitragem internacional, até pelos seus altos custos.

Todavia, o acionamento do clube estrangeiro perante a Justiça do Trabalho brasileira, em nossa ótica, protelaria, sobremaneira, a resolução do litígio. Só para se ter uma ideia, caso o clube estrangeiro seja incluído no polo passivo da demanda, a citação, intimações (até a eventual constituição de advogado nos autos — art. 5º da Lei n. 11.419/2006; ou revelia — art. 346, *caput*, e parágrafo único, do CPC) e diligências direcionadas ao clube estrangeiro, nesta situação, em nossa visão, seriam por Carta Rogatória (pedido feito ao órgão jurisdicional de outro país, para que este colabore na prática de um determinado ato processual). O cumprimento dessas cartas devem obedecer às regras estabelecidas em Convenções Internacionais.

Além disso, as cartas rogatórias não se prestam para cumprimento de atos de constrição judicial. De outro lado, as rogatórias vindas de outro país, para cumprimento no Brasil, devem receber a autorização do Superior Tribunal de Justiça (STJ), ou seja, um procedimento muito mais moroso ao próprio reclamante.

---

players in relation to the maintenance of contractual stability (articles 13-18) where there has been an ITC request and a claim from an interested party in relation to said ITC request, in particular regarding the issue of the ITC, sporting sanctions or compensation for breach of contract; b) employment-related disputes between a club and a player of an international dimension; the aforementioned parties may, however, explicitly opt in writing for such disputes to be decided by an independent arbitration tribunal that has been established at national level within the framework of the association and/or a collective bargaining agreement. Any such arbitration clause must be included either directly in the contract or in a collective bargaining agreement applicable on the parties. The independent national arbitration tribunal must guarantee fair proceedings and respect the principle of equal representation of players and clubs; c) employment-related disputes between a club or an association and a coach of an international dimension, unless an independent arbitration tribunal guaranteeing fair proceedings exists at national level; d) disputes relating to training compensation (article 20) and the solidarity mechanism (article 21) between clubs belonging to different associations; e) disputes relating to the solidarity mechanism (article 21) between clubs belonging to the same association provided that the transfer of a player at the basis of the dispute occurs between clubs belonging to different associations; f) disputes between clubs belonging to different associations that do not fall within the cases provided for in a), d) and e)."

Por outro lado, se o reclamante entender que deve acionar o clube estrangeiro, apesar de poder fazê-lo perante a Justiça do Trabalho brasileira, o caminho mais efetivo nos parece ser via FIFA, até pela facilidade de citação daquela entidade a um clube que for vinculado a uma Federação associada, formando a litiscontestação com muito mais efetividade e celeridade.

Ademais, a FIFA teria muito mais possibilidades coativas para fazer cumprir um eventual título executivo próprio. Por exemplo, a FIFA poderia suspender o clube de disputas que organiza enquanto não cumpridos os ditames de sua decisão sobre o litígio de transferência internacional. Friso que a escolha de incluir, ou não, o clube estrangeiro no polo passivo da demanda perante a Justiça do Trabalho brasileira é uma faculdade da parte reclamante, pela Teoria da Asserção adotada pelo Ordenamento Brasileiro, não sendo uma obrigação.

Já tive a oportunidade de decidir nesse sentido, em uma demanda por mim analisada, na época em que era magistrado no TRT da 03ª Região, no processo **0001549-56.2013.5.03.0139,** cuja sentença foi publicada em 11.12.2014, no DeJT-MG. No caso, o reclamante, ex-jogador de um clube mineiro, teve uma transferência para um clube chinês frustrada, requerendo ressarcimento de verbas trabalhistas de seu antigo empregador nacional relativas ao período discutido. O clube brasileiro protestou por sua ilegitimidade passiva, alegando responsabilidade do clube chinês, bem como protestou para que o juízo trabalhista oficiasse a FIFA para saber se o jogador reclamante tinha acionado o clube chinês perante aquela entidade internacional. O ofício foi indeferido e a preliminar de ilegitimidade foi rechaçada. Tal como decidi naquela oportunidade, uma vez indicada como devedora da relação jurídica de direito material, está legitimada a parte reclamada para compor o polo passivo da lide, sem a necessidade de inclusão de terceiros, no caso, o clube estrangeiro. Não há que se confundir relação jurídica de direito material com a relação jurídica de direito processual. Nesta última, a legitimidade é aferida somente abstratamente. A questão atinente a procedência ou não do pedido diz respeito ao mérito da demanda, devendo ser lá apreciada, sendo que a escolha do polo passivo cabia ao jogador reclamante. Ademais, a existência de litígio, perante a FIFA, contra o clube chinês, não afeta a demanda contra o clube brasileiro, nada impedindo a eventual ação de regresso do clube brasileiro contra o clube chinês perante a FIFA. Só não nos parece razoável admitir um acionamento do clube contra o jogador perante a FIFA, pois a pessoa física de um jogador individualmente considerado pode não ser capaz de arcar com os custos de uma representação jurídica no exterior, dada a presunção de sua hipossuficiência, se, de fato, tal hipossuficiência se verificar na prática. Por outro lado, também nos parece que nada impediria *o jogador*, por sua própria vontade (ou seja, já assumindo os custos de uma demanda internacional), de acionar diretamente a FIFA contra o clube brasileiro, apesar de, a nosso sentir, tal procedimento ser muito mais moroso e custoso, pois, no caso, a Justiça do Trabalho Brasileira teria meios mais céleres para tramitação do processo no que tange ao clube nacional.

Finalmente, caso o jogador brasileiro, concomitantemente, acionasse a FIFA e a Justiça do Trabalho brasileira sobre as mesmas questões, nos parece que poderia haver duas soluções: 1) haveria uma potencial situação de litispendência ou de coisa julgada; 2) bem como poderia haver o entendimento de que a demanda não se submeteria à competência da FIFA, e sim à competência exclusiva da Justiça do Trabalho, pelo disposto no art. 114, I e IX, da CRFB-1988. *A priori*, seguindo os Princípios da Cooperação Internacional(43) e da Internormatividade, bem como considerando-se que a demanda trataria de uma transferência internacional, e no espírito de se evitar decisões conflitantes, inclinamo-nos pela primeira solução.

Esta conclusão também é alcançada porque a Lei Pelé menciona que, nas transferências internacionais, deverão ser observadas as instruções expedidas pela entidade nacional (CBF), o que importa dizer na aceitação, também das normas da FIFA, pois a CBF lastreia seus regulamentos e instruções nas orientações da FIFA. Com efeito, diz o art. 40 da Lei Pelé:

> "Art. 40. Na cessão ou transferência de atleta profissional para entidade de prática desportiva estrangeira observar-se-ão as instruções expedidas pela entidade nacional de título."

Também no litígio entre clubes, envolvendo uma transferência internacional, nos parece mais efetiva a submissão do litígio à FIFA. O pleito será submetido, nos termos do art. 24 do Regulamento da FIFA para registro e transferência de jogadores, a uma Câmara de Resolução de Litígios, em composição monocrática (juiz) ou colegiada (representantes dos clubes e jogadores – pelo menos 03 membros), sendo que a decisão do juiz monocrático ou do colegiado da Câmara poderá ser objeto de recurso para o para a Corte Arbitral do Esporte (CAS), em *Lausanne*, na Suíça. A Corte Arbitral do Esporte (CAS) ou Tribunal Arbitral do Esporte (TAS) é uma instituição independente que oferece serviços para facilitar acordos em disputas relacionadas ao esporte por meio de arbitragens ou mediações com regras de procedimento adaptadas às específicas necessidades do mundo esportivo. O CAS foi criado em 1984 pela organização administrativa e financeira do Conselho Internacional de Arbitragem do Esporte (ICAS). O CAS tem quase 300 árbitros oriundos de 87 países, escolhidos por seus especiais conhecimentos sobre arbitragem e leis do esporte. Cerca de 300 casos são registrados pelo CAS, anualmente(44).

---

(43) Segundo o professor Theophilo Antonio Miguel Filho: "*O Estado Constitucional Cooperativo advém de uma zona de intercessão entre o Direito Internacional e o Direito Constitucional, sem que um prepondere sobre o outro. Constituem um conjunto, resultante do entrelaçamento de ações recíprocas, conduzindo a um Direito Comum de cooperação. (...) Vale ressaltar que a cooperação internacional não se restringe apenas aos Estados Soberanos. O intenso tráfego de bens, capitais e tecnologia impõe que seus efeitos sejam estendidos também para a esfera privada, ensejando a construção de uma sociedade internacional.*" MIGUEL FILHO, Theophilo Antonio. *Op. cit.*, p. 265.

(44) Disponível em: <http://www.tas-cas.org/en/general-information/frequently-asked-questions.html>. Acesso em: 27 jan. 2016. Tradução livre: *The Court of Arbitration for Sport (CAS) is an institution independent of any sports organization which provides for services in order to facilitate the settlement of sports-related disputes through arbitration or mediation by means of procedural rules adapted to the specific needs of the sports world. The CAS was created in 1984 and is placed under the administrative and financial authority of the International*

Recentemente, o Clube de Regatas Flamengo submeteu um litígio à arbitragem internacional da FIFA referente à transferência internacional do seu ex-atacante Hernane "Brocador" para o clube Al Nassr, da Arábia Saudita. Perante a CRL da FIFA, em março de 2015, o clube carioca saiu vencedor, mas o clube árabe recorreu para o CAS[(45)]. Ao final do julgamento, em setembro de 2017, o clube saudita foi condenado a pagar cerca de 3 milhões de euros ao Flamengo, e ainda foi impedido de disputar, em 2017, a Liga dos Campeões da Ásia, o que demonstra, ao fim e ao cabo, a eficácia deste tipo de procedimento[(46)]. Todavia, é necessário, como já dito, sopesar a possibilidade de sucesso em uma ação desta natureza, devido aos seus altos custos. Dados recentes mostram que, para ajuizar uma ação no CAS/TAS, é necessário um dispêndio inicial entre 45 mil e 50 mil francos suíços, o que representa cerca de R$ 174 mil a R$ 193 mil reais. Em caso de derrota na disputa arbitral perante aquela entidade, as custas do litígio em prol das partes vencedoras podem elevar os valores devidos às cifras aproximadas de R$ 400 mil reais[(47)].

A arbitragem internacional também tem outros exemplos em disputas do campo desportivo que ultrapassam os casos de registros e transferências. Houve casos recentes envolvendo premiação e *doping* que vem sendo decididos pela via arbitral.

O primeiro caso diz respeito às atletas brasileiras Gabriela Maria Zanotti Demoner e Debora Cristiane de Oliveira, ambas com passagens pela seleção brasileira. As jogadoras acionaram a Câmara de Resolução de Disputas da FIFA para cobrar um bônus da equipe de futebol chinesa *Dalian QuanJian*, no valor de 20 mil dólares pela conquista da Super Liga de Futebol Feminino Chinesa. O clube argumentou que o valor de 20 mil dólares pela conquista, previsto em contrato, teria sido substituído por medalhas de ouro que foram ofertadas às atletas, no valor aproximado do bônus pleiteado. Na decisão, a Câmara de Resolução de Disputas da FIFA considerou que, nos contratos assinados pelas atletas, não havia nenhuma previsão de premiação em forma de medalha. Assim, entendeu o órgão que as medalhas foram um presente às atletas, devendo haver o pagamento do bônus previsto nos contratos assinados, no valor de US$ 20.000 para cada jogadora, mais juros. O pagamento deveria ser feito no prazo de 30 dias da ciência da decisão, sendo que a decisão era passível de recurso ao CAS/TAS, no prazo de 21 dias da notificação[(48)].

Council of Arbitration for Sport (ICAS). The CAS has nearly 300 arbitrators from 87 countries, chosen for their specialist knowledge of arbitration and sports law. Around 300 cases are registered by the CAS every year.

(45) Disponível em: <http://globoesporte.globo.com/futebol/times/flamengo/noticia/2016/01/cas-julga-caso-hernane-brocador-e-fla-pode-receber-r-20-milhoes.html>. Acesso em: 27 jan. 2016.

(46) Disponível em: <https://globoesporte.globo.com/futebol/futebol-internacional/noticia/por-dividas-como-calote-no-fla-al-nassr-e-vetado-de-jogar-a-champions-da-asia.ghtml>. Acesso em: 29 maio 2019.

(47) Disponível em: <https://globoesporte.globo.com/futebol/times/botafogo/noticia/botafogo-cogita-recorrer-ao-tas-sobre-var-no-jogo-do-palmeiras-mas-custo-e-entrave.ghtml e https://esporte.uol.com.br/futebol/de-primeira/2019/06/19/bota-estuda-desistir-de-recurso-de-jogo-com-palmeiras-no-cas-por-alto-custo.htm>. Acesso em: 20 jun. 2019.

(48) Disponível em: <https://www.migalhas.com.br/Quentes/17,MI303404,21048-FIFA+condena+clube+chines+a+pagar+bonus+a+jogadoras+brasileiras+por>. Acesso em: 3 jun. 2019.

Um outro caso decidido pelo CAS/TAS, em data recente, e que ganhou notoriedade, foi a situação envolvendo o então atacante da seleção Peruana de futebol, Paolo Guerrero. Nesta situação, o CAS/TAS funcionou como órgão recursal da justiça desportiva. O atacante peruano, quando em atuação pelo Clube de Regatas Flamengo, foi flagrado em exame antidoping com resultado positivo. Ultrapassadas todas as instâncias, o caso chegou ao TAS que, em última instância arbitral da justiça desportiva, entendeu pela suspensão do jogador. O atleta ficaria suspenso durante o período da Copa do Mundo de 2018, realizada na Rússia. Como regra geral, ressalvadas respeitosas opiniões em contrário (que defendem tal posicionamento especialmente em questões envolvendo os direitos humanos), as decisões arbitrais de mérito são infensas à reanálise do Poder Judiciário, exatamente por terem força de título executivo judicial e por ter sido a via arbitral eleita pelas partes litigantes como a adequada para a solução da demanda. As únicas hipóteses de reanálise da decisão arbitral pelo Poder Judiciário, na nossa visão, ressalvadas as honrosas opiniões em contrário, dizem respeito a aspectos formais, processuais, ou de vício de consentimento com a solução arbitral, fatos esses que poderiam levar à nulidade do procedimento arbitral. Em âmbito nacional, podemos citar, exemplificativamente, as hipóteses do art. 32 da Lei n. 9.307/1996, que lista as possibilidades de nulidade de uma sentença arbitral: nulidade da convenção de arbitragem; a decisão arbitral emanou de quem não é árbitro; não conteve os requisitos do art. 26 da Lei de Arbitragem (relatório, fundamentos que analisem as questões de fato e de direito, dispositivo e data da decisão); proferida a decisão arbitral fora dos limites da convenção de arbitragem; ter sido comprovado que foi emanada a decisão por prevaricação, corrupção passiva ou concussão; proferida fora do prazo; proferida em desrespeito aos princípios do contraditório, da igualdade das partes, da imparcialidade do árbitro e de seu livre convencimento. Também adentram tal rol, por exemplo, os vícios de vontade e consentimento no que tange à eleição da via arbitral.

O aspecto formal foi fundamental no caso do atacante Paolo Guerrero, relativo, se tomarmos por analogia a Lei Brasileira, à violação dos arts. 26, II, e 32, III, da Lei de Arbitragem. Seus advogados, de modo hábil, manejaram apelo à Justiça Comum Suíça. Alegaram, no caso, que não teria havido a publicação dos fundamentos da decisão do TAS que teria confirmado a suspensão por *doping* do atleta. Somente o dispositivo da decisão teria sido divulgado. O apelo foi manejado por vício processual à Justiça Comum Suíça às vésperas da Copa do Mundo de 2018, com pedido liminar de suspensão da decisão arbitral de modo que o atacante pudesse jogar o Torneio Mundial.

A liminar foi concedida.

No caso, foi utilizado o Postulado Normativo do Pragmatismo Jurídico, recentemente introduzido no Ordenamento Jurídico nacional por meio da reforma promovida pela Lei n. 13.655, de 2018, no art. 20 da LINDB (Lei de Introdução das Normas do Direito Brasileiro). Diz o reformado art. 20 da LINDB:

> "Art. 20. Nas esferas administrativa, controladora e judicial, não se decidirá com base em **valores jurídicos abstratos sem que sejam consideradas as consequências práticas da decisão**. (Incluído pela Lei n. 13.655, de 2018)

Parágrafo único. **A motivação demonstrará a necessidade e a adequação da medida imposta ou da invalidação de ato**, contrato, ajuste, processo ou norma administrativa, **inclusive em face das possíveis alternativas**". (Incluído pela Lei n. 13.655, de 2018) (grifei)

Cabe esclarecer que, conceitualmente, postulados normativos, são normas que estruturam, organizam e viabilizam, logicamente, a aplicação das demais espécies normativas, como os princípios. No ordenamento nacional, identificamos seis postulados normativos:

> **"Art. 8º do CPC/15 – Razoabilidade e Proporcionalidade; art. 926/CPC – Integridade e Coerência do Direito; art. 489, § 2º, do CPC/15 – Ponderação em conflito de princípios; art. 20 da LINDB (Lei n. 13.655/18) – Pragmatismo Jurídico."** (grifei)

No caso de Paolo Guerrero, foi utilizado o postulado do pragmatismo jurídico para o deferimento da liminar que o permitiu disputar a Copa do Mundo de 2018. O postulado normativo mencionado é de regular utilização no âmbito internacional, mas se trata de uma novidade em âmbito nacional; novidade esta que já sofre questionamentos no STF, haja vista a ADIn n. 6.146, pois poder-se-ia macular o livre convencimento motivado dos magistrados e a independência judicial ao se exigir demonstração, na motivação do julgado, da necessidade prática da medida. De toda sorte, disse trecho da decisão do caso em comento, oriunda da Justiça Comum Suíça, conforme extraído da *internet*, em tradução livre:

> "Para conceder efeito suspensivo a título provisório ao futebolista peruano, a presidente da Primeira Corte de Direito Civil teve em conta, notadamente, os prejuízos de todas as ordens que o recorrente, **já com a idade de 34 anos, sofreria se ele se visse impedido de participar de uma competição que constituiria a coroação de sua carreira como jogador de futebol**..."[49] (grifei)

No caso, para o deferimento da liminar, utilizou-se o postulado normativo do pragmatismo jurídico ao se ponderar, no caso em concreto, que os prejuízos práticos da suspensão durante a Copa do Mundo, para o jogador, já com 34 anos, seriam incomensuráveis. Caso a liminar não fosse concedida, o atleta, provavelmente, não teria a oportunidade de participar de outra Copa do Mundo, haja vista sua idade e a finitude precoce da carreira de um desportista de alto rendimento. Assim, os julgadores do TFS (Tribunal Federal da Suíça) utilizaram-se de conceitos jurídicos abstratos e, pelo aspecto formal da ausência de publicação da fundamentação do julgado arbitral, que impediria a ampla defesa e o contraditório do pleiteante, deferiram liminar em caráter "suspensivo superprovisório", permitindo ao atleta disputar o torneio máximo do futebol internacional. A situação, como se vê, por via transversa, afetou, provisoriamente, a decisão arbitral de mérito, por um aspecto formal. Trata-se de situação excepcional, portanto. Ao fim da Copa do Mundo, a liminar caiu e o jogador teve que cumprir o restante de sua punição de suspensão que terminou por volta do fim do primeiro trimestre do ano de 2019.

(49) Disponível em: <https://sportv.globo.com/site/programas/copa-2018/noticia/justica-suica-acata-recurso-de-guerrero-e-peruano-podera-disputar-mundial-da-russia.ghtml>. Acesso em: 29 maio 2019.

O Fim do Passe — Criação da Cláusula Indenizatória Desportiva e da Cláusula Compensatória Desportiva. O Atleta Profissional e o Atleta não Profissional. A Remuneração do Atleta. Direito de Imagem e Direito de Arena. Luvas. Bichos. Salário *"In Natura"*. Registro Desportivo. Entidade Formadora e Passaporte Desportivo. O Menor Desportista em Formação. Competência e Questões Relativas a Transferências. Direitos Econômicos e Direitos Federativos. O Pré--Contrato. Os Partícipes das Transferências: Atleta, Clube e Intermediários

3.1. O fim do passe — Criação da cláusula indenizatória desportiva e da cláusula compensatória desportiva

O chamado "Passe" não mais existe no ordenamento pátrio. A conceituação e aplicação do instituto deu-se pela existência da Lei n. 6.354/1976 e da Resolução n. 10/1986 do Conselho Nacional de Desportos. A abalizada doutrina nacional conceituou bem a figura jurídica do "Passe":

"[...] Passe é a importância devida por um empregador a outro, pela cessão do atleta durante a vigência do contrato ou depois do seu término, reparadora dos investimentos efetuados na formação do atleta partícipe da transação."(50)

Ou seja, havia dois vínculos entre atletas e clubes: o primeiro ligado ao contrato de trabalho desportivo, considerado de índole trabalhista, e o Passe, de índole desportiva.

A extinção legislativa do Passe iniciou-se pela edição da Lei n. 8.762/1993 (Lei Zico), em muito influenciada pela impossibilidade da dissolução do vínculo esportivo entre o atleta e a entidade de prática desportiva sem o pagamento do valor do Passe. Assim, na época em que vigorava, mesmo que houvesse o término do contrato de trabalho desportivo, o atleta ainda continuava vinculado à agremiação detentora de seu Passe e, assim, impedido de exercer livremente a sua profissão sem o pagamento do valor do Passe por outra agremiação, o que detinha um claro viés obstativo do seu direito constitucional ao trabalho (art. 6º, da CRFB-1988). Se o atleta não fosse negociado ao fim de seu contrato, não havia como o jogador participar de outra disputa desportiva por outra agremiação, sem o pagamento do valor do Passe, mesmo que outro clube estivesse interessado em seu futebol. Percebia-se, claramente, uma "coisificação" do trabalho do atleta profissional, colocando-o em uma posição de subserviência à vontade discricionária patronal, que poderia, potencialmente, deixá-lo em inatividade e sem rendimentos. O instituto era duramente criticado, como observado pelo Exmo. Ministro do TST Guilherme Augusto Caputo Bastos, que nos explica as raízes europeias de inconformidade com o "Passe":

"Alvos de duras e incessantes críticas, a Lei do Passe promovia, a bem dizer uma espécie de escravização do atleta. [...] Embora inconteste a nocividade da prática do regime de passe no futebol brasileiro, foi em solo europeu, no famoso caso do jogador belga Jean-Marc Bosman, no início dos anos 1990, que o Poder Judiciário manifestou-se desfavoravelmente à sua adoção. Após o encerramento de seu contrato com o clube belga FC Liège, o atleta decidiu transferir-se para o clube francês Dunquerque. Buscando evitar nova contratação, o clube belga fixou em € 600.000,00 (seiscentos mil euros) o passe para sua liberação, o que, efetivamente, frustrou a transação. Inconformado, o jogador moveu ação em face de seu ex-clube perante a Justiça belga, que decidiu em seu favor, possibilitando-o de transferir-se para outro time sem o pagamento do valor do passe. Esgotadas todas as instâncias recursais da Justiça belga, o LC Liège houve por bem levar o caso ao Tribunal de Justiça da União Europeia, que, em decisão inédita, nos idos de 1995, decidiu a favor de Bosman. A partir de então, restou vedada toda e qualquer restrição às transferências de jogadores entre os clubes pertencentes à União Europeia."(51)

---

(50) VEIGA, Maurício de Figueiredo Corrêa da. *A evolução do futebol e das normas que o regulamentam: aspectos trabalhista-desportivos.* VEiGA, Mautício de Figueiredo Corrêa da; SOUSA, Fabrício Trindade de. São Paulo: LTr, 2013. p. 149.

(51) BASTOS, Guilherme Augusto Caputo. *Direito desportivo.* Brasília: Alumnus, 2014. p. 42-43.

A derrogação legislativa completa do instituto deu-se pela Lei Pelé (Lei n. 9.615/1998), em que manteve-se, tão só, a vinculação de índole trabalhista entre o atleta e a entidade de prática desportiva, desaparecendo o passe. O momento temporal da extinção definitiva do passe deu-se pela Lei n. 9.981/2000, que destacou que o disposto no art. 28, § 2º, da Lei n. 8.615/1998 só produziria efeitos jurídicos a partir de 26 de março de 2001[52].

Em contrapartida, criou-se a chamada cláusula penal desportiva, que deveria ser paga ao clube detentor do vínculo trabalhista do atleta, em caso de rompimento antecipado do vínculo. A discussão sobre a referida cláusula penal gerou, durante anos, controvérsia para se saber se haveria a aplicabilidade da mesma em relação aos atletas. Em outras palavras, discutia-se, no caso de rompimento antecipado de contrato por parte da entidade de prática desportiva, se a multa prevista na cláusula penal reverteria também em benefício do atleta. Após seguidas discussões, entendeu-se que não, prevalecendo a cláusula somente em favor da entidade desportiva, no caso de rompimento do vínculo por parte do jogador. Dessa forma, o entendimento final da jurisprudência foi de que o *caput* do art. 28 da Lei n. 9.615/1998, em sua redação original, ao estabelecer a cláusula penal para os casos de descumprimento, rompimento ou rescisão contratual, dirigia-se somente contra o atleta profissional. Tal penalidade não se aplicaria às hipóteses de rescisão indireta ou voluntária e antecipada do contrato de trabalho por iniciativa do empregador. Confira-se, a respeito, as ementas de acórdãos da SbDI-I do TST, colhidos no sítio eletrônico daquele Tribunal (www.tst.jus.br):

> "RECURSO DE EMBARGOS INTERPOSTO ANTERIORMENTE À EDIÇÃO DA LEI N. 11.496/2007. (...) CLÁUSULA PENAL. LEI N. 9.615/98. RESCISÃO ANTECIPADA DO CONTRATO POR INICIATIVA DA ENTIDADE DE PRÁTICA DESPORTIVA, ANTERIORMENTE À EDIÇÃO DA LEI N. 12.395/2011. PENALIDADE OPONÍVEL APENAS AO ATLETA. A colenda SBDI-I desta Corte superior, interpretando o conteúdo da Lei n. 9.615/98, em especial o disposto nos seus arts. 28, 31 e 33, com a redação vigente anteriormente às alterações introduzidas pela Lei n. 12.395/2011, consagrou entendimento, hoje pacificado, no sentido de que a cláusula penal prevista no art. 28 é oponível exclusivamente ao atleta profissional. Precedentes. Recurso de embargos conhecido e provido." (E-ED-RR – 112140-52.2002.5.04.0007, relator Ministro: Lelio Bentes Corrêa, Subseção I Especializada em Dissídios Individuais, Data de Publicação: DEJT 24.2.2012)

> "RECURSO DE EMBARGOS EM RECURSO DE REVISTA. ACÓRDÃO EMBARGADO PUBLICADO SOB A ÉGIDE DA LEI N. 11.496/2007. CLÁUSULA PENAL. LEI PELÉ. RESCISÃO ANTECIPADA DO CONTRATO POR INICIATIVA DA ENTIDADE DESPORTIVA. INTERPRETAÇÃO SISTÊMICA DA NORMA. Esta Subseção I Especializada em Dissídios Individuais do TST já se debruçou sobre a matéria, cuja relevância e complexidade exigiram percuciente estudo, decidindo no sentido de que a cláusula penal, prevista no art. 28 da Lei n. 9.615/1998, se destina a indenizar a entidade desportiva, em caso de extinção contratual por iniciativa do empregado, em razão do investimento feito no atleta. Na hipótese de rescisão antecipada do contrato, por parte do empregador, cabe ao atleta a multa rescisória referida no art. 31 do mesmo diploma legal, na forma estabelecida no art. 479 da CLT. Precedentes da SDI-I/TST. Recurso de embargos conhecido e não provido." (TST-E-RR-190500-95.2007.5.12.0041, SBDI-1, relª. Minª. Rosa Maria Weber, DEJT de 23.9.2011)

---

(52) VEIGA, Maurício de Figueiredo Corrêa da. *Op. cit.*, p. 155.

Na época, o atleta, em caso de rompimento antecipado por parte da entidade de prática desportiva, só se beneficiava da multa do art. 479 da CLT. Todavia, a situação modificou-se pela ocasião da edição da Lei n. 12.395/2011, que alterou substancialmente os arts. 28 e 31 da Lei Pelé (Lei n. 9.615/1998), criando-se a cláusula indenizatória desportiva, em favor da entidade de prática desportiva; e a cláusula compensatória desportiva, em favor do atleta, ambas nos termos da lei. Confira-se a redação atual dos artigos mencionados:

> "Art. 28. A atividade do atleta profissional é caracterizada por remuneração pactuada em contrato especial de trabalho desportivo, firmado com entidade de prática desportiva, no qual deverá constar, obrigatoriamente: (Redação dada pela Lei n. 12.395, de 2011)
>
> I – cláusula indenizatória desportiva, devida exclusivamente à entidade de prática desportiva à qual está vinculado o atleta, nas seguintes hipóteses: (Incluído pela Lei n. 12.395, de 2011)
>
> a) transferência do atleta para outra entidade, nacional ou estrangeira, durante a vigência do contrato especial de trabalho desportivo; ou (Incluído pela Lei n. 12.395, de 2011)
>
> b) por ocasião do retorno do atleta às atividades profissionais em outra entidade de prática desportiva, no prazo de até 30 (trinta) meses; e (Incluído pela Lei n. 12.395, de 2011)
>
> II – cláusula compensatória desportiva, devida pela entidade de prática desportiva ao atleta, nas hipóteses dos incisos III a V do § 5o. (Incluído pela Lei n. 12.395, de 2011)
>
> § 1º O valor da cláusula indenizatória desportiva a que se refere o inciso I do *caput* deste artigo será livremente pactuado pelas partes e expressamente quantificado no instrumento contratual: (Redação dada pela Lei n. 12.395, de 2011)
>
> I – até o limite máximo de 2.000 (duas mil) vezes o valor médio do salário contratual, para as transferências nacionais; e (Incluído pela Lei n. 12.395, de 2011)
>
> II – sem qualquer limitação, para as transferências internacionais. (Incluído pela Lei n. 12.395, de 2011)
>
> [...]
>
> § 3º O valor da cláusula compensatória desportiva a que se refere o inciso II do *caput* deste artigo será livremente pactuado entre as partes e formalizado no contrato especial de trabalho desportivo, observando-se, como limite máximo, 400 (quatrocentas) vezes o valor do salário mensal no momento da rescisão e, como limite mínimo, o valor total de salários mensais a que teria direito o atleta até o término do referido contrato. (Redação dada pela Lei n. 12.395, de 2011)
>
> § 5º O vínculo desportivo do atleta com a entidade de prática desportiva contratante constitui-se com o registro do contrato especial de trabalho desportivo na entidade de administração do desporto, tendo natureza acessória ao respectivo vínculo empregatício, dissolvendo-se, para todos os efeitos legais: (Redação dada pela Lei n. 12.395, de 2011)
>
> I – com o término da vigência do contrato ou o seu distrato; (Incluído pela Lei n. 12.395, de 2011)
>
> II – com o pagamento da cláusula indenizatória desportiva ou da cláusula compensatória desportiva; (Incluído pela Lei n. 12.395, de 2011)
>
> III – com a rescisão decorrente do inadimplemento salarial, de responsabilidade da entidade de prática desportiva empregadora, nos termos desta Lei; (Incluído pela Lei n. 12.395, de 2011)

IV - com a rescisão indireta, nas demais hipóteses previstas na legislação trabalhista; e (Incluído pela Lei n. 12.395, de 2011)

V - com a dispensa imotivada do atleta. (Incluído pela Lei n. 12.395, de 2011)

[...]

§ 10. Não se aplicam ao contrato especial de trabalho desportivo os arts. 479 e 480 da Consolidação das Leis do Trabalho - CLT, aprovada pelo Decreto-lei no 5.452, de 1º de maio de 1943. (Incluído pela Lei n. 12.395, de 2011)"

"Art. 31. A entidade de prática desportiva empregadora que estiver com pagamento de salário de atleta profissional em atraso, no todo ou em parte, por período igual ou superior a 3 (três) meses, terá o contrato especial de trabalho desportivo daquele atleta rescindido, ficando o atleta livre para se transferir para qualquer outra entidade de prática desportiva de mesma modalidade, nacional ou internacional, e exigir a cláusula compensatória desportiva e os haveres devidos. (Redação dada pela Lei n. 12.395, de 2011)

§ 1º São entendidos como salário, para efeitos do previsto no *caput*, o abono de férias, o décimo terceiro salário, as gratificações, os prêmios e demais verbas inclusas no contrato de trabalho.

§ 2º A mora contumaz será considerada também pelo não recolhimento do FGTS e das contribuições previdenciárias."

Depreende-se, pois, que a cláusula indenizatória desportiva veio substituir a cláusula penal e a cláusula compensatória desportiva veio substituir a multa do art. 31 da Lei (redação antiga), concernente à indenização do art. 479 da CLT.

A cláusula indenizatória desportiva, em sua clara definição no inciso I, do art. 28, da Lei n. 9.615/1998, foi o que se convencionou popularmente classificar como "Direitos Econômicos" dos atletas profissionais de futebol, e que serão analisados em tópico próprio. A cláusula foi ainda mais explicitada nos arts. 8º e 9º do Regulamento Nacional de Registro e Transferência de Atletas de Futebol — RNRTAF:

"**Art. 8º** A cláusula indenizatória desportiva ajustada entre atleta e clube destina-se a atender aos princípios de **cumprimento obrigatório do contrato e pagamento de indenização em caso de rescisão sem causa justificada** (art. 17.1 e 17.2 do Regulamento da FIFA sobre o Status e a Transferência de Jogadores) e submete-se às seguintes diretrizes fixadas na legislação nacional:

I) **o valor máximo da cláusula indenizatória desportiva pactuada, quando se tratar de transferência nacional, será de 2.000 (duas mil) vezes o valor médio do salário contratual**;

II) **o valor máximo da cláusula indenizatória desportiva pactuada, quando se tratar de transferência internacional, será ilimitado, mas deverá ser quantificado no momento da celebração do contrato especial de trabalho desportivo**.

Art. 9º A cláusula indenizatória desportiva é devida exclusivamente ao clube pelo qual o atleta estava registrado, não sendo reconhecido o ajuste que implique vinculação ou exigência de receita total ou parcial dela decorrente em favor de terceiros, na forma do art. 18ter do Regulamento da FIFA sobre o Status e a Transferência de Jogadores." (grifei)

Percebe-se, pois, que a cláusula em questão visa atender a uma ruptura imprevista do contrato de trabalho (nos termos da lei), sendo que o valor da cláusula indenizatória desportiva beneficiará o clube no qual o atleta estava registrado, ou seja, o clube detentor de seus direitos federativos. No particular, houve modificações recentes, decorrentes da modificação da redação e interpretação do art. 18 *ter* do Regulamento de *status* e transferências de jogadores da FIFA, que serão explicitados em capítulo próprio, pois, como se irá ver, há interpretações que um outro clube negociante também poderá reter parte dos direitos econômicos. Ademais, a nova interpretação do artigo mencionado, vigente a partir de junho de 2019, entendeu que haverá a possibilidade também do atleta reter parte de seus direitos econômicos, o que gerará grandes impactos, inclusive com a possibilidade de retenção do jogador em clubes nacionais por mais tempo, com a cessão, pelo clube, de parte dos direitos econômicos ao próprio atleta.

Entretanto, não há, na esteira do Estatuto de Transferências da FIFA, benefícios a terceiros, que são definidos no próprio RNRTAF. Neste particular, deve ser pontuado, nos termos do art. 38, do RNRTAF, que se houver cessão temporária do atleta profissional e, consequentemente, a cessão temporária dos direitos federativos do atleta, o clube cessionário não terá direito, poder ou faculdade de transferir o jogador. Estes pontos serão melhor explicitados em capítulos próprios.

Já por força do § 5º, V, do art. 28, da Lei Pelé, pela dispensa imotivada do atleta, incide a chamada cláusula compensatória desportiva em favor do atleta profissional. O valor da cláusula compensatória desportiva é estabelecido pelo § 3º, do art. 28, da Lei Pelé:

> "§ 3º O valor da cláusula compensatória desportiva a que se refere o inciso II do *caput* deste artigo será livremente pactuado entre as partes e formalizado no contrato especial de trabalho desportivo, observando-se, como limite máximo, 400 (quatrocentas) vezes o valor do salário mensal no momento da rescisão e, como limite mínimo, o valor total de salários mensais a que teria direito o atleta até o término do referido contrato." (Redação dada pela Lei n. 12.395, de 2011)

Como se vê, a cláusula compensatória desportiva, por expressa determinação legal, é uma cláusula obrigatória do contrato de trabalho do atleta profissional, detendo limites mínimos e limites máximos. Trata-se, portanto, de um valor a ser pago ao atleta pela ruptura, sem justo motivo, de modo adiantado, do contrato de trabalho desportivo. Pode ocorrer por dispensa imotivada ou rescisão indireta e, nesta última hipótese, mais comumente pelo inadimplemento salarial pela entidade desportiva empregadora. Esta interpretação é corroborada pelo art. 10 do RNRTAF:

> "**Art. 10** – A cláusula compensatória desportiva é devida ao atleta sempre que houver causa injustificada de rescisão antecipada do contrato especial de trabalho desportivo por iniciativa do clube empregador, no montante pactuado pelas partes na forma prescrita pela legislação nacional."

A respeito, ainda, das rescisões antecipadas dos contratos, que levam à aplicação, dependendo da situação, do pagamento da cláusula indenizatória ou da cláusula compensatória, interessante destacar o disposto nos arts. 27 e 28 do RNRTAF, que dizem:

"**Art. 27** – A rescisão unilateral do contrato especial de trabalho desportivo é admissível:

I) quando se origine de causa desportiva justificada, nos termos do art. 15 do Regulamento da FIFA sobre o *Status* e a Transferência de Jogadores; ou

II) fundada em algum outro motivo previsto na legislação trabalhista vigente.

Parágrafo único – Nos termos do art. 14, § 2º, do Regulamento da FIFA sobre o *Status* e a Transferência de Jogadores, condutas abusivas que tenham o objetivo de forçar uma parte (atleta, treinador ou clube) a rescindir ou alterar os termos de um contrato de trabalho podem configurar justo motivo para a rescisão do mesmo.

Art. 28 – A rescisão unilateral do contrato especial de trabalho desportivo sem causa justificada durante sua vigência submete-se, na forma prevista na legislação desportiva nacional, ao pagamento de:

I) cláusula indenizatória desportiva ao clube empregador pelo atleta ou pelo novo clube empregador;

II) cláusula compensatória desportiva ao atleta pelo clube empregador."

Como se vê, o regulamento nacional deixou claro as possibilidades de incidência das cláusulas, tais como aquelas previstas no art. 15 do Regulamento da FIFA sobre transferências, fundada em motivos previstos na lei trabalhista nacional (o que implicam na incidência da justa causa do empregado ou rescisão indireta/justa causa patronal). Destaca-se, ainda, o parágrafo único do art. 27 do RNRTAF, que listou, nos termos do regulamento da FIFA, condutas abusivas que tenham como objetivo forçar uma parte (atleta, treinador ou clube) a rescindir ou alterar os termos de um contrato de trabalho. Andou bem, a nosso sentir, o regulamento, pois é comum presenciarmos na grande mídia a ocorrência de assédios normalmente feitos por um clube para com um atleta já empregado em outra agremiação, havendo sedução do jogador com o oferecimento, a rigor, de salários mais vultosos. Nesses casos, sendo o clube empregador cumpridor de seus deveres contratuais para com o atleta, as condutas do jogador de, por exemplo, faltar propositalmente aos treinos e a reapresentações pode configurar a justa causa do empregado, gerando a incidência da cláusula indenizatória desportiva em favor do clube empregador e com a possível responsabilização solidária do clube assediador, nos termos da CLT, dos regulamentos da FIFA, do RNRTAF e, até, nos termos analogicamente aplicados do art. 942 do CC. Tais temas serão mais explorados em capítulo próprio.

3.1.1. O atleta profissional e o atleta não profissional

Neste tópico, analisaremos os esportes coletivos, especialmente o futebol, uma vez que a lei Pelé dá tratamento diferenciado aos atletas em esportes de prática individual (art. 28-A e parágrafos da Lei Pelé).

De início, cabe destacar que a realidade remuneratória da maioria dos atletas profissionais no Brasil é bem distante do *glamour* que se propaga na televisão e nas mídias sociais. Dados recentes da CBF dão conta que há cerca de 22.177 atletas profissionais de futebol em atividade no país. Há cerca de 38.309 atletas não profissionais. Do montante de atletas profissionais, cerca de 82% recebem apenas um salário-mínimo por mês e somente 0,83% dos atletas ganham mais de 50 mil reais mensais. Some-se a isso que 17% dos cerca de 742 clubes profissionais do país não atuam em competições em mais de 3 meses ao ano. Mesmo entre os atletas que mais recebem, nem todos detêm a percepção de finitude e brevidade da carreira esportiva, não sendo previdentes em relação ao seu futuro econômico[53]. Não raro, aparecem notícias na grande mídia de ex-atletas, antes com salários abastados, sendo relegados à indigência financeira ao final de suas carreiras esportivas.

Dito isso, é preciso esclarecer que, para alcançarmos o conceito de remuneração do atleta, devemos, antes, diferenciarmos o que seria um atleta não profissional e um atleta profissional. Segundo o art. 94 da Lei Pelé (Lei n. 9.615/1998), o profissionalismo só é obrigatório para o futebol de campo com 11 atletas por equipe. Já o art. 3º, § 1º, I, da mesma lei, estabelece que o desporto profissional é aquele caracterizado pela remuneração pactuada em contrato formal de trabalho, pela via escrita, entre o atleta e a entidade de prática desportiva, sendo que o inciso II do mesmo artigo diz que o desporto "não profissional" é aquele identificado pela liberdade de prática e pela ausência de contrato de trabalho. Já o parágrafo único do art. 26 da Lei Pelé estabelece que é considerada competição profissional, para os efeitos da lei, aquela promovida para obter renda e disputada por atletas profissionais, cuja remuneração decorra de contrato de trabalho desportivo.

O RNRTAF da CBF foi um pouco além das disposições legais ao estatuir em seu art. 1º, e parágrafos, o seguinte:

> "**Art. 1º** Os atletas de futebol no Brasil desdobram-se em duas categorias: profissionais e não profissionais.
>
> § 1º É considerado profissional o atleta de futebol que exerce a sua atividade desportiva em cumprimento a um contrato formal de trabalho desportivo firmado e regularmente registrado na CBF com um clube.
>
> § 2º É considerado não profissional o atleta de futebol que o pratica sem receber ou auferir remuneração, ou sem tirar proveito material em montante superior aos gastos efetuados com sua atividade futebolística, com exceção de eventual valor recebido a título de bolsa de aprendizagem avençada em um contrato de formação desportiva, sendo facultado, ainda, receber incentivos materiais e patrocínios."

Percebe-se que a interpretação meramente gramatical da Lei Pelé dá a entender que o atleta profissional seria somente aquele regido por um contrato de trabalho desportivo escrito e registrado na entidade de organização do desporto.

(53) Disponível em: <https://www.brasildefato.com.br/2019/05/08/raio-x-da-desigualdade-salarial-no-futebol-brasileiro/ e https://www.cbf.com.br/a-cbf/informes/index/raio-x-do-mercado-2019-numeros-gerais-de-registro>. Acesso em: 19 jun. 2019.

Nesse ponto, é fundamental estabelecer uma distinção de efeitos desportivos e trabalhistas. A nosso sentir, o maior objetivo da distinção entre atleta profissional e não profissional foi o regramento para transferências e registros dos atletas, além da caracterização, ou não, de atleta em formação sem vínculo de emprego até os 21 anos de idade, o que será analisado posteriormente. É importante destacar que, para aqueles efeitos, foram criados critérios de remuneração e, também, de idade, para distinguir o atleta profissional de futebol e o atleta não profissional. O art. 44 da Lei Pelé veda o profissionalismo no desporto educacional, no desporto militar e no caso de menores de 16 anos.

Devemos ressalvar, entretanto, que obedecidos os critérios mínimos de idade, os quais, eventualmente, **para efeitos trabalhistas**, poderemos nos deparar com a formação real de um vínculo de emprego profissional desportivo, mesmo que o atleta não tenha assinado um contrato especial de trabalho desportivo, a partir dos 16 anos de idade. Antes dos 16 anos de idade, a questão será melhor analisada em tópico próprio, pois envolve discussões acerca da caracterização, ou não, de aprendizagem ou formação.

Não podemos conceber, diante da realidade dos fatos, que, por exemplo, jogadores de futebol, vôlei e basquete, que se submetem a uma rotina de treinos, jogos e viagens, recebendo valores para tanto, e que cumpram os requisitos dos arts. 2º e 3º da CLT, e também os requisitos de idade da Lei Pelé e da CRFB-1988, não sejam considerados profissionais só por não terem formalizado, eventualmente, um contrato de trabalho desportivo escrito. Tais atletas são, a rigor, federados, inscritos e registrados perante ligas ou entidades de organização de desporto, e disputam competições oficiais. A própria Lei Pelé, em seu art. 43, veda a participação em competições desportivas profissionais de atletas não profissionais com idade superior a 20 anos. Há, na prática, um contrato de trabalho desportivo, mesmo na forma tácita ou verbal. Abre-se, no particular, o que a doutrina classifica como "Lacuna Ontológica". Ou seja, a norma existente não se coaduna com a realidade fática das relações profissionais daqueles atletas. Estando a norma desligada da realidade social, não vai ter aplicação prática neste específico aspecto em particular. Assim, entendemos, na esteira do que preconiza a interpretação da parte inicial do parágrafo único do art. 26 da Lei Pelé, e da parte inicial do § 2º, do art. 1º, do RNRTAF, que o atleta profissional é aquele que vive da renda oriunda do desporto, desde que também cumpridos os requisitos do art. 2º e 3º da CLT, e também observadas as idades mínimas da legislação. O atleta não profissional seria aquele que, mesmo recebendo, eventualmente, bolsas de aprendizagem (para os atletas em formação, o que será analisado em tópico próprio), ou que receba ajudas de custo somente para arcar com os gastos efetuados em sua atividade desportiva, não tem no desporto a sua fonte principal de renda e, portanto, não tem contrato de emprego formal com a entidade de prática desportiva.

Não se ignora que a Lei Pelé, a exemplo do seu art. 28, exige que o contrato de trabalho desportivo seja escrito, com cláusulas obrigatórias, mas, também, não se pode ignorar que, muitas vezes, ainda que de forma tácita ou verbal, um contrato de trabalho desportivo pode ser executado entre as partes, com a verificação de todos os requisitos legais (inclusive de idade), mesmo sem a elaboração formal de um contrato de trabalho. Pode ocorrer que um atleta tenha como renda principal os ganhos advindos da atividade desportiva, não se podendo ignorar que, nestes casos, a realidade indica para uma formação de um contrato de trabalho desportivo, mesmo em forma tácita. Paulo Henrique Chacon de Souza, citando Fábio Menezes de Sá Filho, explica que:

> "A justificativa para que o contrato de trabalho desportivo seja na forma escrita é clara; o fato é que o contrato, sendo verbal, diminuiria a segurança jurídica, mas sendo escrito, facilita a comprovação das obrigações e direitos que foram acordados entre as partes."(54)

Ora, se a realidade constatada em um caso concreto direciona para a existência de um contrato de trabalho desportivo, ainda que tácito ou verbal, tal situação não pode ser desconsiderada como um vínculo de emprego de atleta profissional, sob pena de se desvirtuar a realidade e os próprios objetivos de regulamentação da lei, respeitadas as opiniões em contrário.

Já decidimos neste sentido no processo **0000017-58.2016.5.10.0006**, em que houve o reconhecimento de período de vínculo de emprego não formalizado entre jogador e entidade de prática desportiva. O atleta se submetia à rotina de treinos e preparação para competições futuras, recebendo remuneração para tanto. Perguntar-se-ia a respeito das cláusulas obrigatórias do contrato que não existiriam formalmente no período, pela ausência do estabelecimento de um contrato desportivo formal e escrito, tal como padronizado pela CBF (art. 5º, RNRTAF). Há solução para tal situação, caso a vontade das partes não seja revelada pela prova, em processo judicial. No particular, no que toca, por exemplo, à cláusula compensatória desportiva, deve ser considerado que o juiz não pode substituir a vontade das partes, mas deve aplicar o mínimo legal (art. 5º, II, da CRFB-88 e § 3º, do art. 28, da Lei n. 9.615/1998), observando-se que a cláusula compensatória desportiva é obrigatória nos contratos de trabalho desportivos, deve incidir a cláusula compensatória desportiva no limite mínimo previsto em lei, qual seja, o valor total de salários mensais a que teria direito o atleta até o término reconhecido do referido contrato. Da mesma maneira em relação à cláusula indenizatória, em que deverá obedecer-se, em caso de outra realidade não vir pela prova dos autos, o que está estabelecido como parâmetro em lei, ou seja, 2.000 vezes o salário médio do desportista. Nesse sentido já decidiu o E. TRT da 10ª Região, no que toca à ausência de contrato escrito discriminando valores da cláusula compensatória desportiva, mas sendo verificado, na prática, a existência de um contrato de trabalho desportivo:

NÚMERO CNJ: 0001645-89.2015.5.10.0015

REDATOR: PAULO HENRIQUE BLAIR DE OLIVEIRA

---

(54) SOUZA, Paulo Henrique Chacon de. O contrato do atleta profissional de futebol. *Revista Jus Navigandi*, ISSN 1518-4862, Teresina, ano 19, n. 4.129, 21 out. 2014. Disponível em: <https://jus.com.br/artigos/30378>. Acesso em: 28 maio 2019.

DATA DE JULGAMENTO: 29.5.2019

DATA DE PUBLICAÇÃO: 7.6.2019

EMENTA:

1. ATLETA PROFISSIONAL DE FUTEBOL. CLÁUSULA COMPENSATÓRIA DESPORTIVA. Inexistindo disposição contratual acerca da cláusula compensatória desportiva, impõe-se a observância ao art. 28 da Lei n. 9.615/98, que dispõe sobre os limites máximo e mínimo para sua fixação. Observados tais parâmetros, corolário lógico é a manutenção da sentença proferida.

2. MULTA CONTRATUAL. OCORRÊNCIA DE BIS IN IDEM. Indevida a multa contratual que revela a aplicação de dupla penalidade pelo mesmo fato gerador, o que é vedado pelo ordenamento jurídico pátrio, a teor do que dispõe o art. 884 do Código Civil. Sentença mantida.

3. Recurso conhecido e desprovido.

Dessa forma, entendemos que pode haver caracterização fática do contrato de trabalho profissional de atleta, mesmo na ausência formal de um contrato desportivo escrito, em prol do Princípio da Primazia da Realidade. O professor e Ministro, Exmo. Dr. Mauricio Godinho Delgado explicita tal princípio, de aplicação clara à situação ora abordada:

> "Tal princípio amplia a noção civilista [...]. No Direito do Trabalho deve-se pesquisar, preferentemente, a prática concreta efetivada ao longo da prestação de serviços [...] A prática habitual — na qualidade de uso — altera o contrato pactuado, gerando direitos e obrigações novos às partes contratantes (respeitada a fronteira da inalterabilidade contratual lesiva). Desse modo, o conteúdo do contrato não se circunscreve ao transposto no correspondente instrumento escrito, incorporando amplamente todos os matizes lançados pelo cotidiano da prestação de serviços. O princípio do contrato realidade autoriza, assim, por exemplo, a descaracterização de uma pactuada relação civil de prestação de serviços, desde que no cumprimento do contrato despontem, concretamente, todos os elementos fático-jurídicos da relação de emprego (trabalho por pessoa física, com pessoalidade, não eventualidade, onerosidade e sob subordinação). [...] o intérprete e aplicador do Direito deve investigar e aferir se a substância da regra protetiva trabalhista foi atendida na prática concreta efetivada entre as partes, ainda que não seguida estritamente a conduta especificada pela legislação.[55]" (grifei)

A questão do profissionalismo, no que tange especialmente aos atletas profissionais do futebol, ficou muito ligada à existência de um contrato de trabalho desportivo escrito e registrado, pois com tal registro seria possível verificar, com maior clareza, a existência dos valores para estabelecimento, por exemplo, dos montantes para as cláusulas

(55) DELGADO, Mauricio Godinho. *Princípios de direito individual e coletivo do trabalho*. 3. ed. São Paulo: LTr, 2010. p. 91.

indenizatórias e compensatórias desportivas. Todavia, a ausência de tal formalidade, na esteira do princípio do contrato realidade, não impedirá o eventual reconhecimento judicial de um contrato de trabalho de atleta profissional, mesmo na ausência de contrato desportivo escrito, desde que se verifiquem os cumprimentos dos requisitos legais de idade, dos arts. 2º e 3º da CLT, além de se constatar, faticamente, que o atleta tem na atividade desportiva a sua principal renda, sendo que os rendimentos auferidos ultrapassam, em muito, a mera ajuda de custo ou os valores de uma bolsa aprendizagem (arts. 3º, I e II, do RNRTAF). Ressalva-se, novamente, que aqui a questão é só analisada pelo viés trabalhista, não se adentrando à questão da justiça desportiva.

Lembra-se que a CBF autoriza a inscrição de um atleta não profissional por um determinado clube a partir de 14 anos, mesmo sem contrato desportivo registrado, até a idade máxima de 21 anos.

O próprio RNRTAF reforça o ponto, em seu art. 2º e parágrafos:

"**Art. 2º** O vínculo desportivo com atletas pode ocorrer a partir dos 14 (quatorze) anos de idade, cabendo ao clube apresentar a Ficha de Inscrição da CBF de atleta não profissional, com prazo de duração não excedente a 3 (três) anos e respeito às Normas de Conduta estabelecidas pelos clubes.

§ 1º Devem ser anexadas à Ficha de Inscrição cópias dos seguintes documentos:

I) Carteira de Identidade;

II) Número de inscrição no CPF;

III) Documento comprobatório de quitação com serviço militar (para atleta acima de 18 anos);

IV) Certidão de nascimento;

V) Atestado médico com autorização para a prática desportiva pelo atleta, devendo dele constar o número de inscrição do médico no CRM;

VI) Autorização assinada pelos responsáveis legais do atleta, quando menor de idade; e

VII) Visto de refugiado, se cabível.

§ 2º É vedado ao clube profissional o registro, na condição de não profissional, de atleta masculino de futebol de campo que possua 21 (vinte e um) anos de idade ou mais na data de início ou fim da vigência do vínculo."

Ou seja, um atleta não profissional poderá ter um vínculo desportivo com uma agremiação desportiva, a partir de 14 anos, com duração máxima de 3 anos, mesmo não tendo vínculo de emprego ou contrato de trabalho desportivo registrado por aquela agremiação perante a CBF. Deverá, o atleta, entretanto, ser inscrito perante a CBF, na forma dos arts. 2º do RNRTAF. Nessas condições, poderá disputar competições oficiais organizadas pelas entidades de administração do desporto, mesmo sendo um atleta não profissional. Todavia, nessas condições, como regra geral, não incidirão as cláusulas indenizatórias ou desportivas, no caso de ruptura antecipada do vínculo desportivo entre o atleta e a agremiação desportiva. Poderá haver contrato de formação, que será analisado em capítulo próprio.

A CBF também autoriza, na forma do art. 4º, do RNRTAF, que os clubes inscrevam adolescentes de 12 a 13 anos de idade para atividades de iniciação desportiva, com validade máxima até o final da respectiva temporada, para fins de inserção do seu nome em respectivo Passaporte Desportivo.

Destaca-se, entretanto, que há posições em contrário, alegando a impossibilidade de vínculo desportivo do atleta se não houver o contrato de trabalho desportivo escrito, tal como determina a lei, o que implicaria na não aplicação dos demais dispositivos especiais da Lei Pelé e do RNRTAF direcionados somente para os atletas profissionais. Também se questiona a ausência de contrato de trabalho e vínculo de emprego, ao menos sob o viés de aprendizagem, a partir dos 14 anos.

Em suma, nos termos da Lei Pelé e do RNRTAF da CBF, há dois tipos de atletas: os profissionais e não profissionais. Os profissionais são aqueles que detém contrato de trabalho desportivo registrado perante a entidade de organização do desporto, tendo no esporte a sua principal renda. Os não profissionais são aqueles atletas sem contrato de trabalho desportivo registrado perante a entidade de organização do desporto, não tendo no esporte a sua fonte primária de renda, sem desvirtuamento de tais condições se receberem ajuda de custos para arcar com as despesas indispensáveis às suas atividades desportivas ou bolsa aprendizagem para atleta em formação. Nada impede, todavia, que, em havendo desvirtuamento daqueles pagamentos e obedecidos os requisitos legais de idade e formação de vínculo de emprego, que seja reconhecido judicialmente um vínculo de trabalho desportivo, mesmo sem um contrato de trabalho desportivo escrito, cabendo tal análise ao caso em concreto.

3.1.2. Remuneração do atleta

Ultrapassada a questão da profissionalização, chegamos em um aspecto importante para o estabelecimento de parâmetros, inclusive, para a monetização dos valores de cláusulas compensatórias e indenizatórias desportivas.

Como visto anteriormente, a lei Pelé e o RNRTAF estabeleceram que as cláusulas indenizatórias e compensatórias têm, como bases de cálculo, os salários dos atletas, em especial quando tratamos de transferências nacionais. Não se confunde o salário com a remuneração do atleta. A remuneração é o gênero no qual o salário é a espécie, sendo este a principal parcela contraprestativa e habitual do trabalhador. Assim, extirpam-se das bases de cálculo daquelas multas os outros componentes dos recebimentos do atleta, ou seja, valores de índole civil, eventual ou indenizatória.

Dessa forma, devemos, para verificar a base de cálculo das multas indenizatórias e compensatórias desportivas, adentrar à natureza jurídica dos vários recebimentos normalmente auferidos pelos atletas profissionais para efeito de estabelecimento de quais parcelas seriam salariais e, portanto, fariam parte da base de cálculo daquelas multas. Destaca-se que, em se tratando de parcelas salariais variáveis para eventual aplicação das mesmas nas bases de cálculo das multas ora tratadas, entendemos que o mais razoável seria a aplicação analógica do art. 142, § 3º, da CLT, para se estabelecer uma média mensal dos últimos doze meses trabalhados (ou dos meses trabalhados, se o contrato foi inferior a um ano de duração).

3.1.2.1. Direito de imagem e direito de arena

Neste particular, adentra-se à antiga polêmica da natureza jurídica dos recebimentos, pelos atletas, de direitos de imagem e direitos de arena. Abordamos, inicialmente, no particular, o art. 87-A, da Lei Pelé, que trata dos direitos de imagem:

> "Art. 87-A. O direito ao uso da imagem do atleta pode ser por ele cedido ou explorado, mediante ajuste contratual de natureza civil e com fixação de direitos, deveres e condições inconfundíveis com o contrato especial de trabalho desportivo. (Incluído pela Lei n. 12.395, de 2011)
>
> Parágrafo único. Quando houver, por parte do atleta, a cessão de direitos ao uso de sua imagem para a entidade de prática desportiva detentora do contrato especial de trabalho desportivo, o valor correspondente ao uso da imagem não poderá ultrapassar 40% (quarenta por cento) da remuneração total paga ao atleta, composta pela soma do salário e dos valores pagos pelo direito ao uso da imagem." (Incluído pela Lei n. 13.155, de 2015)

Os termos legais, conforme visto acima, estabelecem que o contrato de cessão de direito de uso de imagem, feito pelo atleta ou por pessoa jurídica que o represente, detém índole civil. Trata-se de um direito da personalidade do atleta, que pode ter seu uso cedido e explorado temporariamente, conforme contrato de índole civil, adquirindo os mais variados contornos, como entrevistas aos variados órgãos de comunicação, ações de marketing e apresentação em prol da equipe ou seus patrocinadores, divulgações de marketing para obtenção de novos patrocínios, confecção de material esportivo, roupas e acessórios para comercialização, ações sociais, entre outros. Ou seja, trata-se de verba indenizatória, sem natureza salarial, para exploração da imagem do atleta, até o limite legal de 40% da remuneração total paga ao atleta. Este foi o critério legal objetivo estabelecido para evitar intermináveis discussões judiciais, ressalvando-se que, antes da modificação legislativa citada, havia ocasiões em que a jurisprudência inclusive já verificou a validade de contratos desse jaez que ultrapassavam os 40% da remuneração do atleta, dependendo da notoriedade do atleta envolvido e a exploração consequente e natural de sua imagem. Nesse sentido, o TST, na lavra autorizada do Exmo. Ministro Guilherme Augusto Caputo Bastos:

> "[...]. ATLETA PROFISSIONAL. CONTRATO DE LICENÇA DO USO DE IMAGEM. PRESUNÇÃO DA FRAUDE À LEGISLAÇÃO TRABALHISTA. CARÁTER NÃO SALARIAL DA VERBA RECEBIDA A TÍTULO DE "DIREITO DE IMAGEM". Por meio de decisão monocrática, foi denegado seguimento ao agravo de instrumento, com suporte no art. 557, *caput*, do CPC (932, IV, *"a"*, do NCPC), mantendo-se a d. decisão denegatória do recurso de revista, por seus próprios fundamentos. Logrando êxito a reclamada em demonstrar o desacerto da decisão agravada, ante a existência de provável violação ao art. 87-A, da Lei n. 9.615/98, merece provimento o agravo para prosseguir no exame do agravo de instrumento. Agravo a que se dá provimento. II – AGRAVO DE INSTRUMENTO. ATLETA PROFISSIONAL. CONTRATO DE LICENÇA DO USO DE IMAGEM. PRESUNÇÃO DE FRAUDE À LEGISLAÇÃO TRABALHISTA. CARÁTER

NÃO SALARIAL DA VERBA RECEBIDA A TÍTULO DE "DIREITO DE IMAGEM". Tendo em vista a possibilidade de afronta ao art. 87-A, da Lei n. 9.615/98, o processamento do recurso de revista é medida que se impõe. Agravo de instrumento a que se dá provimento. III – RECURSO DE REVISTA. ATLETA PROFISSIONAL. CONTRATO DE LICENÇA DO USO DE IMAGEM. PRESUNÇÃO DE FRAUDE À LEGISLAÇÃO TRABALHISTA. CARÁTER NÃO SALARIAL DA VERBA RECEBIDA A TÍTULO DE "DIREITO DE IMAGEM". *Ab Initio*, cumpre ressaltar que a consagração do princípio dispositivo previsto no art. 141 do CPC/2015, segundo o qual o juiz decidirá a questão nos limites propostos pelas partes, se mostra fundamental à atividade jurisdicional, inclusive em relação aos recursos. Isto porque é o recorrente quem fixará, com seu recurso, o âmbito de conhecimento da matéria recorrida. Na presente hipótese, da leitura do acórdão recorrido, verifica-se que, na fração de interesse, o Tribunal Regional, ao declarar a nulidade do contrato de licença do uso de imagem celebrado entre as partes, não trouxe qualquer discussão sobre se o estado gravídico seria óbice à atleta de projetar a imagem do Clube nessa condição ou qualquer debate acerca da discriminação de gênero, associado à afronta ao princípio da dignidade da pessoa humana e dos valores sociais do trabalho. A controvérsia dos autos resume-se na verificação acerca da existência ou não de fraude trabalhista na celebração do contrato autônomo de licença de uso de imagem, por meio de contrato civil, a título de "direito de imagem". Trata-se o direito de imagem DE direito fundamental consagrado no art. 5º, V e X, da Constituição Federal de 1988, de um direito individual do atleta, personalíssimo, que se relaciona à veiculação da sua imagem individualmente considerada. É possível a celebração, paralelamente ao contrato especial de trabalho desportivo, de um contrato de licença do uso de imagem, consistindo este num contrato autônomo de natureza civil, conforme o disposto no art. 87-A da Lei n. 9.615/98. Mediante o referido contrato de licença do uso de imagem, o atleta, em troca do uso de sua imagem pela entidade de prática desportiva que o contrata, obtém um retorno financeiro, de natureza jurídica não salarial. Tal contrapartida financeira somente teria natureza salarial caso a celebração do referido contrato se desse com o intuito de fraudar a legislação trabalhista. Ressalte-se, todavia, que a fraude não se presume, demandando prova de sua ocorrência, exceto casos excepcionais, nos quais o legislador erigiu como presumíveis e que estão bem expressas no Código Civil. No caso concreto, a fraude foi decretada pelo Tribunal Regional com base nos seguintes fundamentos: 1) a simples discrepância entre os valores quitados pelo empregador em razão do contrato de trabalho do atleta profissional e o oriundo da exposição da imagem, superior a 99% da renda auferida pela atleta; e 2) ausência de vinculação da imagem da reclamante em campanhas publicitárias. Todas as situações fáticas delineadas no acórdão do Tribunal Regional que envolvem a contratação do "direito de imagem" devem ser adequada e firmemente comprovadas, pois deve-se sempre partir do pressuposto de que a fraude não se presume. Em primeiro lugar, frise-se que o Tribunal Regional registra a coexistência de ambos os contratos cada um com a sua individualidade, conteúdo e vigência próprios — o especial de trabalho desportivo entre 5.6.2014 a 30.4.2015 e o de licença de uso da imagem no período de 1º.7.2014 a 31.5.2015. Verifica-se, de plano, a partir daí que o contrato especial de trabalho e o contrato de cessão de direito de imagem, que não se confundiam, foram firmados em datas distintas e tinham distintos prazos de vigência. O simples fato de a obreira perceber, por força do contrato de licença de uso de imagem, valor igual ou muitas vezes superior ao seu salário, por si só, não enseja a constatação de fraude, pois na dicção do art. 87 da Lei n. 9.615/98, que disciplina a matéria, exige-SE apenas e tão somente que as bases sejam fixadas e que o sejam, aliás, de forma inconfundível com as eleitas para o contrato especial de trabalho desportivo. De fato, o valor pactuado pelo contrato de imagem é significativamente superior ao valor do salário. O caso dos autos, todavia, envolve atleta de renome do voleibol brasileiro, detentora de inúmeros títulos e recordes, inclusive mundiais e olímpicos, integrante da elite de atletas da referida modalidade esportiva. **A reclamante, como é de conhecimento público, trata-se de atleta com expressiva passagem pela Seleção Brasileira de Voleibol. A atleta possui, assim, notoriedade suficiente para que seu clube beneficie-se da sua exposição. É oportuno registrar, ainda, que à época da celebração do contrato era permitido às partes pactuarem livremente a proporção entre os salários e o direito de imagem. A alteração legislativa introduzida pela Lei n. 13.155/2015, a qual estipulou uma limitação ao valor correspondente ao uso da imagem não podendo ultrapassar 40% (quarenta por cento) da remuneração total paga ao atleta, é inaplicável, à espécie, por força do princípio tempus regit actum. Também não nulifica o pactuado a frequência com que a imagem do atleta é explorada, porquanto cabe a entidade de prática desportiva explorar, da melhor forma que lhe aprouver — nos limites do contrato — o nome, apelido, imagem e voz do atleta. Além do que a suposta ausência de utilização da imagem do atleta, por si só, não basta para caracterizar que houve o ilícito contratual, pois o clube pode até não ter a oportunidade de explorar a imagem do atleta em alguma publicidade ou campanha.** E aqui, não é demais salientar que restou amplamente consignado no acórdão recorrido o verdadeiro animus das partes contratantes de explorar a imagem da reclamante entabulada no contrato de licença de uso da imagem, o que é suficiente para afastar a conclusão do TRT. Isso porque o contrato de licença de uso da imagem, por uma simples questão de lógica jurídica, pressupõe o efetivo *animus* das partes de explorar a imagem de quem a licenciou, o que efetivamente ocorreu e restou demonstrado no acórdão Regional. Ressalte-se que o Tribunal Regional consignou expressamente que foi registrada a exploração da imagem da reclamante, através das inúmeras fotografias, banners, outdoors e panfletos de publicidade, que era obrigada a participar de eventos realizados pela reclamada e pelos patrocinadores. Frise-se, por fim, que o Tribunal Regional assinalou que a reclamante recebia os direitos de imagem pactuados por meio de sua pessoa jurídica, constituída em sociedade com seu marido, Cléber Mineiro, e que nos clubes em que prestou serviços a contratação sempre se deu da mesma forma. Não se vislumbra nos autos, dessa forma, qualquer prova de coação ou outro vício capaz de tornar nula a manifestação de vontade externada no contrato de cessão de direito de imagem. Desse modo, o Tribunal Regional, ao descaracterizar o contrato de imagem livremente pactuado com a empresa da reclamante nos moldes do art. 87-A da Lei n. 9.615/98, de caráter desvinculado do contrato de trabalho, com a efetiva exploração da imagem da atleta, afrontou o referido dispositivo legal. Sendo assim, o provimento do recurso de revista é medida que se impõe para se declarar a validade do contrato de cessão de uso da imagem nos moldes em que celebrado, e se afastar a natureza salarial do valor pago a esse título. Recurso de revista de que se conhece e a que se dá provimento." (RR-11105-22.2015.5.03.0104, 5ª Turma, Relator Ministro Guilherme Augusto Caputo Bastos, DEJT 1º.2.2018) (grifei)

Assim, nos termos da legislação atual, o que ultrapassar o valor de 40% da remuneração do atleta deve ser considerado salário. É claro que mesmo os 40% da remuneração do atleta como direito de imagem podem ser questionados, inclusive pela via judicial, sob a alegação de fraude trabalhista e fiscal, pois poder-se-ia argumentar que não se exploraria a imagem do atleta suficientemente para justificar aquele percentual de estabelecimento de direito de imagem. No particular, transcrevem-se os ensinamentos do Exmo. Ministro Guilherme Augusto Caputo Bastos:

"Ora, ao formular um contrato autônomo de licença de uso de imagem, sob os auspícios e a tutela do Código Civil, os valores fixados concorrerão apenas e tão somente para fazer frente à exploração de imagem do atleta profissional de futebol, sem que repercutam nas demais parcelas de cunho salarial, justamente por não possuírem natureza salarial. [...] Parte-se, a toda evidência, da premissa equivocada de que, por ter como pano de fundo o contrato especial de trabalho desportivo, todo contrato que de fora advier será única e exclusivamente para fraudar a legislação trabalhista, com o que não se pode concordar."(56)

Em suma, há dissenso na doutrina e jurisprudência acerca da natureza jurídica dos valores oriundos dos contratos de cessão de direito de imagem pelos atletas, haja vista a possibilidade de existência de fraudes. Mas, o fato é que a legislação estabeleceu um critério legal objetivo de até 40% da remuneração do atleta como passível de representar contrato de âmbito civil e indenizatório de uso de imagem, sendo que a existência de fraude, ou não, no estabelecimento desse contrato e de seus percentuais de incidência, só podem ser verificados no caso em concreto. Neste sentido, a jurisprudência da SbDI-I do TST:

"CONTRATO DE CESSÃO DE DIREITO. EXPLORAÇÃO DA IMAGEM. ATLETA PROFISSIONAL. CONTRAPRESTAÇÃO. NATUREZA JURÍDICA. 1. Em tese, o contrato de cessão do direito de exploração da imagem de atleta profissional ostenta natureza civil e não se confunde com o contrato especial de trabalho firmado com a entidade de prática desportiva. Nessa circunstância, os valores percebidos a tal título, em princípio, não se confundem com a contraprestação pecuniária devida ao atleta profissional, na condição de empregado, à luz do art. 457 da CLT, e, portanto, não constituem salário. 2. A Lei n. 12.395/2011, ao introduzir o art. 87-A à Lei n. 9.615/98 ("Lei Pelé"), tornou explícito o caráter autônomo da cessão ou exploração do denominado "direito de imagem" do atleta profissional — desvinculado do contrato de trabalho —, cuja essência civilista deita raízes nas disposições dos arts. 5º, inciso XXVIII, alínea *"a"*, da Constituição Federal e 20 do Código Civil de 2002. 3. Diante da submissão do Direito do Trabalho ao princípio da primazia da realidade e em respeito às disposições do art. 9º da CLT, excepcionalmente é concebível, em tese, atribuir natureza salarial aos valores auferidos a pretexto de retribuição pecuniária em razão da cessão do direito de exploração da imagem, desde que hajam sido repassados ao atleta pela entidade desportiva empregadora com o verdadeiro intuito de "mascarar" o pagamento de salário. 4. A contrario sensu, inviabiliza o reconhecimento da natureza salarial da importância paga sob a rubrica "direito de imagem" a ausência de registro expresso, no acórdão regional, quanto à caracterização de fraude em si ou, ainda, de elementos que permitam ao Tribunal Superior do Trabalho, no âmbito restrito de recursos de natureza extraordinária, aferir o desvirtuamento na execução do contrato de cessão do direito de exploração da imagem do atleta. A mera referência, no acórdão regional, a repasses habituais ao atleta, com periodicidade mensal, a título de "direito de imagem", não é o suficiente para atribuir-lhes natureza salarial, nem tampouco autoriza a sua repercussão econômica nas parcelas do contrato de trabalho. Prevalência do princípio da boa fé objetiva, que decorre do art. 113 do Código Civil. 5. Merece reforma acórdão de Turma do TST que, sem qualquer alusão à

(56) BASTOS, Guilherme Augusto Caputo. *Direito Desportivo*. 2. ed. Belo Horizonte: Casa da Educação Física, 2018. p. 84-85.

existência de fraude à legislação trabalhista, adota o fundamento genérico de que a renda auferida por atleta profissional em decorrência da cessão do direito de exploração de sua imagem decorre diretamente do contrato de trabalho e, por essa razão, constitui salário. 6. Embargos do Reclamado de que se conhece, por divergência jurisprudencial, e a que se dá provimento." (E-RR-406-17.2012.5.09.0651, Subseção I Especializada em Dissídios Individuais, rel. Ministro João Oreste Dalazen, DEJT 23.11.2017)

Com relação ao direito de arena, também há disposição legal a respeito no art. 42 da Lei Pelé:

> "Art. 42. Pertence às entidades de prática desportiva o direito de arena, consistente na prerrogativa exclusiva de negociar, autorizar ou proibir a captação, a fixação, a emissão, a transmissão, a retransmissão ou a reprodução de imagens, por qualquer meio ou processo, de espetáculo desportivo de que participem. (Redação dada pela Lei n. 12.395, de 2011)
>
> § 1º Salvo convenção coletiva de trabalho em contrário, 5% (cinco por cento) da receita proveniente da exploração de direitos desportivos audiovisuais serão repassados aos sindicatos de atletas profissionais, e estes distribuirão, em partes iguais, aos atletas profissionais participantes do espetáculo, como parcela de natureza civil." (Redação dada pela Lei n. 12.395, de 2011)

Maurício de Figueiredo Corrêa da Veiga, em mais uma de suas múltiplas obras com a temática desportiva, conceitua o direito de arena "como uma espécie de direito de imagem (e neste está compreendido), consistindo na veiculação da imagem do atleta enquanto participante do espetáculo em jogos televisionados"(57). A peculiaridade do direito de arena é que se trata da retribuição pecuniária decorrente da exposição do atleta nos espetáculos desportivos propriamente ditos.

A clara disposição legal não dá margens a muitas dúvidas. Trata-se do direito de exploração das transmissões televisivas, e de outras mídias audiovisuais, relacionadas às imagens dos atletas. O direito de arena, por determinação legal, pertence às entidades de prática desportiva, que repassam 5% da receita dos direitos desportivos audiovisuais aos atletas participantes do espetáculo (inclusive, em nossa visão, aos atletas que compõem o banco de reservas, pois estes também fazem parte do espetáculo e têm suas imagens e sons veiculados nas transmissões), como parcela de natureza civil. Ou seja, o valor é indenizatório e não integra o salário do obreiro.

3.1.2.2. Luvas

Quanto às chamadas "luvas", trata-se de parcela recebida pelo atleta quando da assinatura do contrato de trabalho desportivo, como forma de incentivo à assinatura do mesmo, nos termos do art. 12 da Lei n. 6.354/1976. Por sua natureza eventual e extraordinária, tive o entendimento de que se trataria de parcela eventual e, portanto, desconectada à contraprestação pelo serviço prestado ao clube empregador. Entendia, portanto, tratar-se de parcela indenizatória e não salarial. Todavia, este não vem sendo

(57) VEIGA, Maurício Figueiredo Corrêa da. *Manual de direito do trabalho desportivo*. 2. ed. São Paulo: LTr, 2017. p. 252.

o entendimento da jurisprudência do TST, que entendeu que as luvas têm caráter salarial, não incorporável, pois se trata de salário-condição de contratação, pois tratam de uma antecipação de salário, haja vista a performance desportiva já demonstrada anteriormente pelo atleta. Nesse sentido, os seguintes julgados do TST, que sintetizam o entendimento prevalente, ao qual nos submetemos:

> "AGRAVO. AGRAVO DE INSTRUMENTO. RECURSO DE REVISTA. ATLETA PROFISSIONAL. NATUREZA JURÍDICA DAS LUVAS. O TRT, ao consignar que a verba paga a título de "luvas" tem natureza salarial, decidiu em conformidade com a jurisprudência pacífica do TST. Incidência da Súmula n. 333 do TST e do art. 896, § 7º, da CLT. Precedentes. Não merece reparos a decisão. Agravo não provido." (Ag-AIRR-11701-84.2014.5.01.0075, 2ª Turma, relª. Minª. Maria Helena Mallmann, DEJT 4.10.2018)

> "LUVAS. NATUREZA JURÍDICA DA VERBA. Nos casos que envolvem atletas profissionais, esta Corte vem decidindo que a parcela denominada -luvas- possui nítido caráter salarial. Verifica-se não ser difícil a transposição de tal entendimento à hipótese em análise, mormente quando se leva em consideração a assertiva do acórdão recorrido quanto ao incentivo à permanência no emprego de profissional com grande prestígio no meio financeiro. As -luvas- remetem a período anterior à contratação do empregado, equivalendo a desempenho já demonstrado em sua trajetória profissional, possuindo natureza jurídica de salário por antecipação. Assim, há de ser reconhecida a natureza salarial da verba em análise, com a sua integração à remuneração do autor e reflexos, observando-se a proporção do período trabalhado. Recurso de revista conhecido e provido." (RR-900-16.2007.5.04.0029, rel. Min. Luiz Philippe Vieira de Mello Filho, 1ª Turma, DEJT 30.11.2012)

> "RECURSO DE EMBARGOS. ATLETA PROFISSIONAL. NATUREZA JURÍDICA DAS LUVAS. LEI DE DESPORTOS. O art. 12 da Lei n. 6.354/76 conceitua as luvas como 'a importância paga pelo empregador ao atleta, na forma do que for convencionado, pela assinatura do contrato'. Não viola a literalidade do dispositivo indicado decisão que reconhece a natureza salarial das luvas, matéria que demanda discussão doutrinária e jurisprudencial. Inexistente indicação de dissenso jurisprudencial sobre o tema, inviável o conhecimento dos embargos." (E-RR – 418392-77.1998.5.04.5555, rel. Min. Aloysio Corrêa da Veiga, SBDI-1, DJ 15.6.2007)

3.1.2.3. Bichos

Uma outra parcela recebida comumente pelos atletas é o chamado "bicho". No Rio de Janeiro do início do século XX, os times de futebol eram compostos por atletas amadores, sendo-lhes vedado receber valores pecuniários pelo seu desempenho desportivo. Houve, então, a criação de um costume de premiar os atletas com animais, no caso de desempenho esportivo satisfatório. Maurício de Figueiredo Corrêa da Veiga, a par de conceito o instituto, esclareceu como a situação funcionava, nos primórdios do futebol nacional:

> "A parcela denominada "bicho" revela um incentivo concedido ao atleta face ao alcance de uma condição previamente estabelecida, uma vitória, um campeonato ou até mesmo uma derrota ou um empate. [...] Criou-se então uma espécie de tabela do bicho. De acordo com a importância dos adversários, os jogadores recebiam um animal. Ia desde coelho até uma vaca. Uma vitória contra o América, campeão do ano anterior, valia uma vaca.

Já ganhar do Fluminense resultava em duas ovelhas e um porco. Criou-se então o bicho."[58]

Percebe-se, claramente, que a parcela em questão equivale a uma premiação por desempenho do atleta. A jurisprudência trabalhista prevalente, calcada na interpretação sistemática do art. 31, § 1º, da Lei Pelé, vem entendendo que os "bichos" pagos aos atletas, haja vista até a sua habitualidade e periodicidade, assumiriam caráter salarial. Cabe uma melhor análise da questão, em virtude das novidades trazidas na Lei n. 13.467/2017 ("Reforma Trabalhista").

Diz o artigo da Lei Pelé em comento:

"Art. 31. A entidade de prática desportiva empregadora que estiver com pagamento de salário ou de contrato de direito de imagem de atleta profissional em atraso, no todo ou em parte, por período igual ou superior a três meses, terá o contrato especial de trabalho desportivo daquele atleta rescindido, ficando o atleta livre para transferir-se para qualquer outra entidade de prática desportiva de mesma modalidade, nacional ou internacional, e exigir a cláusula compensatória desportiva e os haveres devidos. (Redação dada pela Lei n. 13.155, de 2015)

§ 1º São entendidos como salário, para efeitos do previsto no *caput*, o abono de férias, o décimo terceiro salário, as gratificações, os prêmios e demais verbas inclusas no contrato de trabalho."

Como se vê, o § 1º, do art. 31, da Lei Pelé considerou a premiação como salário somente para os efeitos previstos no *caput* do art. 31 da lei. Ou seja, a premiação seria considerada salário para efeitos de verificação de mora contratual capaz de gerar a rescisão indireta (justa causa patronal).

A interpretação de que a parcela seria salário, tal como vem se posicionando a jurisprudência atual, seria pela conjugação interpretativa daquele parágrafo legal com o disposto na antiga redação do art. 457, § 1º, da CLT. Há, ainda, uma antiga Súmula do STF, de número 209, alegando que o "salário produção" ou "salário-prêmio" teria um caráter salarial, sequer podendo ser suprimido unilateralmente, desde que implementada a condição. Destaca-se que a referida súmula foi editada em sessão plenária do Supremo de 1963, sem referências da jurisprudência daquela Corte Superior na vigência da CRFB-1988[59], até porque a matéria, como se vê, é claramente infraconstitucional.

Todavia, a redação do art. 457 da CLT modificou-se por ocasião das mudanças da Lei n. 13.467/2017. Tal modificação, a nosso sentir, superou a antiga jurisprudência do STF e a atual jurisprudência trabalhista. Diz a nova redação do artigo da CLT e de alguns de seus parágrafos:

"Art. 457 – Compreendem-se na remuneração do empregado, para todos os efeitos legais, além do salário devido e pago diretamente pelo empregador, como contraprestação do serviço, as gorjetas que receber." (Redação dada pela Lei n. 1.999, de 1º.10.1953)

---

(58) VEIGA, Maurício Figueiredo Corrêa da. *Manual de direito do trabalho desportivo*. 2. ed. São Paulo: LTr, 2017. p. 248-249.

(59) Disponível em: <http://www.stf.jus.br/portal/jurisprudencia/menuSumarioSumulas.asp?sumula=3573>. Acesso em: 19 jun. 2019.

"§ 1º Integram o salário a importância fixa estipulada, as gratificações legais e as comissões pagas pelo empregador." (Redação dada pela Lei n. 13.467, de 2017)

"§ 2º As importâncias, ainda que habituais, pagas a título de ajuda de custo, auxílio-alimentação, vedado seu pagamento em dinheiro, diárias para viagem, prêmios e abonos não integram a remuneração do empregado, não se incorporam ao contrato de trabalho e não constituem base de incidência de qualquer encargo trabalhista e previdenciário." (Redação dada pela Lei n. 13.467, de 2017)

[...]

"§ 4º Consideram-se prêmios as liberalidades concedidas pelo empregador em forma de bens, serviços ou valor em dinheiro a empregado ou a grupo de empregados, em razão de desempenho superior ao ordinariamente esperado no exercício de suas atividades." (Redação dada pela Lei n. 13.467, de 2017)

O § 4º, do novel art. 457, da CLT diz que os prêmios são liberalidades concedidas pelo empregador em forma de bens, serviços ou valor em dinheiro a empregado ou a grupo de empregados, em razão de desempenho superior ao ordinariamente esperado no exercício de suas atividades. Nesse conceito, a nosso sentir, se enquadram, perfeitamente, os "bichos". Ocorre que o novo § 2º, do art. 457, diz que as importâncias, ainda que habituais, pagas a título de prêmios, não integram a remuneração do empregado, não se incorporam ao contrato de trabalho e não constituem base de incidência de qualquer encargo trabalhista e previdenciário.

Em vista da nova legislação, nos parece que os "bichos" deixaram de ter natureza salarial, sendo que, em nossa visão, não há falar em aplicação do Princípio da Especialidade, de forma a tentar prevalecer o § 1º, do art. 31, da Lei Pelé, como elemento autorizador da classificação dos "bichos" como salário, pois o próprio § 1º, do art. 31, disse que a consideração de prêmio como salário seria somente para a interpretação dos casos do *caput* do art. *31*, ou seja, no caso de caracterização, ou não, da rescisão indireta.

Conclui-se que, nesta situação, a legislação desportiva é silente a respeito da natureza da parcela para outros efeitos, diversos da caracterização, ou não, da rescisão indireta, autorizando-se, assim, a aplicação da legislação trabalhista comum, conforme autorizativo do art. 28, § 4º, da Lei Pelé. Não há aplicação dos princípios da norma mais favorável ou do *in dubio pro misero,* uma vez que tais princípios só se aplicariam em caso de normas que tratassem da exata mesma matéria, o que não nos parece ser o caso, uma vez que a Lei Pelé trata de hipóteses de rescisão indireta e a norma celetista trata da natureza de parcelas recebidas pelo trabalhador. Assim, respeitadas as opiniões em contrário, entendemos, em face da nova legislação, que a natureza jurídica dos "bichos" é indenizatória, equivalente aos prêmios que são, não servindo de base de cálculo para reflexos trabalhistas nem para a composição da base de cálculo das cláusulas indenizatórias e compensatórias desportivas. Por óbvio, deve haver o cuidado necessário de se evitar situações de fraude, vedadas pelo art. 9º, da CLT, em que o empregador tente disfarçar verdadeira contraprestação salarial ordinária sob a camuflagem de prêmios, situação que só pode ser aferida no caso em concreto.

Destaca-se, por fim, que a aplicação da interpretação de que os prêmios teriam natureza indenizatória só pode ser feita em relação aos contratos assinados a partir da vigência da Lei n. 13.467/2017, haja vista o princípio da irretroatividade das leis materiais de caráter não penal.

3.1.2.4. Salário *"in natura"*

Resta-nos aduzir algumas linhas a respeito do chamado salário *"in natura"*. Focaremos de modo especial nas parcelas que são as mais comuns para fornecimento ao atleta: a habitação, vestuário e a alimentação.

O art. 28, § 4º, da Lei Pelé, estabelece que ao atleta profissional de futebol, ressalvadas as particularidades da Lei do Desporto mencionada, devem se aplicar as leis trabalhistas e de seguridade social:

> "§ 4º Aplicam-se ao atleta profissional as normas gerais da legislação trabalhista e da Seguridade Social, ressalvadas as peculiaridades constantes desta Lei." [...]

Assim, silente a lei especial a respeito, aplica-se a legislação trabalhista geral, no caso, a CLT. Ou seja, em que pese ser um contrato especial de trabalho, o atleta profissional de futebol também é atingido pela aplicação das normas gerais da legislação trabalhista, uma vez que, além de atleta, também era empregado.

Dessa forma, é necessário verificar o art. 458 da CLT, que estabelece como salariais as parcelas de alimentação e habitação fornecidas ao empregado. Há, todavia, a Súmula n. 367, I, do TST, que dispõe:

> "**Súmula n. 367 do TST**
>
> UTILIDADES *"IN NATURA"*. HABITAÇÃO. ENERGIA ELÉTRICA. VEÍCULO. CIGARRO. NÃO INTEGRAÇÃO AO SALÁRIO (conversão das Orientações Jurisprudenciais ns. 24, 131 e 246 da SBDI-1) – Res. n. 129/2005, DJ 20, 22 e 25.4.2005
>
> I – **A habitação**, a energia elétrica e veículo **fornecidos pelo empregador ao empregado, quando indispensáveis para a realização do trabalho, não têm natureza salarial**, ainda que, no caso de veículo, seja ele utilizado pelo empregado também em atividades particulares." (ex-Ojs da SBDI-1 ns. 131 – inserida em 20.4.1998 e ratificada pelo Tribunal Pleno em 7.12.2000 – e 246 – inserida em 20.6.2001) (grifei)

A posição jurisprudencial consolidada revela que a caracterização de parcelas como salário, como se vê, dependem da caracterização, ou não, da indispensabilidade da parcela para a realização do trabalho. Nesses casos, incide o antigo questionamento: a parcela e o benefício eram fornecidos PARA a consecução do trabalho ou PELA consecução do trabalho?

No caso da habitação fornecida aos atletas profissionais de futebol, deve-se averiguar se a habitação fornecida seria indispensável para a realização do serviço, pela ausência de outra hipótese de moradia na localidade sede do clube (casas ou apartamentos disponíveis para aluguel, em valores condizentes com o salário recebido pelo atleta) ou por circunstâncias excepcionais que levassem à conclusão que o fornecimento de habitação seria situação indispensável para a realização do serviço. Para caracterização da localidade a ser averiguada, é preciso verificar o conceito de domicílio, previsto no CC. Dizem os arts. 70 e 72, do Código Civil:

> "Art. 70. O domicílio da pessoa natural é o lugar onde ela estabelece a sua residência com ânimo definitivo.
>
> Art. 72. É também domicílio da pessoa natural, quanto às relações concernentes à profissão, o lugar onde esta é exercida."

Ademais, o art. 78 do CC ainda estabelece a faculdade de estabelecimento de domicílio, via contrato escrito. Normalmente, quanto aos contratos de trabalho desportivo, se observa a fixação de domicílio, com ânimo definitivo, na sede da agremiação contratante, pelo menos durante a vigência contratual.

Ou seja, a rigor, os atletas profissionais, para efeito dos seus contratos especiais de trabalho, são legalmente domiciliados, durante a contratualidade, na cidade sede do clube empregador. No caso de haver, na localidade sede do clube empregador, várias ofertas de imóveis para aluguel ou compra, compatíveis com o salário do obreiro, fica claro que o atleta receberia moradia PELO trabalho prestado à entidade de prática desportiva pois, caso não tivesse o custeio do clube, poderia alugar um imóvel na cidade e ter que dispender valores para tanto. A caracterização da indispensabilidade da moradia fornecida para o trabalho ocorre no caso de locais inóspitos, ermos, como, por exemplo, canteiros de obras de hidrelétricas, rodovias e estradas, em que normalmente as construções se dão em meio a áreas desabitadas de florestas e rios, sem qualquer possibilidade de acomodações próximas que não sejam os dormitórios fornecidos pelos empregadores aos trabalhadores. Há outras situações excepcionais, como, por exemplo: se o atleta já ter domicílio fixo em uma cidade vizinha à sede de clube e, mesmo assim, fazer o uso de habitação fornecida pelo empregador durante a semana, retornando, no final de semana, a seu domicílio fixo, na cidade vizinha. Não é, normalmente, o caso dos atletas profissionais, não havendo, a rigor, a indispensabilidade de moradia fornecida pelos clubes para a prestação do trabalho. É claro que podem haver cidades sede de agremiações desportivas, em rincões mais isolados do território nacional, que não tenham disponíveis imóveis para aluguel ou compra, o que poderia tornar os alojamentos dos clubes a única hipótese factível para moradia na localidade, gerando a interpretação de que a habitação seria instrumental e, assim sendo, indenizatória. Mas, tais hipóteses tratam-se de exceção.

Ou seja, normalmente, as moradias oferecidas pelos clubes não são para possibilitar o trabalho, mas sim pelo trabalho, o que caracteriza a parcela como salarial. É claro que a análise que aqui se faz diz respeito aos atletas que efetivamente residem com ânimo definitivo nas moradias fornecidas (ou custeadas) e não aqueles atletas que pernoitam em hotéis, nas concentrações dos times antes e depois de partidas ou nas pré-temporadas, e que contem, na mesma localidade, com residências próprias ou alugadas com recursos próprios. Nesses casos, a habitação fornecida em hotéis antes das partidas e concentrações teria natureza meramente instrumental, sem caráter salarial.

Todavia, para aqueles atletas que residem com ânimo definitivo em residência fornecida ou custeada pelo clube, havendo outras possibilidades de moradia na mesma localidade, condizentes com os salários percebidos, aplica-se o *caput* do art. 458 da CLT, para reconhecer o caráter salarial da moradia fornecida pelo clube, incorporando-se o valor médio do aluguel daquele imóvel ao salário, para todos os efeitos, inclusive para os efeitos de base de cálculo das multas compensatórias e indenizatórias. O valor, caso previsto no contrato, pode implicar na redução do salário em espécie, nos termos e limites previstos no art. 458, § 3º, da CLT. Caso o contrato seja silente, o valor será acrescido à remuneração, como parcela salarial extra e incorporada.

Todavia, em relação à caracterização da alimentação fornecida pelos clubes como salário *"in natura"*, há argumentos sólidos para a sua desconsideração como se fosse salário. A peculiaridade da profissão de atleta profissional de futebol leva a afastar o caráter salarial das parcelas fornecidas a título de alimentação.

A doutrina esclarece que há requisitos à configuração do salário utilidade. Sem tais requisitos a parcela fornecida não se considera como parte integrante do salário contratual obreiro. Os requisitos centrais do salário utilidade, capturados pela doutrina e jurisprudência do conjunto da ordem justrabalhista, são, essencialmente, dois: o primeiro, diz respeito à habitualidade (ou não) do fornecimento do bem ou serviço; o segundo, relaciona-se a causa e objetivos contraprestativos deste fornecimento. Ou seja, se o benefício é fornecido para viabilizar a prestação de serviços, não detém caráter salarial; por outro lado, terá caráter salarial o benefício que é fornecido como um acréscimo retributivo à prestação dos serviços. Ou seja, novamente nos deparamos com as expressões para e pelo. Se o benefício é fornecido para a viabilização da prestação de serviços, o mesmo não detém natureza salarial. Por outro lado, se o benefício é fornecido pela prestação de serviços, terá caráter salarial.

No caso, entende-se que a alimentação fornecida nos refeitórios ou nas viagens a trabalho dos clubes detêm a clara feição de prover um meio necessário para a boa prestação de serviços dos jogadores, haja vista que, indiscutivelmente, o labor de atleta profissional de futebol demanda uma boa condição física do jogador, o que implica em alimentação regular, regrada e sadia. A utilidade aqui fornecida é um instrumento indispensável para a boa prestação laboral do atleta e não uma benesse fornecida somente para retribuir o trabalho prestado. A alimentação regular fornecida em refeitório dos clubes, ou em viagens para jogos, é um instrumento de trabalho para o atleta profissional, uma vez que o jogador precisa de uma alimentação balanceada e equilibrada para desempenhar bem a sua profissão. Nos clubes de elite do futebol brasileiro, é normal a existência de um profissional de nutrição para a garantia que a alimentação fornecida seja controlada, balanceada e direcionada a favorecer a melhor performance física e técnica dos atletas dentro do campo de jogo, sempre mirando o objetivo de se alcançarem melhores resultados para a equipe. É de sabença notória e pública que uma alimentação regular e sadia implica em evitar lesões e doenças, o quê, ao fim e ao cabo, implicará em um ganho desportivo em prol do trabalho desenvolvido. O intuito final da prestação desportiva do atleta é, sempre, o bom desempenho dentro do campo de jogo. Assim, respeitadas as opiniões em contrário, a alimentação fornecida aos atletas revela-se, a rigor, em um instrumento para o trabalho e para a melhor performance do atleta e não um acréscimo salarial pelo trabalho prestado. Não havendo caráter salarial da parcela, não há a integração da mesma ao salário.

Com relação ao vestuário fornecido aos atletas, a rigor, uniformes de jogo, de concentração, viagem e de passeio, não temos dúvidas que se tratam de instrumentos para o fornecimento dos serviços desportivos, não detendo caráter salarial, haja vista que os atletas devem participar dos eventos, viagens e jogos do time uniformizados. Neste mesmo sentido, o art. 458, § 2º, I, da CLT.

Com relação a outras parcelas que, expressamente, tiveram seu caráter salarial afastado, listam-se a educação, o transporte, a assistência médica, hospitalar e odontológica (inclusive reembolso de despesas com medicamentos e aparelhos médicos e odontológicos), seguros de vida e acidentes pessoais, previdência privada e o valor correspondente ao vale cultura (art. 458, § 2º, e incisos da CLT).

De toda sorte, sendo reconhecido, até pela via judicial, a habitação e alimentação fornecida aos atletas como salário *"in natura"*, seus percentuais não poderão exceder, respectivamente, a 25% e 20% do salário contratual do atleta, nos termos do art. 458, § 3º, da CLT. No caso de habitação coletiva, nos termos do § 4º, daquele mesmo dispositivo legal, o valor do salário-utilidade a ela correspondente será obtido mediante a divisão do justo valor da habitação pelo número de co-habitantes, vedada, em qualquer hipótese, a utilização da mesma unidade residencial por mais de uma família.

3.2. Registro desportivo

O inciso I, do § 5º, do art. 28 da Lei Pelé, estabelece que o vínculo desportivo do atleta com a entidade de prática desportiva contratante constitui-se com o registro do contrato especial de trabalho desportivo na entidade de administração do desporto, tendo natureza acessória ao respectivo vínculo empregatício, dissolvendo-se, para todos os efeitos legais, com o término da vigência do contrato, dispensa, rescisão indireta, rescisão unilateral, com pagamentos das cláusulas indenizatórias desportivas ou compensatórias desportivas ou o seu distrato.

O art. 15 do RNRTAF diz que somente será permitido o registro de contratos de atletas profissionais masculinos de futebol de campo aos clubes que participem de competições profissionais reconhecidas pela CBF e/ou Federações Estaduais. O artigo é polêmico, pois, a nosso sentir, discrimina as Ligas Independentes que, por eventuais disputas políticas com as Federações Estaduais e com a CBF, não sejam reconhecidas por estas. É preciso lembrar que foi a própria Lei Pelé quem deu autonomia às Ligas, sendo de todo aconselhável que houvesse uma convivência pacífica e profícua entre as Federações e as Ligas, com benefícios mútuos, pois são entidades reconhecidas legalmente como organizadoras do desporto, sob pena de extinção e/ou precarização de ambas.

De toda forma, para o registro desportivo é necessário, inicialmente, um contrato desportivo válido. Ou seja, há a necessidade de preenchimento de exigências básicas quanto ao contrato para o registro, tanto no que tange às suas cláusulas obrigatórias, idade, vigência mínima e informações cadastrais das partes envolvidas, bem como a documentação a ser apresentada. O RNRTAF, em seus arts. 5º a 7º explicita as exigências formais do contrato a ser registrado, inclusive no que tange ao primeiro contrato desportivo, lembrando sempre, na esteira do art. 30 da Lei n. 9.615/1998, que o contrato de trabalho desportivo deve ter uma vigência mínima de 3 meses e máxima de 5 anos. Senão vejamos os mencionados artigos do RNRTAF:

> "**Art. 5º** Quando do primeiro contrato especial de trabalho desportivo, o clube deve preencher o contrato padrão do qual constará, necessariamente, a qualificação completa do atleta, data de nascimento, dados da carteira de identidade, CTPS e CPF, fazendo-se, ainda, a juntada de cópia dos respectivos documentos, incluindo comprovante de quitação do serviço militar, se maior de 18 anos, além da CTPS, certidão de nascimento e do atestado médico de liberação do atleta, no qual deverá constar o CRM do médico atestante.
>
> Parágrafo Único – Em caso de atleta profissional estrangeiro deve constar, também, o número do passaporte oficial, ficando o registro condicionado à apresentação do documento comprobatório da concessão de visto de trabalho exigido pela legislação que disciplina a situação jurídica do estrangeiro no Brasil, bem como visto de refugiado, se cabível.
>
> **Art. 6º** O contrato especial de trabalho desportivo padrão deve conter o nome do atleta e do clube, com os respectivos números de inscrição, dados da CTPS e CPF referente ao atleta, além do período de vigência contratual, remuneração, cláusulas indenizatória e compensatória desportivas pactuadas nas hipóteses de transferência nacional e internacional e cláusulas extras, se houver, desde que não colidentes com as normas da FIFA e da legislação nacional.
>
> § 1º Ao contrato especial de trabalho desportivo deve ser anexado atestado médico de aptidão do atleta para a prática do futebol, com obrigatória indicação do número de inscrição no CRM do médico atestante, bem como cópia da CTPS do atleta.
>
> § 2º O contrato especial de trabalho desportivo deve ser assinado, obrigatoriamente, de próprio punho pelo atleta ou por assinatura digital, eletrônica ou biométrica.
>
> § 3º O contrato especial de trabalho desportivo será encaminhado à Federação filiada que, após análise, remeterá à CBF obrigatoriamente pelo Sistema de Registro para publicação no BID, depois de verificada a regularidade da documentação.
>
> § 4º O registro do contrato não importa qualquer apreciação, concordância ou responsabilidade da CBF sobre o conteúdo das cláusulas extras.
>
> **Art. 7º** O contrato especial de trabalho desportivo, facultado a partir dos 16 (dezesseis) anos de idade do atleta, terá prazo determinado, com duração mínima de 3 (três) meses e máxima de 5 (cinco) anos.
>
> Parágrafo Único – Os atletas menores de 18 (dezoito) anos podem firmar contrato com a duração estabelecida no *caput* deste artigo amparado na legislação nacional, mas, em caso de litígio submetido a órgão da FIFA, somente serão considerados os 3 (três) primeiros anos, em atendimento ao art. 18.2 do Regulamento da FIFA sobre o Status e a Transferência de Jogadores."

Perceba-se que, em caso de atleta profissional estrangeiro, o regulamento exige, também, o número do passaporte oficial com o respectivo documento comprobatório da concessão de visto de trabalho exigido pela legislação que disciplina a situação jurídica do estrangeiro no Brasil. Estabeleceu-se, também, a possibilidade de trabalho ao jogador refugiado, por meio de visto de refugiado. Ou seja, sem o visto de trabalho, ou visto de refugiado, o jogador estrangeiro não poderá jogar no Brasil, pois não conseguirá ser registrado. O procedimento para tal autorização de trabalho do estrangeiro e os documentos exigidos são detalhados no *site* do Ministério da Justiça e Segurança Pública (<https://portaldeimigracao.mj.gov.br>). O processo inicia-se com o potencial empregador no Brasil (entidade de prática desportiva), que deverá entregar o contrato de trabalho e todos os documentos necessários e, depois, solicitar um visto de trabalho no Ministério da Justiça e Segurança Pública ou na representação do Ministério das Relações Exteriores, perante a representação diplomática brasileira no estrangeiro. O formulário básico para o pedido de residência laboral no Brasil está previsto na Resolução Normativa n. 31/2018 do Conselho Nacional de Imigração, coadunada com os documentos exigidos na Resolução Normativa n. 01/2017 do mesmo Conselho. Depois do requerimento ter sido aceito pelo Ministério, o interessado deverá solicitar um visto de trabalho na embaixada ou consulado Brasileiro do país de origem. As autoridades brasileiras apenas aprovam os documentos escritos em português, traduzidos e certificados. A aprovação será enviada para o Ministério das Relações Exteriores, que autorizará a embaixada ou consulado brasileiro, responsável no seu país de origem, a iniciar todo o processo referente ao visto de trabalho. Para obter um visto de trabalho no seu país de origem, o solicitante deverá apresentar o passaporte com uma validade remanescente de no mínimo 6 meses; dois formulários — que estão disponíveis no consulado; duas fotografias e o registro criminal, afirmando que não tem antecedentes criminais, cuja data de emissão não seja superior a 3 meses até a data de entrega do documento(60).

O atleta profissional deverá ser registrado na Federação filiada à CBF para que possa participar das competições oficiais organizadas ou reconhecidas pela CBF. Por exemplo, se um atleta assina um contrato de trabalho desportivo com um clube de Minas Gerais (MG), sendo este clube vinculado à FMF (Federação Mineira de Futebol), e esta Federação vinculada à CBF, o clube deverá registrar o atleta perante a FMF que procederá a comunicação para encerramento do procedimento perante a CBF.

As obrigações registrais são previstas na própria Lei Pelé, em seu art. 34, incisos I e II:

> "Art. 34. São deveres da entidade de prática desportiva empregadora, em especial: (Redação dada pela Lei n. 9.981, de 2000)
>
> I – registrar o contrato especial de trabalho desportivo do atleta profissional na entidade de administração da respectiva modalidade desportiva; (Redação dada pela Lei n. 12.395, de 2011)

(60) Disponível em: <https://www.justlanded.com/portugues/Brasil/Guia-Brasil/Vistos-e-Permissoes/Vistos-de-Trabalho>; <http://g1.globo.com/concursos-e-emprego/noticia/2013/02/saiba-como-funciona-concessao-de-visto-de-trabalho-para-estrangeiros.html>e <www.mte.gov.br>. Acesso em: 21 jan. 2016.

II – proporcionar aos atletas profissionais as condições necessárias à participação nas competições desportivas, treinos e outras atividades preparatórias ou instrumentais;" (Incluído pela Lei n. 9.981, de 2000)

De acordo com o § 3º, do art. 6º, do RNRTAF, a documentação e as cláusulas básicas/obrigatórias do contrato a ser registrado passarão por uma dupla checagem. O contrato especial de trabalho desportivo será encaminhado à Federação local que, após análise, remeterá à CBF obrigatoriamente pelo Sistema de Registro para finalização de registro e para a publicação no BID (Boletim Informativo Diário), depois de verificada a regularidade da documentação e o pagamento de taxas. A confirmação do registro se dá com a publicação no BID da CBF, após o envio da documentação por meio do Sistema de Registro com, pelo menos, 48 (quarenta e oito) horas de antecedência (art. 22 do RNRTAF). De toda sorte, é importante destacar, segundo os termos do art. 66 do RNRTAF, que a mera publicação do registro do atleta no BID não resulta em automática condição de jogo que só se adquire caso o atleta: **I)** atenda às exigências contidas no RGC (Regulamento Geral de Competições) e no REC (Regulamento Específico da competição); **II)** tenha cumprido eventuais sanções impostas por órgãos competentes e **III)** não esteja automaticamente suspenso pela exibição de cartão vermelho ou acúmulo de cartões amarelos.

A solicitação do pedido de registro do atleta, conforme art. 32 do RNRTAF, deverá ser feita pelo clube que quiser contratá-lo, através do Sistema de Registro. Aquele clube deverá pagar as taxas da CBF e da Federação local se o atleta não estiver com nenhum vínculo vigente. Interessante que o RNRTAF menciona a necessidade de pagamento da taxa destinada à FAAP (Federação das Associações de Atletas profissionais) também no caso do atleta não estar vinculado a nenhum clube no momento do registro. Nesse caso, entendemos que tal taxa é aquela prevista no art. 57, I, a da Lei Pelé, ou seja, a) 0,5% (cinco décimos por cento) do valor correspondente à parcela ou parcelas que compõem o salário mensal, nos termos do contrato do atleta profissional pertencente ao Sistema Brasileiro do Desporto, a serem pagos mensalmente pela entidade de prática desportiva contratante, conforme acordado com o atleta. Não há previsão de pagamento de taxa à FENAPAF (Federação Nacional dos Atletas Profissionais) no caso do pedido de registro ser feito quando não há contrato desportivo vigente do atleta, ou seja, quando não houve transferência. Isso é explicável, pois o art. 57, II, da Lei Pelé, só prevê o pagamento da taxa à FENAPF no caso de transferência dos atletas, o que não é caso quando o atleta encontra-se sem nenhum vínculo vigente.

Todavia, se o atleta a ser transferido estiver com contrato em vigor, de acordo com os termos do art. 33 do RNRTAF, os clubes envolvidos deverão realizar a transferência no sistema de registro da CBF, informando valores da transferência e forma de pagamento, sem prejuízo da inclusão de cláusulas extras no contrato padrão. As mesmas documentações antes mencionadas deverão ser apresentadas neste caso (contrato desportivo em vigor quando da transferência), com a diferença que, de acordo com o § 2º, do art. 33, do RNRTAF, será de responsabilidade do clube transferente (cedente) do atleta efetuar o pagamento das taxas de transferência da FAAP (Federação das Associações de Atletas profissionais) e FENAPAF (Federação Nacional dos Atletas Profissionais), nos termos do art. 57 da Lei n. 9.615/1998, quando houver valores envolvidos na transferência. Estas duas últimas taxas (para a FAAP e a FENAPAF) serão, de acordo com o art. 57 da Lei Pelé, para a assistência social e educacional aos atletas profissionais, aos ex-atletas e aos atletas em formação. A taxa em favor da FAAP será de 0,8% (oito décimos por cento) do valor correspondente às transferências nacionais e internacionais, a serem pagos pela entidade de prática desportiva cedente. Já em relação à FENAPAF, a taxa será equivalente a 0,2% (dois décimos por cento) do valor correspondente às transferências nacionais e internacionais de atletas da modalidade de futebol, a serem pagos no ato do recebimento pela entidade de prática desportiva cedente. Sem o pagamento das taxas da CBF, das Federações, da FAAP e da FENAPAF, o contrato não será registrado, nos termos dos arts. 22, § 2º, do RNRTAF e do art. 57 da Lei Pelé. Sem o registro, o atleta não pode disputar as competições, pois seu nome não será publicado no BID.

De acordo com o RNRTAF, após o pagamento das taxas aos entes referidos no art. 32 e após a análise da documentação enviada ao Sistema de Registro, o atleta poderá ser registrado, fazendo-se a publicização no BID. A partir deste momento, se não estiver impedido ou suspenso por alguma das ocorrências do art. 66 do RNRTAF já mencionadas, o atleta estará apto a participar de competições oficiais organizadas ou reconhecidas pela Federação e/ou coordenadas pela CBF, CONMEBOL e FIFA (art. 13 do RNRTAF). Antes disso, entendemos que o atleta só poderá participar de competições amistosas ou não oficiais, não ligadas, reconhecidas ou coordenadas, de nenhuma forma, pela CBF.

O mesmo art. 13 do RNRTAF, em seus parágrafos, estabelece que o registro do atleta é limitado a um único clube, exceto nos casos de atletas do futsal e de cessão temporária. Nesta última situação, o atleta poderá ser registrado por um outro clube, apesar de seus direitos federativos, como se irá ver, estarem somente emprestados para o clube cessionário. O § 2º daquele artigo representa uma importante limitação de número de registros por temporada, sendo esta entendida, no Brasil, como o interregno anual de 01 de janeiro a 31 de dezembro de um mesmo ano (art. 13, § 3º, II, *"b"*, do RNRTAF). Segundo os termos daquele parágrafo terceiro, o atleta somente poderá ser registrado, no máximo, por 03 (três) clubes durante a temporada. Todavia, o mesmo dispositivo esclarece que, apesar de poder ser registrado por até 03 clubes durante a temporada, o atleta não poderá atuar por um terceiro clube em uma mesma temporada, mesmo que esteja regularmente registrado por aquele clube.

Entendemos, até por uma interpretação teleológica e sistemática do regulamento, que somente pode ser entendido como atuação ilegal do atleta se o mesmo efetivamente atuar (assinar a súmula e participar da disputa) em uma partida oficial pelo 3º (terceiro) clube que o registrar na temporada, em uma competição oficial reconhecida, organizada ou coordenada pela CBF. O próprio § 3º, em seu inciso II, *"a"*, esclarece outras exceções como as Copas Regionais e os certames estaduais. Ou seja, mesmo que o atleta já tenha sido registrado anteriormente por dois outros clubes em uma mesma temporada, ele poderá atuar por um terceiro clube nas Copas Regionais e certames estaduais, mas não em outras competições reconhecidas ou coordenadas pela CBF, como o Campeonato Brasileiro ou a Copa do Brasil. De toda sorte, sempre deverão ser observados, ainda, o Regulamento Geral das Competições e o Regulamento Específico da Competição que podem, por exemplo, vedar a atuação de um atleta em outro clube se o profissional já tiver atuado em seis partidas por um outro clube na mesma competição e na mesma divisão (caso do Campeonato Brasileiro). Nesse particular, diz a doutrina:

> "O regulamento da competição é a 'lei' que a regula, razão pela qual devem ficar claras as regras como critérios de desempate, fórmula de disputa, condição de jogo de atletas entre outros. (...) As entidades organizadoras do evento ou as ligas deverão publicar na rede mundial de computadores (internet), em sítio exclusivo da competição e afixar em local visível o regulamento e as tabelas das competições, o nome e contato do ouvidor da competição, os borderôs das partidas, a escalação dos árbitros e a relação dos torcedores impedidos de comparecer aos jogos (conforme determina o Estatuto do Torcedor em seu art. 39)."[61]

O § 4º, do art. 13, do RNRTAF estabelece que a participação em partida oficial de atleta não inscrito pelo respectivo clube é ilegal, sujeitando atleta e/ou clube infrator às sanções previstas em Regulamento das Competições e no Código Brasileiro de Justiça Desportiva, sendo que a CBF se isenta completamente da verificação das condições regulamentares de jogo dos atletas, transferindo tal responsabilidade aos clubes, conforme previsão do § 7º, do art. 13, do RNRTAF.

Não entendemos que aquelas limitações de registro e atuação por até 03 clubes na temporada cerceie a liberdade de trabalho dos atletas, pois os mesmos ainda poderão participar de competições estaduais e regionais e estarão com contrato desportivo vigente, ou seja, receberão normalmente seus vencimentos, sem prejuízo pecuniário. Ademais, entendo que a limitação justifica-se como um meio de proteger os clubes, especialmente os de menor capacidade econômica, para que as agremiações não percam os principais jogadores de seus plantéis *durante* a competição desportiva. Aplica-se o Princípio *Pro competitione*, em que deve haver a prevalência, continuidade e estabilidade das competições. Este princípio surgiu em 2009, no art. 2º, XVII, do CBJD (Código Brasileiro de Justiça Desportiva).

Diz Cristiano Caús:

> "No referido artigo quis o legislador da norma desportiva privilegiar os resultados obtidos no campo de jogo, evitando-se manobras, artifícios,

(61) SOUZA, Gustavo Lopes Pires de (Coord.). *Direito desportivo*. Belo Horizonte: Arraes Editores, 2014. p. 154.

imperfeições regulamentares ou textos legais dos quais possa advir algum prejuízo à competição e ao seu real e único escopo: o critério técnico."[(62)]

Novamente, lembra-se o magistério de João Leal Amado, para quem o regime jurídico do contrato de trabalho desportivo deve equilibrar a tutela do trabalho e a tutela do jogo, para que haja a promoção dos interesses do trabalhador e a preservação do interesse da competição, sendo esta particularidade a "causa mista" do contrato desportivo. Com menos times competitivos, a competição perde interesse e, por consequência, perdem valor os atletas, o que não interessa ao sistema como um todo, inclusive aos trabalhadores. Este é o fim social da norma que deve ser sopesado pelo Poder Judiciário no caso deste tipo de disputa alcançar a Justiça do Trabalho, nos termos do art. 5º da Lei de Introdução às Normas do Direito Brasileiro (LINDB). É preciso entender que, em algumas situações como a aqui descrita, a especialidade do contrato de trabalho desportivo e as particularidades das competições e da profissão de atleta profissional de futebol impõem uma interpretação mais flexibilizada dos princípios tradicionais do Direito do Trabalho, até para se manter um equilíbrio entre os direitos dos atletas e dos clubes, bem como para se manter a viabilidade e o interesse das competições. Definitivamente, o atleta profissional do futebol não é um trabalhador comum e suas excepcionalidades admitem uma interpretação mais flexível do regulamento. Também neste sentido, Rafael Teixeira Ramos preconiza, inclusive com a citação de outros doutrinadores:

> "Na atividade desportiva profissional, impõe-se uma excepcionalidade à liberdade de trabalho do praticante desportivo no que concerne à época de transferência de atletas profissionais no decurso das competições. Esses períodos atendem à necessária salvaguarda da estabilidade competitiva, argumentação reconhecida no ordenamento comunitário em nome da especificidade desportiva. [...] No prosseguimento da discussão na rota do princípio da liberdade de exercício da profissão relacionada às delimitações das épocas e números de inscrições dos jogadores contratados para que possam atuar ao longo da competição esportiva profissional, corroboramos João Leal Amado ao imiscuir exceção na doutrina constitucional de Gomes Canotilho e Vital Moreira, esposando claramente: [...] **Às federações desportivas compete regulamentar e dirigir a prática de uma determinada modalidade**, nada as impedindo de, por razões estritamente desportivas, **aprovarem regulamentos que inibam um praticante de disputar a mesma competição, na mesma época desportiva, ao serviço de dois (ou mais) clubes diferentes.** [...] Nesses termos, defendemos a vertente que alude a um desvio, a uma relativização especial do princípio do tratamento mais favorável, o princípio da proteção (in favor laboratoris). [...] Por isso, também pensamos ser indispensavelmente acertado desenvolver na relação laboral

(62) CAÚS, Cristiano. Artigo *Pro competitione 2 x Tapetão 0.* Disponível em: <https://esportelegal.wordpress.com/2012/11/09/pro-competitione-2-x-0-tapetao/>. Acesso em: 19 jun. 2019.

desportiva entre empregado desportivo e empregadora desportiva um equilíbrio entre dois princípios, o do tratamento mais favorável ao empregado desportivo (in favor laboratoris) e o do tratamento mais favorável ao clube (in favor clubis). Existindo essa conformação principiológica relativa, implementar-se-ia automaticamente um tronco restritivo no mercado desportivo e no poder trabalhista do praticante desportivo, colaborando para uma saudável articulação entre a função tuitiva do ordenamento desportivo (promoção e proteção do espetáculo desportivo) e a função tuitiva do ordenamento laboral (direitos mínimos do trabalhador esportivo), fortificando a autonomia da vontade das partes."[(63)] (grifei)

Importante destacar o art. 14 do RNRTAF. Diz o dispositivo:

"**Art. 14** – A solicitação do registro do atleta deve ser obrigatoriamente instruída com o respectivo vínculo não profissional ou contrato especial de trabalho desportivo e outros documentos exigidos na legislação desportiva, neste Regulamento e demais atos normativos da CBF."

Como se vê o registro desportivo pode ser feito em nome de atleta não profissional ou atleta profissional. Em suma, o vínculo desportivo pode existir mesmo que não exista um vínculo de emprego entre o atleta e a entidade de prática desportiva. Segundo o RNRTAF, o atleta não profissional sem contrato de formação registrado na CBF (assistido ou representado, quando menor, por seu representante legal) poderá solicitar, a qualquer momento, o desligamento do clube a que estiver vinculado, desde que tal pedido seja feito por escrito e de maneira direta à respectiva Federação, ficando, assim, revogado aquele registro desportivo. Já o atleta não profissional com registro de contrato de formação só poderá requerer a terminação do vínculo desportivo por meio da CNRD da CBF (art. 29, § 5º, do RNRTAF). É claro que a situação também pode ser resolvida via interferência judicial, nos termos do art. 5º, XXXV, da CRFB-1988, pois o atleta pode não querer se submeter ao trâmite burocrático da CNRD, requerendo liminar, via judicial, para se desligar do vínculo desportivo do qual não tem mais interesse de estar vinculado, ficando livre para ser registrado, desportivamente, a outra agremiação. Nesse caso, é de todo indicado que o juiz prolator da decisão liminar dê ciência da determinação judicial às federações desportivas envolvidas, para a baixa e regularização de registros.

De acordo com o art. 18 do RNRTAF, havendo mais de um pedido de inscrição ou registro em relação ao mesmo atleta será aplicado o princípio registral da prioridade, considerando-se apenas o que houver sido recebido em primeiro lugar na CBF.

O art. 16 do RNRTAF esclarece, em seus termos, que os atletas vindos de clubes no exterior pelo sistema do *Transfer Matching System* (doravante TMS) da FIFA, poderão ser inscritos e ter contratos liberados pela CBF para registro por seus respectivos clubes

(63) RAMOS, Rafael Teixeira. *Direito desportivo trabalhista* — A fluência do ordenamento do desporto na relação laboral desportiva e seus poderes disciplinares. São Paulo: Quartier Latin, 2010. p. 142-145.

somente quando, cumulativamente, além de apresentarem todas as documentações anteriormente mencionadas: **a)** a transferência ocorrer em um dos dois períodos de registros anuais fixados pela CBF (janelas de transferência internacional); **b)** houver chegado o Certificado de Transferência Internacional (CTI[64]) ou CTIF (no caso de atleta do Futsal) na CBF.

As prorrogações de contratos e alterações salariais deverão ser sempre informadas à Federação para que a alteração no sistema seja efetivada. Tal providência é importante, pois a alteração de valores de salários tem clara influência, por exemplo, no valor das cláusulas indenizatórias desportivas (para transferências nacionais/domésticas) e para as cláusulas compensatórias desportivas. Na situação, durante o interregno de um mesmo contrato desportivo, só seria possível o aumento salarial, e não a redução. Nesse particular, tal como me posicionei anteriormente em artigo próprio:

> "[...] entendemos pela impossibilidade de redução de vencimentos durante o interregno de um único contrato de trabalho, pois, aí sim, incidiria a hipótese do art. 468 da CLT, até pelo silêncio, ainda que teleológico e sistemático, da lei especial, incidindo a primeira parte do § 4º do art. 28 da Lei n. 9.615/1998."[65]

Os procedimentos descritos de registros serão efetivados via no Sistema de Registro da CBF, e o processo só será concluído após a análise documental, podendo ser exigida sua complementação, e, quando for o caso, a retificação de informações.

Quanto aos atletas que cessarem a atividade profissional de jogadores de futebol, de acordo com o art. 54 e seguintes do RNRTAF, ficarão vinculados, por 30 meses, a partir de sua última partida oficial disputada, com o último clube com quem tiveram contrato de trabalho desportivo profissional. De acordo com o art. 52 do regulamento, o atleta profissional que tenha cessado de jogar futebol e desejar voltar a jogar na mesma categoria profissional permanecerá inscrito pelo último clube onde estava empregado; em caso de transferência, se o atleta tiver vinte e três (23) anos de idade, ou menos, caberá ao novo clube a obrigação de pagar a correspondente indenização de formação prevista naquele Regulamento (art. 56).

Entendemos que, se o ex-atleta quiser voltar a jogar futebol profissionalmente no interregno de 30 meses após a sua última partida oficial, disputando competições por outro clube, haverá a necessidade de transferência formal, com todas as consequências pecuniárias daí decorrentes, sendo que não haverá necessidade de qualquer indenização se o clube ao qual estava vinculado tiver encerrado as suas atividades (art. 55 do RNRTAF). A medida de vinculação do atleta por 30 meses após a sua última partida

(64) Passamos, nesta edição, a usar a sigla CTI para o Certificado de Transferência Internacional, seguindo a linha da abreviação que foi adotada no RNRTAF da CBF.

(65) DANI, Marcos Ulhoa. Artigo publicado originalmente no sítio eletrônico do *Jornal Correio Braziliense*. Redução de salário em contratos esportivos. Disponível em: <http://correadaveiga.adv.br/reducao-de-salario-em-contratos-esportivos/>. Acesso em: 08jan. 2016.

oficial é coerente e intenta, em tese, evitar fraudes. No caso, o atleta poderia alegar que tinha encerrado a carreira durante a vigência do contrato e, alguns meses depois, voltar a disputar competições por outra agremiação, sem o pagamento dos valores de uma transferência, causando, assim, prejuízo ao antigo empregador que não receberia os valores da cláusula indenizatória desportiva pelos direitos federativos do atleta. Situação parecida também ocorrerá no caso de reversão (volta do atleta profissional para a categoria amadora e, em seguida, novo contrato profissional), conforme previsão nos arts. 51 a 53 do RNRTAF, que são autoexplicativos:

> "**Art. 51** – O atleta profissional cujo contrato especial de trabalho desportivo tenha expirado ou sido rescindido por mútuo acordo, estando livre, pode reverter à categoria não profissional, desde que decorridos pelo menos trinta (30) dias da disputa de sua última partida como profissional.
>
> **Art. 52** – Em caso de rescisão de contrato, se o atleta retornar à categoria profissional dentro do período de 30 (trinta) meses seguintes à sua reversão, fica assegurado ao último clube com o qual possuía contrato profissional o direito de receber a respectiva cláusula indenizatória desportiva.
>
> **Art. 53** – Não é devido o pagamento de qualquer indenização ou de compensação quando o atleta profissional reverter à categoria de não profissional nas condições do art. 51." (grifei)

Finalmente, quanto ao registro, destacam-se os termos do art. 64 do RNRTAF que prevê que o clube que deixar de cumprir as normas estabelecidas no Regulamento, em especial as obrigações financeiras, poderá ficar impedido de registrar atletas por até dois períodos completos de registro, sem prejuízo da cumulativa aplicação de multa nos limites previstos no art. 191 do CBJD (Código Brasileiro de Justiça Desportiva) e outras sanções regulamentares previstas no art. 64 do RNRTAF e nos demais regulamentos da FIFA e CBF.

3.3. Entidade formadora e passaporte desportivo

Como se percebe deste estudo, a realidade do mercado do futebol demonstra que os atletas passam por uma série de clubes no decorrer de suas carreiras, muitas vezes, iniciando suas formações nos chamados "terrões", podendo chegar até grandes clubes de prestígio internacional. A partir do momento em que o atleta começa a ter seus treinamentos vinculados a um determinado clube com fincas à futura profissionalização em esporte de rendimento, tendo garantida a sua formação educacional, e tendo sido cumpridos os demais requisitos legais, consideramos que o mesmo pode ser considerado como integrante do chamado desporto de formação, tal como previsto no art. 3º, IV, da Lei n. 9.615/1998:

> "Art. 3º O desporto pode ser reconhecido em qualquer das seguintes manifestações:
>
> [...]
>
> IV – desporto de formação, caracterizado pelo fomento e aquisição inicial dos conhecimentos desportivos que garantam competência técnica na intervenção desportiva, com o objetivo de promover o aperfeiçoamento qualitativo e quantitativo da prática desportiva em termos recreativos, competitivos ou de alta competição." (Incluído pela Lei n. 13.155, de 2015)

Nos termos da lei (art. 29 e parágrafos da Lei Pelé), entidades de práticas desportivas formadoras são aquelas que forneçam aos atletas programas de treinamento nas categorias de base, complementação educacional e satisfaçam **cumulativamente** os seguintes requisitos: a) estar o atleta em formação inscrito por ela na respectiva entidade regional de administração do desporto há, pelo menos, 1 (um) ano; b) comprovar que, efetivamente, o atleta em formação está inscrito em competições oficiais; c) garantir assistência educacional, psicológica, médica e odontológica, assim como alimentação, transporte e convivência familiar; d) manter alojamento e instalações desportivas adequados, sobretudo em matéria de alimentação, higiene, segurança e salubridade; e) manter corpo de profissionais especializados em formação técnico desportiva; f) ajustar o tempo destinado à efetiva atividade de formação do atleta, não superior a 4 (quatro) horas por dia, aos horários do currículo escolar ou de curso profissionalizante, além de propiciar-lhe a matrícula escolar, com exigência de frequência e satisfatório aproveitamento; g) ser a formação do atleta gratuita e a expensas da entidade de prática desportiva; h) comprovar que participa anualmente de competições organizadas por entidade de administração do desporto em, pelo menos, 2 (duas) categorias da respectiva modalidade desportiva; e i) garantir que o período de seleção não coincida com os horários escolares. O § 4º do mesmo artigo também prevê que o atleta não profissional em formação, maior de quatorze e menor de vinte anos de idade, poderá receber auxílio financeiro da entidade de prática desportiva formadora, sob a forma de bolsa de aprendizagem livremente pactuada mediante contrato formal, sem que seja gerado vínculo empregatício entre as partes. É vedada a profissionalização antes dos 16 anos, conforme art. 44, III, da Lei Pelé.

Como se vê dos próprios requisitos legais, as entidades de prática desportiva que se qualificam como formadoras miram, primordialmente, em atletas jovens, ainda não profissionais (só serão profissionais a partir do momento em que assinarem contrato desportivo de trabalho, o que, de acordo com o *caput* do art. 29 da Lei Pelé só se dará, facultativamente e primeiramente à entidade formadora, a partir dos 16 anos de idade). Sem adentrar profundamente na polêmica da qualificação, ou não, da atividade desportiva de atletas menores de 16 anos como trabalho, que será melhor analisada adiante, deve ser destacado o importante papel que as entidades formadoras sérias têm na vida de milhares de garotos em um país que, notoriamente, não mais detém qualificação diferenciada na educação pública de base. Já tive a oportunidade, junto com outros colegas magistrados do trabalho, de ter contato com os profissionais responsáveis e visitar os centros de treinamento de entidades formadoras de atletas de base dos dois maiores clubes mineiros de futebol: Cruzeiro Esporte Clube e Clube Atlético Mineiro. As entidades, de fato, fornecem todas as condições de saúde, acompanhamento de nutrição, entretenimento, transporte, treinamento, moradia, educação, livre acesso à família, atenção física e psicológica, além de alimentação farta e sadia aos atletas de base. Os garotos, muitos de origem humilde e que provavelmente não teriam acesso a tais oportunidades em suas vidas originais, demonstram clara satisfação e alegria em fazer parte das categorias de base daqueles Clubes. Nas dependências da Toca da Raposa I, por exemplo, centro de treinamento das equipes de base do Cruzeiro Esporte Clube em Belo Horizonte, há convênio com uma conhecida escola particular da cidade, em que os atletas recebem educação de qualidade até o ensino médio, tudo às expensas do clube. Mesmo que não consiga lograr o êxito almejado e sonhado no futebol, o garoto terá um futuro como cidadão formado.

É claro que existem, infelizmente, pessoas inescrupulosas no meio do futebol que tentam se aproveitar de jovens talentos, inclusive com relatos de abusos, inclusive sexuais, dos garotos e submissão dos mesmos a condições de vida degradantes. Este tipo de prática vilanesca deve ser reprimida severamente pelas autoridades competentes, nas searas adequadas. Todavia, isso não pode tirar o brilho das entidades sérias, como os clubes mencionados e vários outros clubes integrantes das primeiras divisões do futebol brasileiro e internacional, que intentam fornecer todas as condições para que jovens atletas atinjam, gradativamente e paulatinamente (como tem que ser), todo os seus potenciais futebolísticos e cívicos.

Todavia, também não se pode esquecer a tragédia ocorrida no início do ano de 2019 no centro de treinamento do Clube de Regatas Flamengo, que ceifou precocemente a vida de 10 jovens atletas do clube carioca. Até por lidarem com menores, as agremiações devem se submeter à fiscalização das autoridades competentes, bem como obter os devidos alvarás de funcionamento para as suas instalações, ficando a sugestão de inserir, na regulamentação da base legal já existente para a caracterização de um clube formador (art. 29, § 2º, II, *d*), a exigência de apresentação anual dos alvarás de funcionamento e regularidade das instalações e alojamentos dos atletas, sob pena de se perder o certificado de clube formador. Nessa seara, poder-se-ia exigir a apresentação de alvarás da Defesa Civil, do Corpo de Bombeiros e das Prefeituras, de modo a minimizar a possibilidade de ocorrência de tragédias tal como a ocorrida no clube carioca. As auditorias fiscais, o Ministério Público Estadual e o Ministério Público do Trabalho também têm importante papel na fiscalização desse tipo de instalação, tudo no intuito de garantir a segurança e higidez psicológica e físicas dos atletas em formação.

A própria FIFA, no ano de 2019, lançou um programa de proteção às crianças e jovens desportistas chamado *FIFA Guardians* — Guardiões da FIFA. O programa busca salvaguardar as crianças que se interessam pelo futebol, para que possam praticá-lo em um ambiente seguro, com uma cultura de respeito e entendimento mútuo. O programa fornece meios para que as 211 Confederações filiadas à FIFA possam oferecer um ambiente apropriado para a prática do futebol aos jovens atletas. O programa é baseado em cinco princípios e em cinco passos. Os princípios, em tradução livre, são: proteção integral às crianças; os direitos das crianças serão respeitados e promovidos pela prática do futebol; os princípios e práticas se aplicam a todas as crianças, sem qualquer espécie de discriminação; a salvaguarda das crianças no esporte é dever de todos, independente do país e da posição da pessoa no mundo do futebol; os papéis dos afiliados da FIFA no programa serão definidos em conjunto, sendo que as preocupações e situações específicas devem ser reportadas. Os cinco passos são: identificar em quais maneiras as crianças estão envolvidas no futebol, para saber quais as medidas que já são tomadas para salvaguardá-las no país, bem como identificar quais as agências que já atuam nos países nesse sentido; todo afiliado da FIFA tem o dever de indicar uma pessoa responsável e trabalhar para o bem-estar e a proteção das crianças no esporte, com criação de grupos internos e comitês dedicados a tanto; os membros deverão criar procedimentos e linhas de atuação para implementar a política de proteção; criar uma política de informação, comunicação e educação, inclusive com as famílias das crianças; monitorar e avaliar a eficácia das medidas e da política de proteção, sendo que a FIFA disponibilizará um *kit* com ferramentas para tais implementações em cada país/confederação membro da FIFA[(66)].

Nos parece claro que tal mobilização mundial em torno do bem estar das crianças e adolescentes no futebol não é sem motivo. Há vários exemplos de que a salvaguarda aos jovens no esporte não tem sido a ideal em múltiplas ocasiões nos mais variados locais do globo, com a exploração e exposição indevidas dos jovens a abusos, violência e condições inadequadas para a prática do esporte.

De toda sorte, é preciso exaltar que as entidades de formação desportiva que efetivamente conseguem fornecer as condições adequadas de vida e formação para os jovens atletas tornaram-se uma alternativa para muitos jovens que, a rigor, não teriam um futuro promissor. Independentemente de se tornarem, ou não, craques de renome internacional no futuro, percebe-se que o fornecimento de condições de vida diferenciadas aos jovens atletas naquelas entidades formadoras supre várias deficiências do Estado brasileiro; ou seja, ainda que não se tornem craques, por certo os garotos se formarão como cidadãos, situação que muitos provavelmente não teriam acesso em suas vidas originais.

Por este fundamental serviço, as entidades formadoras terão seu meio de remuneração futuro, pela chamada "indenização/compensação por formação" (*traninig compensation)*, instituto que será explanado em um capítulo próprio. Os clubes formadores detêm certificados da CBF e constam do sítio eletrônico daquela entidade organizadora do esporte, conforme previsto no § 3º, do art. 29, da Lei Pelé[(67)]. Somente as entidades certificadas como formadoras serão passíveis de recebimento da indenização por formação.

A partir de sua iniciação da base, o jogador terá um documento que acompanhará o registro de toda a sua carreira desportiva, chamado Passaporte Desportivo, que será o documento no qual constarão sua qualificação e dados relevantes, bem como todos os períodos e os respectivos clubes em que o atleta inscreveu-se desde que completou

(66) Disponível em: <https://www.fifa.com/development/fifa-guardians/#web-12>. Acesso em: 12 jul. 2019.

(67) Disponível em: <http://www.cbf.com.br/a-cbf/registro-transferencia/certificado-de-clube-formador#.VqfgF_krLIU>. Acesso em: 26 jan. 2016.

12 anos de idade. Como a exigência de tal documento é oriunda da FIFA, percebe-se que o mesmo é de âmbito internacional, com validade internacional, portanto. O documento será emitido pela CBF em âmbito nacional, conforme o art. 23 do RNRTAF:

> "**Art. 23** – Cabe à CBF a emissão, por força de legislação da FIFA, do Passaporte Desportivo do atleta, do qual constará, além da qualificação e dados relevantes, todos os períodos e os respectivos clubes pelos quais o atleta foi registrado desde a temporada de seu 12º (décimo segundo) aniversário, conforme o Sistema de Registro da CBF.
>
> § 1º O clube com legítimo interesse pode solicitar à CBF a emissão do Passaporte Desportivo de atleta.
>
> § 2º É responsabilidade das Federações e dos clubes manter atualizadas no Sistema de Registro da CBF todas as informações que se façam necessárias à emissão do Passaporte Desportivo.
>
> § 3º O pedido, por parte interessada, de retificação de eventual Passaporte Desportivo já emitido só poderá ocorrer mediante justificativa por escrito da respectiva Federação e do clube, além de declaração do atleta, por escrito e com firma reconhecida, confirmando os períodos de registro e/ou clubes que ainda não constem do mesmo, cabendo à CBF verificar as informações fornecidas e, se for o caso, homologá-las.
>
> § 4º Caberá ao órgão judicante decidir se eventual retificação de Passaporte Desportivo terá efeitos retroativos." (grifei)

Como se pode notar, o documento será uma espécie de "CTPS desportiva internacional", devendo ser sempre atualizado pelo clube atual do atleta para fins de registro da história desportiva do atleta; o documento servirá, especialmente, para o eventual pagamento do chamado "mecanismo de solidariedade" (*solidarity mecanism*) que será analisado em capítulo próprio.

3.3.1. O menor desportista em formação. Competência e questões relativas a transferências

Há algum tempo perpassa a polêmica acerca da competência da Justiça do Trabalho ou da Justiça Estadual para o conhecimento e julgamento das ações envolvendo os menores desportistas em formação.

Cabe transcrever o art. 3º da Lei Pelé:

> "Art. 3º O desporto pode ser reconhecido em qualquer das seguintes manifestações:
>
> I – desporto educacional, praticado nos sistemas de ensino e em formas assistemáticas de educação, evitando-se a seletividade, a hipercompetitividade de seus praticantes, com a finalidade de alcançar o desenvolvimento integral do indivíduo e a sua formação para o exercício da cidadania e a prática do lazer;
>
> II – desporto de participação, de modo voluntário, compreendendo as modalidades desportivas praticadas com a finalidade de contribuir para a integração dos praticantes na plenitude da vida social, na promoção da saúde e educação e na preservação do meio ambiente;

III – desporto de rendimento, praticado segundo normas gerais desta Lei e regras de prática desportiva, nacionais e internacionais, com a finalidade de obter resultados e integrar pessoas e comunidades do País e estas com as de outras nações.

IV – desporto de formação, caracterizado pelo fomento e aquisição inicial dos conhecimentos desportivos que garantam competência técnica na intervenção desportiva, com o objetivo de promover o aperfeiçoamento qualitativo e quantitativo da prática desportiva em termos recreativos, competitivos ou de alta competição. (Incluído pela Lei n. 13.155, de 2015)

§ 1º O desporto de rendimento pode ser organizado e praticado: (Renumerado do parágrafo único pela Lei n. 13.155, de 2015)

II – de modo não profissional, identificado pela liberdade de prática e pela inexistência de contrato de trabalho, sendo permitido o recebimento de incentivos materiais e de patrocínio." (Redação dada pela Lei n. 9.981, de 2000)

Já o art. 7º, XXXIII, da CRFB-88 dispõe que é vedado qualquer trabalho ao menor de 14 anos, sendo que ao maior de 14 anos e menor de 16 anos só é facultado o trabalho como aprendiz.

Não se pode ter a ingenuidade de se acreditar que um atleta profissional de sucesso iniciou sua carreira desportiva aos 14 anos de idade. Há inúmeros exemplos em contrário. Grandes atletas, a rigor, começam a ter seus primeiros contatos com o esporte precocemente, normalmente com 4 ou 5 anos de idade. A questão é como este desporto deve ser encarado pelas agremiações desportivas, pelas entidades de administração do desporto, pelas famílias dos atletas e pelos operadores do direito. Em tenra idade, entende-se que o desporto deve ser encarado e tratado como uma atividade lúdica e educacional da criança e do adolescente, evitando-se, como diz a lei, a seletividade e a hipercompetitividade de seus praticantes. Deve ter a finalidade de alcançar o desenvolvimento integral do indivíduo e a sua formação para o exercício da cidadania e a prática do lazer. O esporte, o lazer e a educação são direitos fundamentais dos indivíduos, sendo que o trabalho também o é.

Nos parece fora de dúvida que a atividade desportiva do menor de 14 anos não pode, e não deve, ser encarado como trabalho, mas como uma atividade de lazer, complementar à sua educação, que deve ser incentivada como elemento formador do cidadão. Nessa seara, não é possível o estabelecimento de qualquer contrato de formação desportiva e, muito menos, de qualquer contrato de trabalho desportivo com o jovem atleta menor de 14 anos. Nesse sentido, o RNRTAF:

"**Art. 30** – Os clubes portadores de Certificado de Clube Formador emitido pela CBF podem registrar contrato de formação desportiva com atletas não profissionais de 14 (quatorze) a 20 (vinte) anos de idade.

Parágrafo Único – O contrato de formação desportiva deverá não apenas especificar, mas também razoavelmente quantificar os gastos estimados com a formação do atleta." (grifei)

Já o regulamento da FIFA para transferência de jogadores, veda a transferência internacional de atletas menores de 18 anos, salvo as seguintes exceções, a partir dos 16 anos, em tradução livre daquele regulamento internacional:

"Art. 19º Proteção de menores

1. Só são permitidas transferências internacionais de jogadores maiores de 18 anos.

2. Esta regra admite as três exceções seguintes:

a) Os pais do jogador mudem a sua residência para o país do novo clube, por razões não relacionadas com o futebol.

b) A transferência ocorra no território da União Europeia (UE) ou no Espaço Econômico Europeu (EEE), e o jogador tenha entre 16 e 18 anos. Neste caso, o novo clube deve cumprir as seguintes obrigações mínimas:

I. prestar ao jogador a educação e/ou formação futebolística correspondente aos mais elevados padrões nacionais.

II. garantir ao jogador uma educação e/ou formação acadêmica e/ou escolar e/ou profissional, além da educação e/ou formação futebolística, que lhe permita seguir uma carreira que não o futebol, caso cesse a sua atividade no futebol profissional.

III. praticar os atos necessários de forma a garantir que o jogador é assistido da melhor maneira possível (ótimo nível de vida junto de uma família de acolhimento ou num alojamento do clube, nomeação de um tutor no clube etc.)

IV. fornecer à respectiva federação, no momento do registo do jogador, prova do cumprimento das obrigações acima referidas.

c) O jogador resida a uma distância não superior a 50 km de uma fronteira nacional, e o clube da federação vizinha, pelo qual o jogador se pretende registrar, se situe igualmente a menos de 50 km da mesma fronteira. A distância máxima entre o domicílio do jogador e a sede do clube é de 100 km. Neste caso, o jogador deve continuar a residir em sua casa e as duas federações em causa devem dar o seu consentimento expresso.

3. As condições estabelecidas no presente artigo aplicam-se igualmente ao jogador que nunca tenha estado registrado por um clube e que não seja nacional do país no qual se pretende registrar pela primeira vez.

4. As transferências internacionais efetuadas nos termos do n. 2 e os primeiros registros realizados de acordo com o n. 3 estão sujeitos à aprovação da subcomissão nomeada pela Comissão do Estatuto dos Jogadores para o efeito. O pedido de aprovação deve ser apresentado pela federação que pretende registrar o jogador. À federação anterior é dada a oportunidade de apresentar a sua posição. A aprovação da subcomissão deve ser obtida antes de efetuado o pedido de Certificado Internacional de Transferência e/ou de primeiro registo por uma federação. A violação da presente disposição é punida pela Comissão Disciplinar, nos termos do Código Disciplinar da FIFA. Podem ser impostas sanções à federação que não tenha cumprido a obrigação de apresentar um pedido de aprovação à subcomissão, à federação anterior por emitir um Certificado Internacional de Transferência sem aquela aprovação, e aos clubes que tenham chegado a acordo para a transferência de um menor.

5. O procedimento para apresentação de pedido de primeiro registro e de transferência internacional de um jogador menor consta do Anexo 2 do presente Regulamento."

Como se vê, temos, inicialmente, que a prática desportiva do atleta menor de 14 anos não é uma relação de trabalho, sendo uma atividade lúdica, de lazer, complementar à educação da criança e do adolescente. Qualquer viés profissional ou de exploração da atividade como esporte de rendimento está vedada. Assim, não vislumbramos possibilidade lícita de estabelecimento de qualquer contrato de formação, de aprendizagem e, muito menos, de contrato de trabalho desportivo em idade inferior a 14 anos de idade. Dessa forma, é vedado aos clubes estabelecerem negociações ou transferências destes jovens atletas, mesmo porque há uma impossibilidade de fixação de cláusulas indenizatórias ou compensatórias desportivas, pois não há hipótese de estabelecimento legal de um contrato de trabalho desportivo, ainda que tacitamente, por expressa vedação legal e constitucional. O profissionalismo é vedado ao menor de 16 anos, segundo o art. 44, III, da Lei Pelé. Atividade profissional em idade menor a de 16 anos constitui, portanto, objeto ilícito, sendo impossível, juridicamente, a formação de vínculo de emprego, nos termos, inclusive, do art. 104, II, do CC.

Tal fato, em nossa visão, não impede que as agremiações desportivas mantenham as chamadas "escolinhas" de futebol para menores de 14 anos, mas não categoria de base visando a formação de atletas, sendo que tal ingresso não implica em qualquer liame empregatício ou de formação com o clube, mas mera possibilidade facultativa aos pais e responsáveis pelo menor, exigindo-se a comprovação, pelos pais, de frequência do menor à escola, bem como autorização médica. A prática desportiva dos menores de 14 anos pode implicar em cadastro de iniciação desportiva perante a CBF, para a participação em competições para menores de 14 anos e inserção do nome do atleta no seu passaporte desportivo. Nesse sentido o RNRTAF:

> "**Art. 4º** É permitido ao clube inscrever adolescentes de 12 e 13 anos de idade para atividades de iniciação desportiva, com validade máxima até o final da respectiva temporada, para fins de inserção do seu nome no respectivo Passaporte Desportivo, devendo apresentar os mesmos documentos constantes do art. 2º, § 1º."

Dentre os documentos exigidos está a autorização dos pais e atestado médico, com indicação do CRM do médico responsável, autorizando a prática desportiva do jovem atleta. Nessa seara, nos parece que as discussões acerca de práticas desportivas de menores de 14 anos, quando realmente se discute o desporto educacional, são afetas à Justiça Estadual, mais especificamente às Varas da Infância e Adolescência. Nesse sentido, Maurício de Figueiredo Corrêa da Veiga:

> "Não pairam dúvidas de que os clubes são proibidos de manter nas suas categorias de base atletas com idade inferior a 14 anos com objetivo de formação profissional, ou de submetê-los a testes ou a seleções que caracterizem as chamadas "peneiradas". Ou seja, antes dos 14 anos, futebol deve ser, para crianças e adolescentes, apenas diversão.[68]"

O § 2º, do Decreto 7.984/2013, regulamentador da Lei Pelé, dispõe que o esporte escolar pode ser praticado em competições, eventos, programas de formação, treinamento, complementação educacional, integração cívica e cidadã e dessa forma serão realizados por Confederação Brasileira de Desporto Escolar (CBDE), Confederação

(68) VEIGA, Maurício de Figueiredo Corrêa da. *Temas atuais de direito desportivo*. São Paulo: LTr, 2015. p. 77.

Brasileira de Desporto Universitário (CBDU), ou entidades vinculadas, e instituições públicas ou privadas que desenvolvem programas educacionais e instituições de educação de qualquer nível.

Até mesmo o desporto de rendimento pode ser praticado e organizado de modo não profissional, identificado pela liberdade de prática e pela inexistência de contrato de trabalho, sendo permitido o recebimento de incentivos materiais e de patrocínio. É de se concluir que nessas modalidades não há que se falar em contrato de trabalho desportivo. Dessa forma também é a própria Lei Pelé ao admitir a existência de uma relação não profissional (sem contrato de trabalho) de um atleta maior de 14 anos e menor de 20 anos. Diz o art. 29, § 4º, do referido Diploma Legal:

> "§ 4º O atleta não profissional em formação, maior de quatorze e menor de vinte anos de idade, poderá receber auxílio financeiro da entidade de prática desportiva formadora, sob a forma de bolsa de aprendizagem livremente pactuada mediante contrato formal, sem que seja gerado vínculo empregatício entre as partes."

Observe-se que a disposição legal permite a existência, inclusive, de pagamento de bolsa de aprendizagem, sem que seja gerado vínculo empregatício entre as partes. Frise-se que a lei, conforme transcrição acima, estabeleceu uma faculdade em relação ao recebimento de auxílios financeiros, bolsas aprendizagem ou ajudas de custos. Nesse particular, é importante lembrar, no que toca à regulação do esporte, pelo princípio da Especialidade, que a Lei Especial do Desporto, Lei Pelé, tem prevalência sobre a CLT, nos termos, inclusive, do art. 28, § 4º, daquele Diploma Legal. O fato é que, regra geral (não ignorando a possibilidade de existência de fraudes), o clube tem todo o interesse de formar vínculo de emprego desportivo a partir de 16 anos de idade com aquele atleta que demonstra performance desportiva capaz de enquadrá-lo como um jogador que dispute o desporto em alto rendimento. Isso se dá pelo fato que, uma vez estabelecido o contrato de trabalho desportivo, é possível o estabelecimento, entre outras cláusulas, da cláusula indenizatória desportiva, que garante ao clube empregador o recebimento de direitos econômicos do jogador, no caso, por exemplo, de cessão definitiva dos direitos federativos do atleta (transferência). Caso o clube não assine o primeiro contrato de trabalho desportivo com o jogador, o atleta se enquadra como desportista não profissional em formação, mesmo nas idades de 16 a 20 anos, podendo se transferir livremente para outro clube que esteja interessado em seus serviços, sem a necessidade de pagamento de cláusula indenizatória desportiva que, a rigor, só existirá em caso de existência de um contrato de trabalho desportivo do atleta profissional. Como se vê, diferentemente do que ocorre com o trabalhador comum, o maior interesse na formação de um contrato de trabalho desportivo com o jovem atleta é, em princípio, do próprio clube.

Todavia, é imperativo destacar a recente decisão da SbDI-I do TST, no processo E-ED-RR **165100-65.2009.5.03.0007**, que discutiu a matéria. Disse a ementa do referido julgado:

> "EMENTA : RECURSO DE EMBARGOS REGIDO PELA LEI N. 13.015/2014. COMPETÊNCIA MATERIAL DA JUSTIÇA DO TRABALHO. AÇÃO CIVIL PÚBLICA AJUIZADA EM FACE DE CLUBE DE FUTEBOL. CONTRARIEDADE À SÚMULA N. 126 DO TST. CARACTERIZAÇÃO. 1. A Eg. 5ª Turma

conheceu do recurso de revista interposto por CRUZEIRO ESPORTE CLUBE, por violação dos arts. 114, I, da Constituição Federal e 148, IV, da Lei n. 8.069/1990 (ECA), e, no mérito, deu-lhe provimento para, afastada a competência da Justiça do Trabalho, determinar a remessa dos autos à Justiça Comum do Estado de Minas Gerais — Vara da Infância e Juventude —, para proceder ao julgamento do feito como se entender de direito. 2. O v. acórdão embargado foi publicado sob a vigência da Lei n. 13.015/2014, que imprimiu nova redação ao art. 894, II, da CLT, no sentido de que somente é cabível o recurso de embargos quando demonstrada divergência jurisprudencial entre Turmas do TST (OJ 95/SBDI-1) ou destas com as decisões proferidas pela Seção de Dissídios Individuais ou contrariedade a súmula ou orientação jurisprudencial do Tribunal Superior do Trabalho ou súmula vinculante do Supremo Tribunal Federal. 3. Quanto à alegada contrariedade da Súmula n. 126 do TST, a SBDI-1 firmou jurisprudência no sentido de que, dada a sua função exclusivamente uniformizadora, não é possível conhecer do recurso de embargos por contrariedade a súmula de natureza processual, salvo se a afirmação dissonante da compreensão fixada no verbete apontado for aferível na própria decisão embargada, situação materializada no presente caso. 4. Na hipótese, Eg. 5ª Turma, com base em premissas que não compuseram a moldura fática delineada pelo TRT de origem, nos acórdãos proferidos, e que são contrárias àquelas neles lançadas pelo TRT da 3ª Região, assim alterando os limites objetivos da lide, concluiu pela existência de afronta aos arts. 114, I, da CF e 148, IV, da Lei n. 8.069/1990 (ECA) e, consequentemente, afastou a competência da Justiça do Trabalho e determinou a remessa dos autos à Justiça Comum do Estado de Minas Gerais - Vara da Infância e Juventude, para proceder ao julgamento do feito como se entender de direito, em contrariedade à Súmula n. 126 do TST, que veda não somente o revolvimento de fatos e provas, mas também a modificação do contexto factual revelado nos acórdãos recorridos (e, no caso sob exame, evidenciado, também, no recurso de revista do réu)." Recurso de embargos conhecido e provido.

No caso em apreço, a maioria da SbDI-I do TST decidiu com lastro em aspectos eminentemente processuais, a saber, a contrariedade à Súmula n. 126 do TST (impossibilidade de revolvimento de fatos e provas em sede de recursos perante o TST). Entendeu-se que, pelo quadro fático delineado no acórdão regional, o processo tratava de desporto de rendimento e não de desporto pelo viés educacional. No caso, a 5ª turma do TST, segundo o entendimento da SbDI-I, teria chegado à conclusão que a situação tratava de uma discussão acerca de desporto educacional sem que tal premissa fática constasse do acórdão regional, o que teria violado a Súmula n. 126 do TST. Assim, deu-se provimento aos embargos para o retorno dos autos para a turma analisar as questões de mérito envolvendo o caso, confirmando-se a competência da Justiça Especializada. Nesse contexto processual, não é possível, a nosso sentir, firmar posicionamento de que o TST tenha consolidado posição jurisprudencial de que a matéria (prática desportiva de menores de 14 e 16 anos e condições da prática) seria de competência da Justiça do Trabalho. Ademais, a matéria da competência, por ser constitucional, é passível, em tese, de recurso extraordinário ao STF. Destacamos, no particular, que a própria Lei Pelé, no seu art. 44, III, veda a prática do desporto pelo viés profissional por menores de até 16 anos.

Nos parece, todavia, que a pedra de toque para se resolver as situações em concreto que permeiam as discussões acerca da competência material para julgamento daquelas questões perpassa pela análise se o caso fático analisado direciona-se para o desporto educacional ou para o desporto de rendimento. Se a prática desportiva demonstra, no caso em concreto, um direcionamento específico para a formação de atletas em alto rendimento, com fincas à formação profissional e hipercompetitividade, ainda que a médio prazo, a tendência jurisprudencial retratada no julgado da SbDI-I dá a entender que a competência, de fato, seria da Justiça do Trabalho, pois estar-se-ia visando, no mínimo, uma futura relação de trabalho, atraindo as hipóteses do art. 114, I e IX, da CRFB-1988. Por outro lado, se a formação desportiva analisada no caso em concreto direcionar-se para uma formação cívica do jovem atleta, ou mesmo, a complementação educacional do jogador, como um incentivo, ao final, à sua formação de cidadão e como prática de lazer, sem o viés da hipercompetitividade (art. 3º, I, da Lei Pelé) e seletividade, parece-nos que a competência se direcionaria à Justiça Comum Estadual (Varas da Infância e Adolescência), nos termos do art. 148, IV, do ECA — Estatuto da Criança e do Adolescente (Lei n. 8.069/1990). A análise desses aspectos, a nosso sentir, caracterizariam bons parâmetros objetivos para a definição da competência material para o julgamento dos casos concretos, no Poder Judiciário.

Por fim, cabe ressaltar, mais uma vez, que a Lei Pelé, em seu art. 29, § 4º, previu a possibilidade da existência de um atleta não profissional atuar por agremiações esportivas dos 14 aos 20 anos de idade. Em outras palavras, ressalvadas as hipóteses de fraude, o atleta poderia ter uma formação na agremiação desportiva sem o estabelecimento de um contrato de trabalho desportivo, podendo receber bolsa de aprendizagem ou incentivos financeiros por patrocínios, na forma de ajuda de custo. Nessa situação, como visto, a legislação especial direciona pela ausência de formação de vínculo de emprego formal. Inobstante, a lei direciona para a entabulação, nessas hipóteses, de um contrato de formação desportiva, sem vínculo de emprego. Dizem o § 2º, do art. 1º, e o art. 30, parágrafo único, todos do RNRTAF da CBF:

> "§ 2º **É considerado não profissional o atleta de futebol que o pratica sem receber ou auferir remuneração, ou sem tirar proveito material em montante superior aos gastos efetuados com sua atividade futebolística**, com exceção de eventual valor recebido a título de bolsa de aprendizagem **avençada em um contrato de formação desportiva**, sendo facultado, ainda, receber incentivos materiais e patrocínios. " (grifei)

> "**Art. 30** – Os clubes portadores de Certificado de Clube Formador emitido pela CBF **podem** registrar **contrato de formação desportiva** com atletas não profissionais de 14 (quatorze) a 20 (vinte) anos de idade.

> Parágrafo Único – O contrato de formação desportiva deverá não apenas especificar, **mas também razoavelmente quantificar os gastos estimados com a formação do atleta**." (grifei)

Nesses casos, o clube que assina com o atleta de 14 a 20 anos (o atleta menor deverá estar representado ou assistido pelo seu representante legal), deverá ter o certificado de clube formador. Para o clube, a vantagem é poder cobrar, em uma eventual transferência do atleta, os valores relativos à formação do atleta (indenização por formação). Também seria possível provar mais facilmente a existência de vínculo desportivo com o atleta para eventual cobrança futura da indenização pelo mecanismo de solidariedade (que pode ser cobrado, inclusive, pelo clube que não tem certificado de clube formador). Em relação ao atleta, a vantagem é a possibilidade de receber bolsa aprendizagem em valores mais atrativos, haja vista que o clube, nessas situações, verifica que o atleta tem potencial para a profissionalização. Nessas hipóteses de assinatura de contrato de formação, sem assinatura de um contrato de trabalho desportivo a partir de 16 anos, caso o atleta já tenha vinculação desportiva com o clube formador há mais de um ano e esteja regularmente inscrito em competições, seu desligamento se dará pela CNRD da CBF, ou até por determinação judicial. Diz o § 5º, do art. 29, do RNRTAF:

> "§ 5º O atleta não profissional com contrato de formação registrado na CBF deve solicitar o seu desligamento somente através da CNRD."

Os parágrafos do art. 29 do mesmo RNRTAF da CBF são claros ao estabelecer a possibilidade de um atleta não profissional, de 14 a 20 anos de idade, não ter tal contrato de formação com a agremiação desportiva, o que facilitaria a sua saída do respectivo clube para defender as cores de outra agremiação. Dizem os referidos dispositivos:

> "§ 2º **O atleta não profissional sem contrato de formação registrado na CBF (assistido ou representado, quando menor, por seu representante legal) poderá solicitar, a qualquer momento, o desligamento do clube a que estiver vinculado, desde que tal pedido seja feito por escrito e de maneira direta à respectiva Federação**.
>
> § 3º Recebida a solicitação de desligamento, a Federação deverá encaminhá-la ao respectivo clube filiado, cabendo a este promover a desvinculação do atleta no sistema no prazo de 15 (quinze) dias corridos.
>
> **§ 4º Findo o prazo sem que o clube tenha promovido o desligamento do atleta, o mesmo será desvinculado à revelia pela Federação."** (grifei)

É importante lembrar que, a nosso sentir, a aprendizagem descrita na Lei Pelé não se confunde com o contrato de aprendizagem da CLT. Nas disposições da CLT, o aprendiz assina efetivamente, a partir dos 14 anos até os 24 anos, um contrato de trabalho com as peculiaridades da aprendizagem, tais como FGTS de 2%, pagamento de todas as parcelas trabalhistas de um vínculo de emprego, como férias e gratificações natalinas, formação técnico-profissional metódica, com atividades teóricas e práticas, não havendo limite de idade para os aprendizes com deficiência. Há, portanto, a formação de um vínculo de emprego formal e tradicional. Não é a nossa impressão acerca da aprendizagem desportiva. A interpretação que se tem da Lei Pelé e dos regulamentos desportivos citados é que a aprendizagem desportiva implica em um contrato de formação desportiva, focado no ensino e na formação desportiva, com possível pagamento de bolsa aprendizagem, mas sem a entabulação de um vínculo de emprego desportivo, mesmo porque a Lei Pelé veda a profissionalização antes dos 16 anos e aquela profissionalização a partir dos 16 anos, nos termos da lei, ressalvadas as hipóteses de fraude, só surge com a formação de um contrato de trabalho desportivo assinado entre as partes. Tal contrato de trabalho, que é o símbolo formal da profissionalização do atleta, só é possível, nos termos da lei, a partir dos 16 anos de idade.

Este é, inclusive, um dos argumentos utilizados para aqueles que defendem a incompetência material da Justiça do Trabalho para tratar de questões envolvendo menores desportistas em formação. Advoga-se que não haveria uma relação de trabalho, mas uma formação desportiva que se aproximaria mais do viés educacional. Nesse sentido, a bolsa aprendizagem deve somente servir como uma ajuda de custo à sobrevivência do jovem atleta. Como já dito, entretanto, parece-nos mais justo e equânime avaliar cada caso concreto para averiguar se a situação apresentada foca na formação educacional, cívica e de lazer do jovem atleta, ou, ao revés, busca a formação para o alto rendimento desportivo, lastreada na seletividade e hipercompetitividade, com fincas a uma futura relação de trabalho desportivo, o que atrairia, a nosso sentir, a competência da Justiça Especializada.

3.4. Direitos econômicos e direitos federativos. O pré-contrato

Os direitos federativos de um atleta de futebol podem ser considerados como acessórios do contrato de trabalho desportivo vigente do jogador. Trata-se de um acessório do contrato de trabalho desportivo e está umbilicalmente ligado a este, não podendo ser fracionado entre vários detentores. Em outras palavras, o clube empregador que tem contrato desportivo vigente com o atleta tem o direito de registrar o mesmo perante a Federação Nacional e, consequentemente, tem 100% dos direitos federativos do atleta. Da mesma forma, o clube cessionário de uma cessão temporária de um atleta será o detentor temporário de 100% dos direitos federativos do jogador, podendo, igualmente, registrá-lo. Portanto, os direitos federativos podem ser conceituados como o direito do clube empregador (seja o empregador definitivo ou temporário) de registrar um atleta profissional perante a Federação Nacional da qual faça parte, com o intuito da participação do atleta em competição desportiva organizada ou reconhecida por aquela Federação, sendo tal direito acessório ao contrato de trabalho desportivo vigente. Ou seja, os direitos federativos representam o vínculo desportivo do atleta profissional.

Como regra geral, o clube titular dos direitos federativos do atleta deterá ao menos uma porcentagem dos direitos econômicos do atleta (situação que não se verifica, obrigatoriamente, se o clube for cessionário de um empréstimo temporário do atleta), pois, ou teve que adquiri-los na transferência definitiva do atleta para a agremiação; ou os mesmos foram fixados, se for o caso do primeiro contrato de trabalho desportivo do atleta, ao se estabelecer a "cláusula desportiva indenizatória", no contrato de trabalho desportivo do atleta com o clube. Frise-se que, no caso de cessão temporária do atleta profissional, o clube cessionário terá a titularidade provisória dos direitos federativos do atleta, mas não poderá repassá-los, vendê-los ou transferi-los a nenhum outro clube, nos termos do art. 38 do RNRTAF. A cessão temporária poderá ser gratuita ou onerosa, o quê, neste último caso, também implicará em uma compensação ao clube cedente, que também se traduz em uma expressão pecuniária dos direitos econômicos.

Os direitos econômicos são, desta forma, a expressão pecuniária para viabilização de transferências de atletas profissionais, seja pela rescisão unilateral destes com o pagamento de cláusula indenizatória desportiva; seja pela cessão temporária onerosa;

seja pela transferência definitiva consensual. Dessa forma, representam, ao fim e ao cabo, a receita gerada com a transferência do atleta profissional. Assim, percebe-se que a cláusula indenizatória desportiva, em sua clara definição no inciso I, do art. 28, da Lei n. 9.615/1998, foi um dos aspectos que se convencionou popularmente classificar como "Direitos Econômicos" dos atletas profissionais de futebol. A doutrina diverge quanto aos direitos econômicos serem direitos propriamente ditos ou meras expectativas de direito, sendo esta última corrente liderada por Álvaro Melo Filho[(69)]. A alegação de expectativa de direitos seria pelo viés condicional dos direitos econômicos que poderiam, ou não, vir a se concretizar. Regra geral, se o contrato de trabalho desportivo é cumprido até o seu termo, não havendo ruptura unilateral ou consensual durante o seu interregno, os direitos econômicos do clube empregador definitivo caducariam, não mais existindo no mundo jurídico.

Apesar dos direitos econômicos, de fato, poderem ser extintos pelo escoamento de seu termo sem rescisão unilateral do atleta, distrato ou transferência durante o interregno do contrato desportivo, não concordamos que os direitos econômicos sejam mera expectativa de direito. Respeitosamente, discordo de tal visão pelo fato dos direitos econômicos já poderem, em minha ótica, na gênese do contrato de trabalho desportivo, serem oponíveis perante terceiros. A expectativa de direito é uma mera possibilidade ou esperança de se adquirir um direito. Todavia, entendo que os direitos econômicos já podem ser exercidos na gênese da assinatura do contrato desportivo do atleta, como uma obrigação de não fazer do atleta, exatamente pela impossibilidade de atuação do atleta por clubes terceiros sem algum tipo de ruptura ou transferência, o que gerará a consequente indenização ou compensação. Ou seja, a princípio e excepcionando-se as hipóteses de rescisão indireta, ordem judicial ou arbitral, o atleta não poderá atuar por um outro clube sem que haja algum tipo de negociação ou compensação sobre seus direitos econômicos, ainda que tais compensações se deem posteriormente, pela via judicial ou arbitral. O pagamento de eventual indenização desportiva ou o pagamento de uma transferência consensual onerosa, definitiva ou temporária, será, apenas, o exaurimento de um direito, que, em minha ótica, já existia anteriormente.

Isso gera a conclusão de que os direitos econômicos são, de plano, oponíveis a terceiros. Em suma, os direitos econômicos já estão exercendo seus efeitos de plano, mesmo no momento anterior de uma transferência ou ruptura unilateral do contrato desportivo. Em nossa ótica, as condições que existem, no que tange aos direitos econômicos, são suspensivas (art. 125 do CC) quanto ao seu exaurimento e resolutivas (art. 127 do CC) quanto às obrigações de não fazer de terceiros. Ou seja, os direitos econômicos, quanto ao seu exaurimento, dependem de uma situação futura e incerta de ruptura contratual, que pode, ou não, vir a ocorrer durante a contratualidade, para o exercício pleno do direito da indenização ou compensação; já quanto à oposição a

---

(69) MARCONDES, Luiz Fernando Aleixo. *Direitos econômicos de jogadores de futebol. Lex Sportiva* e *Lex Publica.* Alternativa jurídica às restrições de compra e venda de direitos sobre o jogador. Curitiba: Juruá, 2016. p. 118.

terceiros, os direitos econômicos dependem de uma condição resolutiva, ou seja, podem ser exercidos de imediato (vigorando o negócio jurídico original das obrigações decorrentes do contrato desportivo), com oposição a terceiros (obrigação de não fazer), somente deixando de ser exercidos por eventual ruptura contratual, que pode, ou não, vir a ocorrer. A conceituação de Luiz Fernando Aleixo Marcondes nos parece a melhor para a tradução destas ideias que pretendemos passar e com ela nos perfilhamos:

> "Logo, conceituamos os Direitos Econômicos de jogadores profissionais de futebol como os condicionais direitos à prestação de indenização, pela extinção antecipada unilateral do contrato laboral desportivo sem justa causa por parte do jogador, e de compensação, para a cessão em definitivo (distrato do labor desportivo somado ao contrato de transferência) ou para a cessão por empréstimo (suspensão do labor desportivo somada ao contrato de transferência), visando à transferência, direitos capazes de gerar benefícios econômicos."[70]

Houve uma mudança jurisprudencial significativa na interpretação do regulamento da FIFA (art. 18 *Ter*) quanto à possibilidade de aquisição de direitos econômicos pelo próprio atleta. A FIFA, que antes proibia tal aquisição, passou, desde junho de 2019, a aceitá-la[71], como se verá em capítulo próprio.

Dessa maneira, fica cristalino que, diferentemente dos direitos federativos, os direitos econômicos de um jogador podem ser cindidos em vários proprietários, em percentuais. Antes do RNRTAF, tais direitos podiam ser adquiridos, por exemplo, por empresários, parceiros ou investidores, situação que não mais perdura, como se verificará em capítulo próprio.

A aquisição ou manutenção de um percentual dos direitos econômicos do atleta profissional de futebol não deixa de ser um contrato de risco, pois a remuneração deste tipo de investimento depende uma futura transferência durante a vigência do contrato de trabalho desportivo que pode vir a não ocorrer.

A aproximação do fim do contrato de trabalho desportivo entre atleta profissional e a entidade desportiva empregadora que for detentora dos direitos federativos do atleta implica no aumento daquele risco, especialmente para a entidade detentora dos direitos federativos do atleta, natural destinatária de uma eventual cláusula indenizatória desportiva. Acontece que, dentro do prazo de seis meses antes do fim do contrato de trabalho desportivo em vigor, o atleta profissional poderá firmar um **pré-contrato** com outro clube, desde que haja prévia notificação escrita do clube pretendente que está em negociação com o atleta ao seu atual empregador. Tal procedimento, em nossa ótica,

(70) MARCONDES, Luiz Fernando Aleixo. *Op. cit.*, p. 118-119.

(71) Disponível em: <https://leiemcampo.com.br/fifa-anuncia-a-volta-do-jogador-frankenstein/>. Acesso em: 28 jun. 2019.

visa dar a chance ao clube empregador de tentar a renovação do contrato com o seu atleta, antes que o mesmo assine um outro contrato com outra agremiação interessada. Isso implica dizer que, ao final do contrato vigente, sem qualquer transferência durante a sua vigência, o jogador estará livre para assinar o vínculo definitivo com o novo clube, caducando-se, assim, os direitos econômicos previamente fixados no contrato desportivo original. Nesse sentido é o art. 25 da versão atual do Regulamento Nacional de Registro e Transferência de atletas de futebol (RNRTAF — disponível no sítio eletrônico <www.cbf.com.br>) *in verbis:*

> "**Art. 25** - O clube que pretenda celebrar contrato de trabalho com atleta profissional ou técnico de futebol deverá informar ao clube atual do mesmo, por escrito, antes de entrar em negociações com o profissional.
>
> § 1º Atletas profissionais somente estarão livres para celebrar contrato ou pré-contrato especial de trabalho desportivo com um novo clube após a expiração de seu último contrato ou dentro dos 6 (seis) meses finais de sua vigência.
>
> § 2º Ressalvada a hipótese de empréstimo, é vedada a celebração de contrato cuja vigência se sobreponha, no todo ou em parte, a outro.
>
> § 3º A falta de comunicação por parte do clube obrigado a fazer a prévia notificação, nos termos do *caput*, pode ser objeto de sanções pela CNRD, na forma de seu Regulamento.
>
> § 4º O pré-contrato gera obrigação entre as partes e somente deixará de constituir pacto definitivo caso alguma de suas cláusulas ou condições não se realize, importando na obrigação de indenizar, na hipótese de comprovado descumprimento contratual.
>
> § 5º - O pré-contrato não dispensa a obrigação de formalização e registro do contrato especial de trabalho desportivo."

Tal particularidade explica, em parte, uma série de transferências de atletas no mercado futebolístico nacional o que, muitas vezes, gera, por desconhecimento, inconformismo dos torcedores dos clubes cedentes. Um exemplo dessa ocorrência aconteceu com a transferência do jogador Renato Augusto, que tinha seus direitos federativos ligados ao Sport Club Corinthians Paulista. Eleito o craque do Campeonato Brasileiro de 2015, o jogador era uma peça importante no clube paulista para a disputa da Taça Libertadores da América de 2016, competição mais importante do continente. Todavia, de um lado, houve proposta irrecusável do time chinês *Beijing Guoan* para o atleta; de outro lado, a questão financeira também pesou para o time paulista. Segundo notícias da mídia esportiva, Renato Augusto tinha vínculo com o Corinthians até o fim de 2016 e, a partir do meio da temporada, poderia, nos termos do art. 25 do RNRTAF, assinar um pré-contrato com qualquer outra equipe. Assim, poderia sair "de graça" em janeiro de 2017, sem qualquer indenização financeira ao clube, pois, como visto, os direitos econômicos caducam ao fim do período de vigência do contrato de trabalho desportivo. Conclui-se, pois, que os direitos econômicos de um atleta profissional podem, ou não, traduzir em rendimentos para os seus detentores; para que se traduzam em expressão monetária, há a necessidade de que haja uma transferência do atleta durante a contratualidade vigente. Tal transferência com rendimentos decorrentes do pagamento da cláusula indenizatória desportiva (direitos econômicos), frise-se, provavelmente ocorrerá em um período anterior aos seis meses anteriores ao fim do contrato desportivo do atleta, pois, neste último caso, seria improvável que um clube se dispusesse a gastar uma grande quantia monetária a título de multa, quando poderia assinar um pré-contrato com o atleta seis meses antes do término do contrato desportivo vigente e, após este período, somente ter que arcar com os salários e eventuais luvas ("importes pagos pelo clube aos jogadores como forma de incentivo para assinatura do contrato de trabalho, em virtude da qualidade e eficiência do próprio jogador antes mesmo de ser contratado"[72]) do atleta, sem qualquer necessidade de dispêndio de valores ao antigo empregador e aos antigos detentores dos direitos econômicos do atleta.

3.5. Os partícipes das transferências: atleta; clube e intermediários

Os principais partícipes das transferências desportivas são, em regra, as próprias partes do contrato de trabalho desportivo, que são, o atleta profissional e a entidade de prática desportiva detentora dos direitos federativos e econômicos do atleta. O professor Rafael Teixeira Ramos identificou estas duas partes:

> "Ao se descrever 'contrato de trabalho desportivo', leia-se como paradigma no Brasil, o 'contrato de trabalho do atleta profissional de futebol'. Logo em relação a quem pode ser parte (empregado e empregador) no contrato laboral desportivo, se apresenta de plano, uma especificidade dessa modalidade contratual, que se afasta do contrato de trabalho da maioria dos empregados 'comuns'. Quem poderia ser parte da relação empregatícia desportiva? A especialidade aqui decorre da inaplicabilidade do art. 2º, § 1º da CLT à relação de emprego desportivo, por força do art. 28, *caput*, da Lei Pelé: "A atividade do atleta profissional é caracterizada por remuneração pactuada em contrato especial de trabalho desportivo, firmado com entidade de prática desportiva no qual deverá constar, obrigatoriamente."[73]

Destaca-se que o único atleta que pode fazer parte de uma transferência de âmbito desportivo, **com venda de direitos federativos** (que é o que interessa neste estudo), é o atleta profissional (Art. 3º, § 1º, I, da Lei n. 9.615/1998), pois, pela disposição do art. 28, *caput*, da Lei Pelé, somente o atleta profissional estaria vinculado a um contrato especial de trabalho desportivo e, por consequência, somente aquele atleta estaria ligado a uma entidade de prática desportiva detentora de seus direitos federativos, ressalvados os casos de fraude já mencionados nesta edição. Mesmo no caso de reversão do atleta ao amadorismo, e, posteriormente, à atividade profissional, haverá consequências pecuniárias nos 30 meses subsequentes à sua reversão, como já explicitado nesta obra,

(72) VEIGA, Maurício de Figueiredo Corrêa da. *Op. cit.*, p. 138.

(73) RAMOS, Rafael Teixeira. Direito do trabalho desportivo: Profissionalismo, Contrato Laboral Desportivo, as Partes da Relação Empregatícia Desportiva e a Interveniência de Terceiros. In: BELMONTE, Alexandre Agra; MELLO, Luiz Philippe Vieira de; BASTOS, Guilherme Augusto Caputo (Orgs. e Coords.). *Direito do trabalho desportivo:* os aspectos jurídicos da Lei Pelé frente às alterações da Lei n. 12.395/2011. São Paulo: LTr, 2013. p. 114.

o que, ao fim e ao cabo, importa em considerar o atleta como um profissional, haja vista as consequências pecuniárias de uma transferência naquelas condições. É de se destacar que o atleta deve estar de acordo com as entidades de prática desportiva envolvidas na transferência, pois, de nada adianta as duas entidades de prática desportiva concordarem com a transferência se, por exemplo, o atleta não concordar com os salários que lhe são oferecidos pelo novo clube, sendo-lhe sempre facultado cumprir o restante do contrato perante a atual empregadora, a entidade desportiva detentora dos direitos federativos. Nesse sentido, o art. 38 da Lei Pelé:

> "Art. 38. Qualquer cessão ou transferência de atleta profissional ou não profissional depende de sua formal e expressa anuência."

Em outras palavras, o atleta, cumprindo seus deveres, tem direito de ver cumprida a integralidade das cláusulas de seu contrato de trabalho desportivo vigente, a não ser que o clube detentor de seus direitos federativos use a possibilidade de ruptura unilateral antecipada do contrato, ocasião em que incidirá a cláusula compensatória desportiva a favor do atleta (pagamento nos termos do art. 28, II, § 3º, da Lei n. 9.615/1998, no valor máximo de 400 vezes o salário do atleta no momento da rescisão e no valor mínimo da integralidade dos salários do atleta até a rescisão).

De outro lado, somente à entidade de prática desportiva detentora dos Direitos Federativos do atleta é quem poderá negociar os direitos econômicos do mesmo. Nesse particular, um ponto muito importante a ser destacado é que, <u>no caso de cessão temporária do atleta profissional</u>, o clube cessionário não tem poder, direito ou faculdade para transferi-lo para outro clube sem autorização do clube cedente original. No caso de cessão temporária, os direitos federativos do atleta também ficam emprestados ao clube cessionário. Todavia, o clube cessionário do atleta cedido temporariamente <u>não poderá</u> repassar o atleta em nova transferência sem a autorização e interveniência do clube cedente. Nesse sentido é o art. 38 do Regulamento Nacional de Registro e Transferência de atletas de futebol (doravante RNRTAF – disponível no sítio eletrônico www.cbf.com.br) *in verbis*:

> "**Art. 38** – O clube cessionário do atleta não tem poder, direito ou faculdade de transferi-lo a terceiros sem prévia anuência do cedente por escrito."

É importante destacar que a transferência pode ocorrer mesmo que a entidade desportiva detentora dos direitos federativos do atleta não queira se desfazer do jogador antes do fim do contrato desportivo. Nessa situação, em que a entidade desportiva detentora dos direitos federativos do atleta não deseja anuir com a transferência, esta poderá ocorrer de toda maneira, por meio de rescisão unilateral do contrato por parte do jogador, com pagamento da multa — cláusula indenizatória desportiva à entidade detentora dos direitos federativos do atleta. Nessa hipótese, haverá o pagamento dos valores consignados como multa na cláusula indenizatória desportiva; a definição desses valores é uma cláusula obrigatória no contrato de trabalho desportivo.

Os valores monetários, nos termos do art. 28, § 1º, I e II, da Lei Pelé, art. 8º, do RNRTAF e também nos termos do Regulamento da FIFA sobre transferências, serão de, no máximo, quando se tratar de transferência nacional, duas mil (2.000) vezes o valor médio do salário contratual; quando se tratar de transferência internacional, o valor da cláusula será ilimitado, mas deverá ser quantificado no momento da celebração do contrato especial de trabalho desportivo. Nada impede, todavia, que as partes envolvidas no negócio pactuem, de livre e comum acordo, nos termos do art. 104 do CC, valores maiores ou menores daqueles previstos em lei e no contrato, isso durante a contratualidade, no caso de transferência. Os valores previstos na lei e transcritos nos contratos refletem um mínimo legal que deve ser obedecido na elaboração do contrato desportivo, com o intuito de viabilizar transferências nacionais em valores teoricamente mais baixos, haja vista que os clubes brasileiros, notadamente, não detêm a capacidade econômica dos clubes estrangeiros, em especial os clubes europeus, russos, americanos, chineses, japoneses, coreanos e do chamado "mundo árabe". Nessa toada, os valores das cláusulas indenizatórias desportivas para as transferências internacionais, até para se tentar manter os talentos futebolísticos no país, não detêm limites máximos, podendo ser ilimitadas, apesar de deverem ser definidas e consignadas expressamente no contrato de trabalho desportivo, no momento de sua celebração, até porque são cláusulas obrigatórias.

De toda sorte, não há, portanto, impedimento para que as partes, no momento da transferência, seja ela nacional seja internacional, se esta se der de comum acordo, anuam em outros valores a título de indenização desportiva. É muito comum, por exemplo, que, no caso de cessão temporária do atleta profissional para outro clube, seja estabelecido/fixado, de antemão, entre as partes signatárias (atleta, clube cedente e clube cessionário), no contrato de cessão/empréstimo, um valor para transferência definitiva do atleta ao final do empréstimo, para o clube cessionário, caso haja interesse deste. Esta é uma situação que garante a possibilidade de compra dos direitos federativos do atleta, de forma definitiva (pagando os direitos econômicos de transferência), pelo clube cessionário, ao final do empréstimo, em valores mais atrativos do que os previstos na cláusula indenizatória desportiva acordada inicialmente entre o atleta e o clube cedente. Ou seja, se o atleta "der certo" no clube cessionário, agradando a torcida, técnico e os dirigentes, poderá ser transferido definitivamente, ao final do empréstimo, com valores mais favoráveis.

Destaca-se, ainda, que, para o pagamento das cláusulas indenizatórias desportivas (direitos econômicos), são solidariamente responsáveis o atleta e o clube adquirente de seus direitos. Nesse sentido, o art. 28, § 2º da Lei Pelé:

> "§ 2º São solidariamente responsáveis pelo pagamento da cláusula indenizatória desportiva de que trata o inciso I do *caput* deste artigo o atleta e a nova entidade de prática desportiva empregadora." (Redação dada pela Lei n. 12.395, de 2011)

É importante pontuar que foi expressamente vedado no art. 27-C, da Lei Pelé, a participação de agentes desportivos, empresários ou procuradores de atletas, pessoas físicas ou jurídicas, no polo empregador do contrato de trabalho desportivo. Também ficou vedada a participação na receita total ou parcial daqueles atores terceiros nas cláusulas indenizatórias desportivas devidas exclusivamente às entidades de prática desportiva. Confira-se:

> "Art. 27-C. São nulos de pleno direito os contratos firmados pelo atleta ou por seu representante legal com agente desportivo, pessoa física ou jurídica, bem como as cláusulas contratuais ou de instrumentos procuratórios que: (Incluído pela Lei n. 12.395, de 2011)
>
> I – resultem vínculo desportivo; (Incluído pela Lei n. 12.395, de 2011)
>
> II – impliquem vinculação ou exigência de receita total ou parcial exclusiva da entidade de prática desportiva, decorrente de transferência nacional ou internacional de atleta, em vista da exclusividade de que trata o inciso I do art. 28; (Incluído pela Lei n. 12.395, de 2011)
>
> III – restrinjam a liberdade de trabalho desportivo; (Incluído pela Lei n. 12.395, de 2011)
>
> IV – estabeleçam obrigações consideradas abusivas ou desproporcionais; (Incluído pela Lei n. 12.395, de 2011)
>
> V – infrinjam os princípios da boa-fé objetiva ou do fim social do contrato; ou (Incluído pela Lei n. 12.395, de 2011)
>
> VI – versem sobre o gerenciamento de carreira de atleta em formação com idade inferior a 18 (dezoito) anos." (Incluído pela Lei n. 12.395, de 2011)

Posteriormente, os arts. 9º, 61, 62 e 63 do RNRTAF, que foram inspirados pelo Regulamento sobre o Estatuto e Transferência de jogadores da FIFA, impediram os terceiros mencionados de terem qualquer percentagem dos direitos econômicos dos atletas, revolucionando o mercado futebolístico, que muito se utilizava de tal prática. Confira-se:

> "**Art. 9º** A cláusula indenizatória desportiva é devida exclusivamente ao clube pelo qual o atleta estava registrado, não sendo reconhecido o ajuste que implique vinculação ou exigência de receita total ou parcial dela decorrente em favor de terceiros, na forma do art. 18*ter* do Regulamento da FIFA sobre o Status e a Transferência de Jogadores.
>
> **Art. 61** – Nenhum clube pode ajustar ou firmar contrato que permita a qualquer das partes, ou a terceiros, influenciar em assuntos laborais ou relacionados a transferências, independência, políticas internas ou atuação desportiva, em obediência ao art. 18bis do Regulamento da FIFA sobre o Status e a Transferência de Jogadores e à legislação desportiva federal.
>
> **Parágrafo único** – Por força do art. 18ter do Regulamento sobre o Estatuto e Transferência de Jogadores da FIFA, é vedado que o terceiro referido no *caput* deste artigo obtenha o direito de participar parcial ou integralmente, de um valor de transferência pagável em razão da futura transferência dos direitos de registro de um atleta de um clube para outro.
>
> **Art. 62** – Somente clubes e atletas têm direito às indenizações pecuniárias definidas neste Regulamento.
>
> **Art. 63** – Constitui exigência indispensável para a efetivação de transferência nacional ou internacional a anexação de declaração conjunta firmada pelo atleta e pelo clube cessionário de que nenhum terceiro, pessoa física ou jurídica, detém a propriedade, total ou parcial, dos direitos econômicos do atleta, nos termos do art. 18ter do Regulamento da FIFA sobre o Status e a Transferência de Jogadores.

§ 1º Caso a declaração indique a cessão, integral ou parcial, de direitos econômicos a terceiros, como definido no art. 61 § 2º, cabe ao clube cessionário remeter à CBF uma cópia integral, em arquivo digital, do correspondente contrato ou acordo com terceiros ou com clubes nos quais o atleta tiver sido registrado anteriormente, inclusive com anexos e aditivos.

§ 2º Os clubes envolvidos na transferência devem informar à CBF caso haja cessão, integral ou parcial, de direitos econômicos a qualquer outro clube, inclusive o cedente, juntamente com o envio de cópia integral do correspondente contrato de divisão de direitos econômicos.

§ 3º O descumprimento deste artigo sujeita o infrator às penalidades previstas no Regulamento da CNRD, aplicáveis de forma cumulativa, ou não."

É de se destacar que a redação do art. 63 e parágrafos do RNRTAF foi modificada recentemente, em março de 2016. A redação anterior do RNRTAF, que vigorou até março de 2016, conceituava o "terceiro" como **quaisquer outras partes que não sejam os dois (2) clubes participantes da transferência do atleta ou qualquer outro clube ao qual o atleta tenha sido registrado anteriormente**.

O art. 18 *ter* do regulamento de transferências da FIFA teve a sua interpretação modificada recentemente, permitindo a interpretação de que o atleta também poderá ser detentor de parte de seus direitos econômicos. Entendo, nos termos da atual interpretação do art. 18 *ter* do Regulamento da FIFA para registros e transferências, que é considerado terceiro qualquer outra parte que não sejam o atleta, os dois clubes participantes da transferência do atleta ou qualquer outro clube ao qual o atleta tenha sido registrado anteriormente. Assim, é permitido concluir que, em uma transferência definitiva, com a consequente venda de direitos federativos do atleta, **será possível que o clube cedente remanesça com um percentual dos direitos econômicos do atleta a serem remunerados em uma transferência futura**, exatamente porque a interpretação do regulamento implica em concluir que os **dois clubes participantes da transferência** do atleta não são considerados terceiros. Isso aconteceu recentemente com o jogador colombiano Gustavo Cuéllar. O atleta tinha seus direitos federativos vinculados ao clube *Deportivo Cali* da Colômbia. O clube colombiano transferiu o jogador ao Clube de Regatas Flamengo, negociando 70% dos direitos econômicos do atleta com o clube carioca e remanescendo com 30% dos direitos econômicos do jogador para o caso de uma transferência futura do clube carioca para um outro clube, durante a vigência do contrato(74).

Percebe-se que o Flamengo, durante a vigência do contrato e conforme as vedações regulamentares transcritas acima, não poderá vender parte dos 70% dos direitos econômicos do atleta a outro clube ou empresário, nem o clube colombiano poderá se desfazer total ou parcialmente de seus 30%; todavia, o clube carioca será recompensado com 70% dos direitos econômicos do atleta no caso de uma transferência definitiva deste

(74) Disponível em: <http://globoesporte.globo.com/futebol/times/flamengo/noticia/2016/01/caminho-do-fla-cuellar-confirma-que-esta-ok-para-joga-no-brasil.html>. Acesso em: 21 jan. 2016.

para um outro clube durante a vigência do contrato, bem como o Clube Colombiano será agraciado com o valor de 30% dos direitos econômicos em uma futura negociação durante a vigência do contrato. Nada impede também, nos termos dos §§ 1º e 2º, do art. 63, do RNRTAF que, em uma futura transferência, o Flamengo decida não vender parte de seus direitos econômicos do atleta, visando lucros futuros como fez, nessa oportunidade, o *Deportivo Cali*. Todavia, não poderá influenciar nesta transferência, nem vedá-la, nos termos do art. 61, parágrafo único, do mesmo regulamento. Assim, caso haja uma transferência futura do agora jogador do Flamengo para um outro clube, durante a vigência do contrato de trabalho, o *Deportivo Cali* terá que se desfazer, obrigatoriamente, de seus 30% dos direitos econômicos, pois, neste caso, seria considerado "terceiro" na negociação entre Flamengo e um outro clube e não poderá remanescer com qualquer percentagem dos direitos econômicos do atleta. Frise-se que estes valores não se confundem com a chamada "indenização por formação", que é uma indenização ao clube formador em situações específicas de impossibilidade de assinatura do primeiro contrato de trabalho desportivo por oposição do atleta ou vinculação a outra entidade, sem a autorização do clube formador, o que será explicitado em tópico próprio. O "mecanismo de solidariedade" também detém peculiaridades próprias que também serão analisadas adiante.

Também é preciso abordar a nova interpretação dada ao art. 18*ter* do regulamento de transferências da FIFA, que permitiu a participação do próprio atleta em seus direitos econômicos.

A situação é, na nossa visão, inusitada, pois, como dito anteriormente, caso o contrato de trabalho desportivo chegue ao seu termo naturalmente, os direitos econômicos caducariam. Como ficaria, de modo ético e moral, a situação do jogador, detentor de parte de seus direitos econômicos, que vê o termo final de seu contrato se aproximando, sem qualquer transferência que gerasse dividendos a ele mesmo? Sua relação profissional com o clube deterioraria? Ele teria como "forçar" sua saída, em vista de interesse de terceiros, mesmo sem aval do clube empregador? Tais aflições foram compartilhadas por Luiz Marcondes no artigo citado:

> "A partilha dos direitos econômicos do jogador invariavelmente provoca no novo titular desses direitos a pretensão de que o jogador não cumpra seu contrato de trabalho desportivo, que tem prazo determinado, até o fim, sob pena de esse titular nada receber. E sendo o jogador o beneficiário final de determinado montante pecuniário devido por ele próprio ao clube pelo dever de compensar ou indenizar o não cumprimento contratual, por uma cessão por empréstimo ou definitiva, haveria conflito de interesse? Ainda que juridicamente possa vir a ser possível, seria ética e moralmente aceitável? A situação é no mínimo embaraçosa para o jogador. O futebolista, que foi considerado apenas moeda na era do "passe" e que consolidou a imagem de trabalhador na era Bosman, inclusive com a bênção da criadora, pode voltar

a viver uma crise de identidade. Ao olhar no espelho, poderá ver sua imagem partilhada, desfigurada e com remendos, sendo pintado como monstro, em especial pela torcida e pela mídia, e, ainda que lucre, lamentará..."[75]

De toda sorte, os defensores de tal interpretação advogam que, nesses casos, poder-se-ia incentivar a permanência, por mais tempo, de atletas em campos nacionais, havendo, nas negociações de contrato, a possibilidade de se injetar recursos e liquidez nos clubes sem o dispêndio imediato de valores, pois haveria como "incentivar" o atleta a, por exemplo, receber salários ou luvas menores em troca de um percentual de seus próprios direitos econômicos.

A situação poderia se chocar, também, com o próprio art. 61 do RNRTAF:

> "**Art. 61** – Nenhum clube pode ajustar ou firmar contrato que <u>permita a qualquer das partes,</u> ou a terceiros, influenciar em assuntos laborais ou relacionados a transferências, independência, políticas internas ou atuação desportiva, em obediência ao art. 18bis do Regulamento da FIFA sobre o *Status* e a Transferência de Jogadores e à legislação desportiva federal." (grifei)

Como se vê, o regulamento fala de vedação de assinatura de contrato que permita a "qualquer das partes" influir em transferências, aí entendido que o atleta também é parte do ajuste de transferência e do pagamento de direitos econômicos — mesmo porque é solidariamente responsável pelo adimplemento (art. 28, § 2º, da Lei Pelé). Nesse particular, portanto, poder-se-ia concluir que o atleta não poderia adquirir ou ser beneficiário de parte de seus direitos econômicos, pois estaria em posição de influir na transferência, comprometendo a independência, a política e a atuação desportiva do clube. Parece-nos que a intenção primeva dos regulamentos (da FIFA e da CBF) foi excluir a participação de qualquer pessoa física ou jurídica que <u>**não fossem as entidades desportivas diretamente**</u> envolvidas na transferência. Caso contrário, abrir-se-ia uma porte para fraudes, com possibilidade do atleta atuar como "laranja" de terceiros, adquirindo parte de seus direitos econômicos, em verdade, para terceiros, o que, ao fim e ao cabo, desvirtuaria o sistema pensado pela FIFA. Todavia, como dito anteriormente, a atual interpretação jurisprudencial do art. 18*ter* do Regulamento da FIFA para transferência de jogadores permitiu a interpretação de que também os atletas poderiam participar de seus direitos econômicos.

De toda sorte, continua a vedação de cessão de direitos econômicos para terceiros, na forma conceituada nos regulamentos citados. Antes dessas vedações, era comum que os clubes vendessem partes dos direitos econômicos para empresários, agentes e investidores, como uma forma de dar liquidez ao clube, possibilitando que a entidade desportiva tivesse condições de fazer novos investimentos em outros jogadores. Também era comum os clubes cederem parte dos direitos econômicos para os próprios jogadores, como forma de incentivá-los, por exemplo, a uma renovação de contrato, prática esta,

(75) Citação disponível em <https://leiemcampo.com.br/fifa-anuncia-a-volta-do-jogador-frankenstein/>. Acesso em: 28 jun. 2019.

como visto, que deverá retornar ao dia a dia dos clubes. A venda de parte dos direitos econômicos dos jogadores, especialmente aqueles atletas em ascensão, era uma prática muito comum em países da América do Sul, mais carentes de recursos para obtenção de reforços para seus plantéis ou mesmo para manter seus principais jogadores, sendo rechaçada por clubes integrantes da UEFA, conforme noticiou reportagem do *site* Terra:

> "A prática é muito comum no Brasil e na Argentina, mas também ocorre em alguns países europeus, especialmente em Portugal. Em território brasileiro, a decisão deve custar caro, já que a maioria das equipes depende de fundos para acertar com reforços. Na contramão da América do Sul, a Uefa foi defensora fervorosa do banimento. Segundo a imprensa inglesa, a entidade europeia foi pressionada por clubes da Premier League, insatisfeitos em dividir os direitos econômicos dos principais jogadores com investidores. Um destes exemplos é o português Jorge Mendes, acusado pela mídia britânica de usar empresas em paraísos fiscais para comprar jogadores como Di María (Manchester United) e Diego Costa (Chelsea)."(76)

A repulsa europeia à participação de terceiros nos direitos econômicos dos atletas é mais uma explicação do porquê os times europeus estão em um patamar diferenciado, em termos financeiros e técnicos, em relação aos países latino-americanos. Na verdade, quando se permitia a participação de terceiros nos direitos econômicos de atletas, os clubes tinham um falso enriquecimento temporário. A rigor, o que acontecia posteriormente era um enriquecimento verdadeiro dos terceiros, em prejuízo dos clubes. Não raro, a participação de terceiros se dava em relação a jovens atletas em ascensão. O clube inicialmente detentor dos direitos econômicos vendia parte de seus direitos a terceiros, na crença imediatista de que estavam fazendo grandes negócios, gerando liquidez imediata, mas permanecendo com um percentual bem menor dos direitos econômicos. Ocorre que, em um curto espaço de tempo, o jogador despontava tecnicamente, chamava a atenção de outras equipes, e era vendido para clubes no exterior, por cifras milionárias, muitíssimos superiores às vendas das percentagens anteriormente cedidas, gerando enriquecimento verdadeiro de terceiros e não dos clubes propriamente ditos. Isso aconteceu inúmeras vezes no Brasil, inclusive em relação a jogadores famosos, integrantes habituais das listas de convocação da Seleção Brasileira, e hoje jogadores de equipes do exterior.

Entendemos que, após a modificação legal/regulamentar, e respeitado o prazo de validade deste tipo de ajuste (os últimos contratos que puderam ser assinados na sistemática antiga de venda de direitos econômicos o foram em 30 de abril de 2015, com a validade máxima de um ano, vedada a prorrogação — conforme art. 18ter e parágrafos do Regulamento da FIFA para transferências), não é mais possível aos clubes venderem parte de direitos econômicos dos atletas a terceiros (assim definidos

(76) Disponível em: <http://esportes.terra.com.br/futebol/brasileiro-serie-a/cbf-ouve-fifa-e-proibe-investidores--no-futebol-brasileiro,4ae5ab692c4ea410VgnVCM10000098cceb0aRCRD.html>. Acesso em: 11 jan. 2016.

no regulamento). Antes de 1º de janeiro de 2015, os contratos ajustados com aquela sistemática (venda de parte dos direitos econômicos a terceiros) tiveram garantidos a sua vigência e validade até o seu encerramento, vedada qualquer prorrogação — art. 18*ter* do Regulamento da FIFA.

Todavia, como se notará, ainda há interferência de figuras intermediárias nas transferências internacionais, que são normatizadas pelo Regulamento Nacional de Intermediários da CBF (doravante RNI — disponível no sítio eletrônico <www.cbf.com.br>). Em observação prefacial, o documento esclarece, em seus termos, que o regramento incide sobre as pessoas físicas, aplicando-se indistintamente a homens e mulheres, assim como se aplica a pessoas jurídicas e estrangeiros que pretendam atuar como Intermediários em território brasileiro. O uso do singular pressupõe o plural e vice-versa. O termo clube compreende as entidades de prática desportiva. No seu art. 1º, esclarece quem são os intermediários e quais são as suas funções no âmbito desportivo:

> "**Art. 1º** Considera-se Intermediário, para fins deste Regulamento, toda pessoa física ou jurídica que atue como representante de jogadores, técnicos de futebol e/ou de clubes, seja gratuitamente, seja mediante o pagamento de remuneração, com o intuito de negociar ou renegociar a celebração, alteração ou renovação de contratos de trabalho, de formação desportiva e/ou de transferência de jogadores."

O art. 3º do RNI estabelece a obrigação dos intermediários serem registrados perante a CBF para exercerem os seus misteres, devendo a atividade de intermediário obedecer aos seguintes princípios:

> "Art. 3º São princípios gerais e cogentes da atividade de Intermediário:
>
> I. o direito de jogadores, técnicos de futebol e clubes contratarem os serviços de Intermediários quando forem negociar ou renegociar a celebração, alteração ou renovação de um contrato de trabalho, de formação desportiva, de transferência ou de cessão de direito de uso de imagem;
>
> II. a exigência de prévio registro do Intermediário na CBF para que possa participar de uma negociação na forma estabelecida neste Regulamento;
>
> III. a adoção, por jogadores, técnicos de futebol e clubes, da necessária diligência no processo de utilização ou contratação de Intermediários, entendendo-se por necessária diligência a verificação da situação de regularidade do registro do Intermediário através da lista oficial de intermediários cadastrados, disponível no site da CBF;
>
> IV. a vedação à utilização ou contratação, por jogadores, técnicos de futebol e/ou clubes, de pessoa física e/ou jurídica não registrada como Intermediário para a prestação de quaisquer dos serviços previstos neste Regulamento;
>
> V. a vedação à utilização ou contratação, por jogadores, técnicos de futebol e/ou clubes, de dirigente, nos moldes definidos no ponto 13 da seção de Definições do Estatuto da FIFA, para a prestação de quaisquer dos serviços previstos neste Regulamento."

De acordo com o art. 4º do RNI, as atividades dos intermediários poderão se dar em âmbito nacional, quando os efeitos somente se façam sentir dentro do Brasil; ou em âmbito internacional, quando a operação envolvendo negociação de contrato de trabalho ou transferência de jogadores surtam efeitos em associações nacionais distintas. Com a nova versão do RNI, editada em 2019, e disponível no sítio eletrônico da CBF, fica claro que os intermediários estrangeiros podem registrar-se perante a CBF, gerando uma reciprocidade, já que os brasileiros eram impedidos de exercer essas funções fora do Brasil. Ademais, os arts. 5º e 6º do RNI obriga os intermediários a apresentarem os documentos de todos os jogadores dos quais eles possuam participação, bem como as operações em que participem — somente assim poderão ter o cadastro na CBF atualizado, de modo anual. A CBF exige dos intermediários, ou dos candidatos a registro como tal, a exibição e renovação anual de registro, com apresentação de documentação comprobatória de reputação ilibada e "conceito inatacável". Os documentos a serem apresentados para tais objetivos encontram-se listados no art. 5º do RNI, sendo que dentre eles consta a exigência de taxas de registro e renovação; certidões negativas de âmbito civil, criminal, declaração de idoneidade por pelo menos uma instituição financeira, cópia de apólice de seguro de responsabilidade civil adequado ao exercício da atividade, cobrindo responsabilidade por danos até o montante de R$ 400.000,00 (quatrocentos mil reais), com abrangência mundial. As operações que contem com a participação de intermediários constarão de registro público na CBF, bem como os valores envolvidos e pagos pelos jogadores e clubes aos intermediários. É obrigação dos clubes e dos jogadores apresentarem as documentações à CBF referentes aos eventuais intermediários por eles contratados. De acordo com o art. 9º, do RNI, nenhum intermediário poderá ter qualquer vínculo contratual com ligas, clubes, federações, confederações ou a FIFA que possa criar um potencial conflito de interesses.

De acordo com os termos do art. 12 do RNI, os jogadores ou clubes são obrigados a firmar contrato de representação com os eventuais intermediários constituídos, com cláusulas mínimas previstas naquele artigo, inclusive com a previsão da comissão e remuneração do intermediário. Neste contrato será especificada a natureza jurídica da relação contratual mantida (se contrato de prestação de serviço, consultoria, recolocação de emprego ou outra natureza), sendo que o contrato não poderá ter duração superior a dois anos, podendo ser renovado por escrito, com comum acordo entre as partes.

Importante destacar que o regulamento de transferências da FIFA está em vias de modificações no que tange aos intermediários. Segundo informações da FIFA, nos últimos cinco anos, foram pagos US$ 2,14 bilhões aos intermediários, e apenas US$ 466 milhões aos clubes formadores[(77)]. Tal fato gerou certo desconforto entre os dirigentes de futebol mundial, sendo idealizado um sistema de registro mais rígido das atividades dos intermediários, com registro dos mesmos no TMS (*Transfer Match System*) para um maior controle de suas participações. A ideia é a centralização do sistema em uma "*Clearing House*" para os pagamentos das transferências e dos intermediários, garantindo mais transparência e evitando fraudes[(78)].

(77) Disponível em: <https://leiemcampo.com.br/fifa-football-law-review-2018/>. Acesso em: 4 jul. 2019.

(78) Disponível em: <https://www.fifa.com/about-fifa/who-we-are/news/fifa-football-law-annual-review-to-be--streamed-on-fifa-com>. Acesso em: 4 jul. 2019.

No contrato com o intermediário também deverá haver a cláusula de compromisso para reconhecer a Câmara Nacional de Resoluções de Disputas da CBF, como único e exclusivo órgão competente para dirimir eventuais questões ou disputas resultantes do contrato de representação. Esta disposição é da versão atual do RNI, sendo que, antes de março de 2016, o órgão indicado como responsável pela resolução de disputas envolvendo intermediários e seus clientes era o Comitê de Resolução de Litígios da CBF. Aquela última cláusula obrigatória (reconhecimento da CNRD como o único e exclusivo órgão competente para dirimir eventuais questões e disputas resultantes do contrato de representação) nos parece conflitante com o amplo acesso ao Judiciário, nos termos do art. 5º, XXXV, da CRFB-1988, que preconiza o Direito de Ação do cidadão.

A nosso sentir, a Câmara de Resoluções, como um ente de solução de litígios extrajudicial do aparato desportivo da CBF tem legitimidade para decidir extrajudicialmente a questão, até porque os envolvidos podem estar sujeitos a punições desportivas no âmbito da CBF e das competições por ela organizadas, mas tal fato não pode afastar a possibilidade das partes em acionar o Poder Judiciário para analisar as celeumas daí advindas, haja vista o Princípio da Inafastabilidade da Jurisdição e do Direito Constitucional de Ação. Na *pior* das hipóteses interpretativas (apesar de entendermos que tais questões **não** dizem respeito à disciplina e competições desportivas), por aplicação analógica do art. 217, § 2º, da CRFB-1988, caberia a análise do Poder Judiciário acerca da questão, caso provocado, após 60 dias da tramitação da celeuma perante a Câmara Nacional de Resolução de Disputas, sem decisão final.

A Câmara Nacional de Resolução de Disputas da CBF e o Comitê de Resolução de Litígios da CBF, órgão que, em versão anterior do RNI (anterior a março de 2016), era o órgão indicado como responsável para resolver disputas entre os intermediários e seus clientes, podem ter grande influência na prestação de serviços dos atletas, devendo, por este mesmo motivo, ser garantido o acesso ao Judiciário.

Recentemente, houve uma decisão do Comitê que impactou diretamente na prestação de serviços de um jogador de futebol, ao menos temporariamente. A transferência do meia Bernardo Vieira de Souza, que tinha seus direitos ligados ao Clube de Regatas Vasco da Gama, para o clube *Ulsan Hyundai*, da Coreia do Sul, foi obstada temporariamente, em decorrência do Processo 007/2015 que tramitou perante o antigo CRL da CBF. A entidade divulgou nota na qual tornou pública uma decisão de seu Comitê de Resolução de Litígios que suspendia a ida do ex-jogador do Clube de Regatas Vasco da Gama para a equipe sul-coreana. A decisão foi do auditor Carlos Eduardo Cardoso e se refere a um processo movido pelo empresário Léo Rabello, ex-agente do atleta. A nota da CBF a respeito do processo foi:

> "O Comitê de Resolução de Litígios da CBF comunica a decisão do auditor Carlos Eduardo Cardoso referente ao processo n. 007/2015, tendo como requerente Léo Rabello (agente) e como requerido Bernardo Vieira de Souza (atleta). Está suspensa a autorização de transferência do atleta supramencionado para o clube "Ulsan Hyundai", da Coreia do Sul, bem

como para as demais e futuras transferências por ele requeridas, até o cumprimento da presente obrigação e/ou por meio de liberação deste órgão."[79]

Posteriormente, entretanto, houve reconsideração da decisão. No caso, a CBF comunicou que o Comitê de Resolução de Litígios havia vetado a transferência devido a processo movido pelo empresário de Bernardo. O advogado do meia recorreu da decisão, e a entidade foi informada de que o *TMS*, sistema de registros da Fifa, que será explicitado em capítulo próprio, não permite que um atleta seja proibido de trabalhar por determinação do comitê. Com isso, ele foi liberado para defender o *Ulsan Hyundai*. A nova nota da CBF disse:

"De ordem do auditor Carlos Eduardo Cardoso, referente ao processo n. 007/2015, tendo como requerente Léo Rabello (agente) e como requerido Bernardo Vieira de Souza (atleta), e diante da informação de fls. 93, prestada pelo Ilmo. Sr. Diretor de Registro e Transferência da CBF, no sentido de que o sistema de transferência da FIFA ("TMS") não prevê a possibilidade de proibição de transferência de atleta por parte da entidade nacional (CBF) em casos de sanção por descumprimento de determinação deste Comitê, RECONSIDERA a decisão de fls. 84, tornando sem efeito a decisão que determinou a suspensão da autorização da transferência do atleta BERNARDO VIEIRA DE SOUZA para o clube "Ulsan Hyundai". Na hipótese de eventual pedido de transferência, seja a aludida nestes autos ou qualquer outra internacional, deverá ser dado ciência à FIFA e ao clube interessado na contratação do referido jogador quanto à existência de punição imposta por este Comitê."[80]

Caso fosse mantida a decisão original do Comitê, entendemos que, até em decorrência da urgência da situação, haveria a possibilidade do atleta buscar a Justiça do Trabalho, com fincas a acionar a CBF para a garantia de sua transferência e o consequente direito de registro de seu contrato de trabalho perante a Entidade organizadora do desporto sul-coreana para que pudesse, ao fim e ao cabo, exercer livremente a sua profissão. Perceba-se que um eventual provimento liminar em favor do atleta na Justiça do Trabalho, para que o jogador tivesse garantido o seu direito de registro e transferência, não se confunde com eventuais obrigações financeiras que o atleta tenha em relação ao seu empresário, que deverão ser discutidas em processo próprio. Já houve decisões judiciais garantindo o direito ao exercício da profissão a atletas profissionais de futebol, em que pese as celeumas financeiras pendentes entre atleta, clubes, intermediários e entidades organizadoras do desporto. Tal possibilidade foi em muito influenciada pela precursora e pioneira decisão do Exmo. Ministro Guilherme Augusto Caputo Bastos, no *Habeas Corpus* HC - 3981-95.2012.5.00.0000, que tramitou perante o Tribunal Superior do Trabalho — TST, em que o jogador Oscar dos Santos Emboaba Junior pleitou a sua liberdade de trabalho, desejando desvincular-se do São Paulo Futebol Clube. Haveria

(79) Disponível em: <http://cdn.cbf.com.br/content/201511/20151105144019_0.pdf> e <http://globoesporte.globo.com/futebol/noticia/2016/01/cbf-veta-transferencia-de-bernardo-ex-vasco-para-time-da-coreia-do-sul.html> Acesso em: 11 jan. 2016.

(80) Disponível em: <http://www.mg.superesportes.com.br/app/noticias/futebol/futebol-internacional/2016/01/08/noticia_futebol_internacional,327088/por-norma-da-fifa-cbf-libera-ida-de-armador-bernardo-para-ulsan-hyundai-da-coreia-do-sul.shtml> e <http://www.cbf.com.br/noticias/a-cbf/reconsideracao-suspensao-de-transferencia#.VpP8mPkrLIU>. Acesso em: 11 jan. 2016.

posterior pagamento da cláusula penal (vigente à época) correspondente, e atuação pelo Sport Club Internacional de Porto Alegre. O magistrado reconheceu que o alcance do *habeas corpus* havia de ser estendido para abarcar a ilegalidade ou abuso de poder praticado em face de uma relação de trabalho. Disse, na decisão, cujo inteiro teor está disponível no sítio eletrônico do TST:

> "É patente, todavia, que a decisão judicial transitada em julgado nessa reclamação trabalhista, quer procedente, quer improcedente, jamais poderá impor ao trabalhador o dever de empregar sua mão de obra a empregador ou em local que não deseje, sob pena de grave ofensa aos princípios da liberdade e da dignidade da pessoa humana e da autonomia da vontade, em torno dos quais é construído todo o ordenamento jurídico pátrio. Ademais, o prévio afastamento do empregado em caso de alegação de rescisão indireta configura exercício regular de um direito a ele garantido pela norma jurídica, ao passo que, eventual improcedência do seu pleito não acarreta o seu retorno ao antigo trabalho, mas dá ensejo, apenas, às consequências previstas em lei, quais sejam, a absolvição do empregador da falta a ele imputada e a conversão da rescisão indireta em pedido de demissão, com as respectivas consequências pecuniárias. [...] Desse modo, a possibilidade do empregado rescindir unilateralmente o seu contrato de trabalho, independentemente da configuração de justa causa do empregador, decorre da autonomia da vontade e de sua liberdade fundamental de escolha, não podendo ser tolhida sequer por decisão judicial. [...] Dito isso, tenho, em primeira análise, que a decisão judicial que determina o restabelecimento obrigatório do vínculo desportivo com o SÃO PAULO FUTEBOL CLUBE, em contrariedade à vontade do trabalhador, cerceia o seu direito fundamental de exercício da profissão, razão pela qual concedo a liminar em *habeas corpus* para autorizar o paciente a exercer livremente a sua profissão, participando de jogos e treinamentos em qualquer localidade e para qualquer empregador, conforme sua livre escolha."

Em nossa visão, mais importante do que a decisão pioneira do Exmo. Ministro Guilherme em admitir o remédio constitucional do *habeas corpus* na Justiça do Trabalho, ou seja, fora das hipóteses penais, foi a afirmação da tese que as consequências pecuniárias de uma ruptura contratual unilateral do vínculo desportivo, por iniciativa do empregado, não podem cercear sua liberdade de escolha do clube em que deseja trabalhar. Com efeito, em sua obra, disse o Exmo. Ministro Guilherme, ao se referir ao julgamento acima:

> "No mesmo dia a liminar foi concedida, por volta das 23 horas, com a ressalva de que se defendia com aquela decisão a liberdade de o cidadão trabalhar onde entender. As questões pecuniárias, como multas rescisórias, deveriam ser resolvidas em ação própria, especialmente ao se considerar que o direito não tolera a execução pessoal, mas apenas a patrimonial[81]"

Em outras palavras, o atleta profissional do futebol, caso deseje romper o vínculo empregatício que tenha com determinado clube, durante a vigência do contrato desportivo de trabalho, poderá fazê-lo, arcando com as cominações pecuniárias correspondentes, no caso, a multa indenizatória desportiva. Tal situação, como se vê, não poderá obstá-lo de exercer a sua profissão em outra agremiação, especialmente pela incidência da nor-

(81) BASTOS, Guilherme Augusto Caputo. *Op. cit.*, p. 21.

ma de liberdade de exercício da profissão, nos termos do art. 5º, XIII, da CRFB-1988. Assim, entendemos que as entidades de organização do desporto não podem negar o registro do atleta por outra agremiação, mesmo que ainda não tenha sido provado o pagamento da multa indenizatória desportiva, o que poderá, por outro lado, implicar em ação judicial própria para seu pagamento e, ainda, punições desportivas, como se verificará em capítulo próprio. É claro que, por ter regras próprias de registro que envolvem a atuação do antigo empregador do atleta, nos parece claro que a afirmação daquele direito de registro por outra agremiação perante a CBF somente poderá ser efetivamente exercido com a interferência da Justiça do Trabalho (tutela provisória de urgência), ou até por decisão arbitral, pois não nos parece que a CBF realizaria novo registro desportivo sem os trâmites regulares e a participação da antiga entidade desportiva empregadora que eventualmente não concordasse com a transferência forçada. Em bom português, seria preciso uma ordem judicial ou arbitral para tanto, inclusive com ofício à Federações envolvidas e à CBF.

Transferências Nacionais e Internacionais Definitivas — Responsabilidades, Janelas de Transferências, TMS e CTI. Cessão Temporária — Responsabilidades. Justa Causa Desportiva e Outras Rescisões Indiretas do Contrato de Trabalho Desportivo. A Justa Causa Praticada pelo Jogador Profissional de Futebol e a sua Tipificação. Teoria do Adimplemento Substancial. O Distrato. Cláusulas Abusivas no Encerramento do Contrato de Trabalho Desportivo — O Caso Fred. Período Protegido. Impossibilidade de Assédio para Transferências. Vedação da "Transferência Ponte". Indenização por Formação e Mecanismo de Solidariedade. Possibilidades de Punições Desportivas por Ausência de Cumprimento dos Termos do Contrato de Transferência. Da Prova

Documental Apresentada Perante a Justiça do Trabalho no que Concerne a Transferências Internacionais e Documentos em Língua Estrangeira

4.1. Transferências nacionais e internacionais definitivas — responsabilidades, janelas de transferências, TMS e CTI

Em primeiro lugar, é preciso pontuar, novamente, que as regras para as transferências nacionais e, em especial, internacionais, não estão exaustivamente previstas nas legislações heterônomas estatais brasileiras, devendo, portanto, o intérprete fazer uso das regulamentações da FIFA e da CBF a respeito (costumes). Em segundo lugar, é preciso novamente pontuar que, de acordo com a lei Pelé, o período mínimo de um contrato desportivo de jogador de futebol deve ser de, no mínimo, 3 meses, e, no máximo, 5 anos. Assim, qualquer transferência, seja ela nacional ou internacional, deve obedecer aqueles limites mínimos e máximos para contrato.

Em âmbito nacional, as transferências definitivas, durante a vigência do contrato de trabalho desportivo, praticamente se confundem com as regras do RNRTAF para a realização do registro desportivo do atleta, que já foram explicitadas em capítulo anterior. Ou seja, haverá a necessidade de apresentação de documentos e pagamento de taxas, sendo que os clubes envolvidos, no caso de transferências nacionais, de acordo com o art. 32 do RNRTAF, deverão realizar a transferência no sistema eletrônico de registros da CBF, informando os valores da transferência e a forma de pagamento. De acordo com os termos do § 3º, do art. 33, do RNRTAF, o clube adquirente que realizar o regular procedimento de transferência terá direito a liberação do atleta pela Federação num prazo de 15 dias, findo o qual cabe à CBF concretizar a transferência, independentemente de qualquer outra formalidade.

No que tange às transferências internacionais, o procedimento é um pouco mais complexo. Em primeiro lugar, o processo será todo feito por meio de um sistema eletrônico da FIFA denominado TMS — *Transfer Matching System*. O sistema é confirmado pela doutrina:

> "O *Transfer Matching System* é o sistema eletrônico da FIFA utilizado nas transações de compra e venda dos direitos federativos de jogadores de futebol.[82]"

(82) CAVAZZOLA JUNIOR, Cesar Augusto. *Op. cit.*, p. 273.

O TMS é uma aplicação on-line através da qual é criado o CTI (Certificado de Transferência Internacional — a ser explicitado adiante) eletrônico, dispensando a confecção do CTI em papel. O Regulamento para Transferências e Registros da FIFA detalha, em seu anexo 3, as responsabilidades dos clubes e das federações, no que tange à alimentação e ao preenchimento do TMS, bem como as particularidades e exigências do sistema. A utilização do TMS é um requisito obrigatório para todas as transferências internacionais de jogadores profissionais do sexo masculino no âmbito do futebol de onze, e qualquer registro de tais jogadores sem que seja utilizado o TMS, regra geral, é considerado inválido. Dependendo do tipo de transferência, deve ser introduzido um conjunto diferente de informações. Nos termos do regulamento, os clubes são responsáveis pela introdução e verificação das instruções de transferência no TMS e, quando aplicável, por garantir que a informação solicitada coincide com a realidade. Isso inclui ainda carregar no sistema os documentos solicitados. Os clubes são responsáveis por garantir que dispõem da formação e dos conhecimentos necessários para cumprir as suas obrigações perante o TMS. A esse respeito, os clubes devem nomear responsáveis pelo TMS que tenham recebido formação para utilizar o Sistema. Os administradores do TMS e o centro de assistência telefônica podem ajudá-los em caso de dúvidas de caráter técnico. Destaca-se que na reunião anual de revisão dos regulamentos da FIFA de 2019 houve notícia de estudos, na Federação Internacional, de mudança dos regulamentos para a utilização do *TMS* também nas transferências nacionais, com vista a dar mais transparência e fidedignidade às negociações.

Já as Federações de cada país são responsáveis por manterem atualizados os dados relativos à sua temporada e períodos de registro (janelas), bem como manter atualizados os dados de seus clubes associados (incluindo nomeadamente a categorização de clubes em relação à compensação por formação), e dos intermediários registrados. Além disso, são responsáveis pela condução do processo do CTI eletrônico e, se aplicável, pela confirmação do cancelamento do registro de um jogador na sua federação. Os clubes devem carregar o sistema com documentos obrigatórios previstos no Anexo 3 do Regulamento de Registro e Transferências da FIFA, devendo fornecer, ainda, os seguintes dados obrigatórios: tipo de negociação (contratar, liberar, trocar, ceder); indicar se a transferência se realiza mediante pagamento; indicar se o jogador se transfere por empréstimo e posteriormente se regressa de um empréstimo; se o atleta é transferido a título permanente ou se houve prorrogação do empréstimo; qual o outro clube que participa da negociação; qual a Federação do clube que participa da negociação; data final de pagamento; moeda em que se realiza o pagamento; indicar se a compensação por transferência é paga em prestações ou num pagamento único; intermediário do clube(s) (se aplicável) mais comissão; intermediário do jogador (se aplicável); nome do jogador, nacionalidade e data de nascimento; data de início e fim do último contrato do jogador; razão da rescisão do último contrato; data de início e fim do novo contrato do jogador; pormenores da compensação por transferência acordada e condicional; total da compensação por formação; plano de pagamento da compensação por transferência, incluindo tipo de pagamento, clube de origem, clube de destino, data de pagamento, montante e pormenores das condições de compensação por transferência; declaração de pagamento a terceiros; informações bancárias (nome do banco ou código; número de conta; sede do banco; beneficiário). Ao introduzir instruções de transferência, os clubes devem especificar o jogador envolvido. O TMS contém dados de inúmeros jogadores que participaram em torneios da FIFA. Se os dados do jogador em questão não se encontrarem no TMS, os clubes devem introduzi-los como parte do procedimento de transferência.

Em segundo lugar, o período em que se poderá fazer a transferência de âmbito internacional, e o respectivo registro do jogador por uma agremiação estrangeira, é denominado "janela de transferência internacional". São dois períodos anuais para tais transferências. O art. 6º do Regulamento da FIFA para transferência e registro de jogadores esclarece, em tradução livre, ainda mais o conceito:

"Art. 6º Períodos de registro

1. Os jogadores só podem ser registrados durante um dos dois períodos de registro anuais fixados pela federação em questão. Fica ressalvada a possibilidade do jogador profissional ser registrado fora daquele período devido ao fato do seu contrato ter cessado antes do termo do período de registro. As federações estão autorizadas a registar esses jogadores profissionais, desde que seja tomada em consideração a integridade desportiva da competição em questão. Em caso de rescisão de um contrato com justa causa, a FIFA pode tomar medidas provisórias para evitar abusos, em conformidade com o art. 22º.

2. O primeiro período de registro tem início após o final da temporada e termina, em princípio, antes do início da nova temporada. Este período não pode exceder doze semanas. O segundo período de registro ocorre, em princípio, a meio da temporada e não pode exceder quatro semanas. Os dois períodos de registro de cada temporada devem ser introduzidos no *Transfer Matching System (TMS)* com, pelo menos, 12 meses de antecedência relativamente à sua entrada em vigor (cf. n. 1 do art. 5.1º do Anexo 3). A FIFA determinará as datas dos períodos de registro de qualquer federação que as não comunique antecipadamente.

3. Os jogadores só podem ser registrados — sem prejuízo do que se encontra estabelecido no n. 1 do art. 6º — mediante a apresentação, durante um período de registro, de um pedido válido por parte do clube à federação respectiva.

4. As disposições relativas aos períodos de registro não se aplicam às competições em que participam apenas jogadores amadores. A federação em causa deve especificar os períodos em que os jogadores podem ser registados para essas competições, tendo em consideração a integridade desportiva da respectiva competição.[83]"

---

(83) *"**6º Registration periods** 1. Players may only be registered during one of the two annual registration periods fixed by the relevant association. As an exception to this rule, a professional whose contract has expired prior to the end of a registration period may be registered outside that registration period. Associations are authorised to register such professionals provided due consideration is given to the sporting integrity of the relevant competition. Where a contract has been terminated with just cause, FIFA may take provisional measures in order to avoid abuse, subject to article 22. 2. The first registration period shall begin after the completion of the season and shall normally end before the new season starts. This period may not exceed 12 weeks. The second registration period shall normally occur in the middle of the season and may not exceed four weeks. The two registration periods for the season shall be entered into TMS at least 12 months before they come into force (cf. Annexe 3, article 5.1 paragraph 1). FIFA shall determine the dates for any association that fails to communicate them on time. 3. Players may only be registered — subject to the exception provided for in article 6 paragraph 1 — upon*

A doutrina esclarece ainda mais o instituto:

> "Popularmente conhecido como "janela de transferência", trata-se do interregno anual, previsto nos §§ 1º e 2º do art. 6º do Regulamento sobre a situação e transferência de jogadores da FIFA, que é aberto duas vezes por ano para viabilizar registro de atletas que trocaram de clubes. [...] No Brasil é estabelecido de 15 de janeiro a 8 de abril e 3 a 31 de agosto de cada temporada. [...] De um lado, a preservação da estabilidade contratual entre clubes e atletas; de outro, a integridade ou o equilíbrio da competição.(84)"

Em relação ao Brasil, o *site* da CBF traz a informação de que as janelas de transferência ocorrem, normalmente, de janeiro a início de abril e de meados de julho a agosto de cada ano, podendo haver pequenas variações quanto aos dias de início e final. O art. 6º do Estatuto da Fifa para Transferência e Registro de Jogadores, acima transcrito, estabelece que haverá dois períodos de registro anuais (janelas). O primeiro será no final da temporada, terminando no início da próxima temporada (máximo doze semanas de janela) e o segundo período será no meio da temporada (máximo quatro semanas de janela). Cada Federação Nacional deverá informar os seus períodos de janela com 12 meses de antecedência. A FIFA determinará as datas dos períodos de registro de qualquer federação que as não comunique antecipadamente. Este é um ponto importante, pois, no caso de transferências entre dois países, não raro, é possível que a janela de transferências de um determinado país "feche" antes de outro, exatamente porque o calendário mundial do futebol não é exatamente o mesmo e isso gera a variação de datas.

Por exemplo, no Brasil, o fim do Campeonato Brasileiro e da temporada ocorrem ao final do ano, sendo que o RNRTAF, em seu art. 13, § 2º, II, "*b*", estabelece que a temporada será de 1º de janeiro a 31 de dezembro de cada ano. Por outro lado, na Europa, como regra, a temporada inicia-se e finda-se no meio do ano (até por questões climáticas — as principais férias dos jogadores coincidem com o verão europeu), sendo que, ao final do ano, os atletas de equipes europeias encontram-se no meio da temporada. Como visto, o Estatuto da Fifa para Transferência e Registro de Jogadores estabelece que cada Federação Nacional estabelecerá seu período de registro e, portanto, as suas datas de "janela" e consequente registro. O período de janela, no fim da temporada, será de 12 semanas no máximo; e, no meio da temporada, será de 4 semanas, no máximo. Isso gera a necessidade de atenção dos clubes brasileiros em caso de transferências internacionais para a Europa, pois, por exemplo, ao final do ano, os clubes europeus estarão no meio da temporada, o que gerará uma janela de transferências de no máximo

submission of a valid application from the club to the relevant association during a registration period. 4. The provisions concerning registration periods do not apply to competitions in which only amateurs participate. The relevant association shall specify the periods when players may be registered for such competitions provided that due consideration is given to the sporting integrity of the relevant competition.

(84) MIGUEL FILHO, Theophilo Antônio. *Op. cit.*, p. 266.

04 semanas; diferentemente, o Brasil estará, ao final do ano, em fim de temporada, o que gerará uma janela de transferências de 12 semanas, no máximo.

Tais datas, a rigor, e no caso do Brasil, são divulgadas no *site* oficial da CBF e esta entidade deve ser consultada para sanar qualquer dúvida a respeito, bem como deve ser consultada a Federação Nacional do clube estrangeiro interessado na transferência no que tange às suas janelas, em particular. De acordo com os arts. 47, 48 e 49 do RNRTAF, o pedido de transferência internacional no TMS só poderá ocorrer nestes dois períodos definidos pela CBF (no caso de atletas de clubes do exterior vindo atuar no Brasil) ou pela Federação Nacional Local (no caso de transferência do atleta de clube brasileiro para o clube do exterior), observadas as regras gerais da FIFA acima transcritas. Todavia, há uma exceção. Conforme o Regulamento da FIFA e o próprio parágrafo único do art. 47 do RNRTAF, será admissível a solicitação de transferência fora desses períodos de janelas de transferência se comprovada, por intermédio de documento oficial do clube ou da respectiva Associação Nacional, a rescisão ou encerramento do contrato de trabalho desportivo no exterior antes do término da janela de transferência anterior. Ou seja, se o contrato original foi rescindido no decorrer da janela, mas a contratação por outro clube só se concretizou após o período da janela, a contratação e o registro do atleta poderão ocorrer sem problemas, pois não seria razoável o atleta permanecer sem rendimentos e trabalho até o próximo período de janela. Por isso, normalmente, os contratos de trabalho desportivos dos atletas profissionais de futebol têm seu termo final coincidindo com os períodos de janelas de transferências internacionais, o que os possibilitará a atuação por outros clubes, mesmo que sejam contratados após o período da janela, desde que findos seus contratos no período antes do fechamento das janelas.

Assim, a transferência internacional será procedida por meio do TMS, nos períodos de janela internacional (ou em qualquer período se o contrato do atleta com o clube do exterior tiver terminado antes do término da janela de transferência anterior), sendo que todos os documentos pertinentes deverão circular por aquele sistema eletrônico, de acordo com os termos do art. 43 do RNRTAF. Destaca-se, nos termos do § 2º, do mesmo artigo, que a transferência internacional de atleta não profissional ou atleta de futsal é feita fora do TMS, conforme Anexo 3a do Regulamento da FIFA sobre o *Status* e a Transferência de Jogadores.

Segundo os arts. 41 e 42 do RNRTAF, o clube brasileiro só poderá registrar o atleta vindo do exterior quando a CBF confirmar o recebimento do CTI. O CTI é o Certificado de Transferência Internacional e está previsto no art. 9º, do Estatuto de Transferências e Registro de Jogadores da FIFA, ora transcrito em tradução livre:

"Art. 9º Certificado Internacional de Transferência.

1. Os jogadores registrados em uma federação só podem ser registrados noutra federação quando esta tiver recebido um Certificado Internacional de Transferência (daqui em diante: CTI) da federação anterior. O CTI é emitido gratuitamente, sem aposição de condições ou limitações temporais. As disposições que contrariem esta norma são consideradas nulas não produzindo quaisquer efeitos. A federação que emite o CIT deve remeter uma cópia

à FIFA. Os procedimentos administrativos para a emissão do CTI encontram-se definidos no art. 8º do Anexo 3 e no Anexo 3a deste regulamento. 2. As federações estão proibidas de requerer a emissão de um CTI para permitir que um jogador participe em jogos-treino. 3. A nova federação informa a(s) federação(ões) do(s) clube(s) que formaram e educaram o jogador entre os 12 e os 23 anos de idade (cf. Art. 7 – Passaporte do jogador) por escrito do registro do jogador como profissional, após a recepção do CIT. 4. Os jogadores menores de 10 anos não necessitam de um CTI."[(85)]

O procedimento relativo ao pedido de CTI só pode ser iniciado depois de a federação anterior do jogador ter verificado e confirmado as informações do jogador enviadas pelo clube de origem. A Federação anterior deve rejeitar o jogador se as informações relativas à sua identidade não puderem ser confirmadas na totalidade. Qualquer jogador profissional registado por um clube filiado numa Federação não está habilitado para jogar por um clube filiado numa Federação diferente, a menos que o CTI tenha sido criado pela Federação anterior e recebido pela nova Federação, em conformidade com as normas estabelecidas no Anexo 3 do Regulamento de Transferências e Registro de Jogadores da FIFA. O CTI deve ser criado exclusivamente através do TMS. Qualquer CTI que não tenha sido criado pelo TMS, regra geral, não é reconhecido, com exceção dos jogadores não profissionais e dos jogadores de futsal. O pedido de CTI deve ser submetido por meio do TMS, no mais tardar, no último dia do período de registro da nova Federação (janela de transferência da Federação de destino do atleta). A Federação anterior, que cria o CTI, também deve carregar no TMS uma cópia do passaporte do jogador a ser enviado à nova Federação. As regras e os documentos a serem carregados no sistema TMS para a criação do CTI de um atleta encontram-se discriminados no Anexo 3 do Regulamento de Registro e Transferências de Jogadores da FIFA. Um jogador profissional não está habilitado para disputar jogos oficiais pelo seu novo clube até que a Federação anterior tenha criado o CTI e a nova Federação o tenha recebido por intermédio do TMS e a mesma tenha introduzido e confirmado a data de registro do jogador. Quando o sistema indica que a transferência está aguardando um pedido de CTI, a nova Federação deve solicitar imediatamente à federação anterior, através do TMS, a criação de um CTI para o jogador profissional. Quando recebe o pedido de CTI, a Federação anterior deve solicitar imediatamente ao clube anterior e ao jogador profissional que confirmem se o contrato do jogador profissional caducou com o clube anterior, se houve rescisão por mútuo acordo ou se existe algum litígio contratual.

Mediante a recepção do CTI, a nova Federação deve confirmar o recebimento e completar a informação do registro do jogador em questão no TMS. Se, após terem

(85) *1. Players registered at one association may only be registered at a new association once the latter has received an International Transfer Certifi cate (hereinafter: ITC) from the former association. The ITC shall be issued free of charge without any conditions or time limit. Any provisions to the contrary shall be null and void. The association issuing the ITC shall lodge a copy with FIFA. The administrative procedures for issuing the ITC are contained in Annexe 3, article 8, and Annexe 3a of these regulations. 2. Associations are forbidden from requesting the issue of an ITC in order to allow a player to participate in trial matches. 3. The new association shall inform the association(s) of the club(s) that trained and educated the player between the ages of 12 and 23 (cf. article 7) in writing of the registration of the player as a professional after receipt of the ITC. 4. An ITC is not required for a player under the age of 10 years.*

decorrido 30 dias (de acordo com as normas da FIFA), a nova Federação não tiver recebido qualquer resposta ao pedido de CTI, deve registar imediatamente o jogador profissional pelo novo clube a título provisório ("registro provisório"). A nova Federação deve completar a informação do registo do jogador em questão no TMS. Este registro provisório será definitivo após ter decorrido um ano desde o pedido de CTI. Este registro provisório pode ser anulado, se, durante esse período de um ano, a Federação anterior apresentar razões válidas que expliquem o motivo para não ter respondido ao pedido de CTI. A Federação anterior não cria o CTI se tiver surgido algum litígio contratual entre o clube anterior e o jogador profissional. Nesse caso, o jogador profissional, o clube anterior e/ ou o novo clube têm direito a apresentar uma reclamação à FIFA, de acordo com o art. 22º do Regulamento daquela entidade para Transferências e Registros de Jogadores. A FIFA decide sobre a emissão do CTI e sobre quaisquer sanções desportivas num prazo de 60 dias. Por óbvio, conforme exposto anteriormente, o atleta e o clube interessado também podem acionar a Justiça do Trabalho.

Em qualquer caso, caso acionada a FIFA, a decisão sobre sanções desportivas é tomada pela FIFA antes da emissão do CTI. A emissão do CTI é efetuada sem prejuízo da compensação por rescisão do contrato. A FIFA pode tomar medidas provisórias no caso de circunstâncias excepcionais. Na situação do órgão competente autorizar o registro provisório, a nova Federação deve completar a informação do registro do jogador em questão no TMS.

De acordo com as regras transcritas acima e a a interpretação dos arts. 40 a 50 do RNRTAF, o clube brasileiro que for ceder os direitos federativos do atleta a uma entidade desportiva estrangeira, deverá requerer à CBF a emissão do CTI, com o envio de toda a documentação de transferência para a CBF. Por sua vez, a CBF, após verificar a documentação, emitirá e enviará o CTI (com cópia à FIFA), sempre por meio do TMS, à Federação estrangeira que coordenar o esporte no país do clube do exterior que está adquirindo os direitos federativos do atleta. Após a chegada do CTI na Federação de destino, a transferência será processada e o registro perante a Federação estrangeira será finalizado, observadas as regras locais para tanto.

Na via transversa, quando um clube brasileiro quiser transferir um jogador ligado a clube do exterior para os seus quadros, o clube estrangeiro cedente deverá requerer à Federação Nacional estrangeira correspondente a emissão do CTI, com envio de toda a sua documentação correspondente via TMS. A CBF será informada pelo clube nacional e requererá aquele documento à Federação estrangeira. A Federação Nacional estrangeira, após verificar a documentação emitirá e enviará o CTI (com cópia à FIFA), sempre através do TMS, à CBF. Após a chegada do CTI na CBF e observadas as particularidades de registro já explanadas no caso de contratação de atleta estrangeiro (se for este o caso), como a apresentação de visto de trabalho, a transferência será finalizada para efeitos de registro do atleta. Somente após a chegada do CTI no sistema TMS e a liberação da CBF condicionada à verificação da documentação enviada pelo clube será possível o registro do atleta com publicização no BID (art. 45 do RNRTAF).

Frisa-se que, de acordo com o art. 50 do RNRTAF, no caso do Brasil (diferentemente do regulamento da FIFA que prevê um prazo mais elastecido de 30 dias), após o pedido do CTI pela CBF ou pela Associação Nacional respectiva, passados quinze (15) dias, caso não ocorra o recebimento do CTI, o atleta será registrado *provisoriamente* no clube requerente, desde que a solicitação atenda às exigências do Regulamento e Estatuto de Transferência de Jogadores da FIFA.

Destaca-se, nos termos do art. 48 do RNRTAF, que o retorno de empréstimo de atletas do exterior para o Brasil só pode ser feito dentro do prazo da respectiva janela de transferência, mediante o pedido do retorno através do TMS. O mesmo ocorrerá com o atleta não profissional, oriundo de pais estrangeiro, que quiser vir jogar profissionalmente no Brasil (art. 49 do RNRTAF).

Pontua-se, finalmente, no que tange as transferências internacionais, que, em regra, o Regulamento para Transferências de Jogadores da FIFA, nos termos do seu art. 19, veda transferências internacionais de menores de 18 anos. Essa regra, segundo o regulamento, admite as três exceções seguintes: a) Os pais do jogador mudem a sua residência para o país do novo clube, por razões não relacionadas com o futebol. b) A transferência ocorra no território da União Europeia (UE) ou no Espaço Econômico Europeu (EEE), e o jogador tenha entre 16 e 18 anos. Neste caso, o novo clube deve cumprir as seguintes obrigações mínimas: i. prestar ao jogador a educação e/ou formação futebolística correspondente aos mais elevados padrões nacionais. ii. garantir ao jogador uma educação e/ou formação acadêmica e/ou escolar e/ou profissional, além da educação e/ou formação futebolística, que lhe permita seguir uma carreira que não o futebol, caso cesse a sua atividade no futebol profissional. iii. praticar os atos necessários de forma a garantir que o jogador é assistido da melhor maneira possível (ótimo nível de vida junto de uma família de acolhimento ou num alojamento do clube, nomeação de um tutor no clube etc.) iv. fornecer à respectiva federação, no momento do registo do jogador, prova do cumprimento das obrigações acima referidas. c) O jogador resida a uma distância não superior a 50 km de uma fronteira nacional, e o clube da federação vizinha, pelo qual o jogador se pretende registar, se situe igualmente a menos de 50 km da mesma fronteira. A distância máxima entre o domicílio do jogador e a sede do clube é de 100 km. Nesse caso, o jogador deve continuar a residir em sua casa e as duas federações em causa devem dar o seu consentimento expresso.

Aquelas condições estabelecidas aplicam-se igualmente ao jogador que nunca tenha estado registado por um clube e que não seja nacional do país no qual se pretende registar pela primeira vez. As transferências internacionais efetuadas nos termos acima estão sujeitas à aprovação da subcomissão nomeada por Comissão de Jogadores para ter efeito. O pedido de aprovação deve ser apresentado pela federação que pretende registrar o jogador. À federação anterior é dada a oportunidade de apresentar a sua posição. A aprovação da subcomissão deve ser obtida antes de efetuado o pedido de Certificado Internacional de Transferência e/ou de primeiro registo por uma federação. A violação dessas disposições é punida pela Comissão Disciplinar da FIFA, nos termos do Código Disciplinar da entidade. Podem ser impostas sanções à federação que não tenha cumprido a obrigação de apresentar um pedido de aprovação à subcomissão, à federação anterior por emitir um Certificado Internacional de Transferência sem aquela aprovação, e aos clubes que tenham chegado a acordo para a transferência de um menor.

Cabe destacar que, na reunião anual para revisão dos regulamentos esportivos da FIFA de 2019, foram apresentados dados interessantíssimos acerca das exceções para transferências de menores(86). Foram esclarecidas as exceções nas quais os jovens atletas menores de 18 anos podem se enquadrar para conseguir a autorização e registro de suas transferências por questões humanitárias. Só em 2018 foram 101 casos registrados na FIFA. São situações em que os menores, em seus países de origem, encontram-se em situações de ameaças de violência, guerra ou perseguição política, enquadrando-se nessas hipóteses os refugiados. Para conseguir a transferência e o registro por um clube local, o jogador deve ter conseguido, previamente, o status de refugiado perante a autoridade governamental do país em que pretende se estabelecer. Caso seja extremamente provável que o atleta consiga tal *status* pelos termos da Convenção de Genebra, o registro do jogador pode ser feito até antes da declaração governamental local reconhecendo a condição de refugiado do menor.

Destaca-se que a FIFA ressalta, especialmente, que os registros de transferência dos atletas menores não serão realizados se os motivos de mudança do país estejam ligados a questões econômicas ligadas ao futebol. Ou seja, o poderio econômico dos clubes estrangeiros não pode entrar em cena como um aspecto influenciador de tais transferências e registros. Destacou-se, ainda, que a FIFA tem sido bastante célere na análise dos pedidos de registros e transferências de menores de 18 anos, levando, em média, 17 dias para tais decisões, sendo que eventuais atrasos somente ocorrem, em regra, para complementação de documentação do pleiteante.

4.2. Cessão temporária — responsabilidades

Tornou-se muito comum no Brasil e em outros países a utilização temporária de jogadores de outras equipes, o que popularmente ficou conhecido como "empréstimo". A cessão temporária pode ser onerosa ou gratuita, sendo que, nesta última espécie, o clube cessionário só arcará com os salários (ou parte deles) e demais obrigações financeiras com o atleta. Na cessão onerosa, o clube cessionário além de arcar com os salários e obrigações decorrentes para com o atleta cedido, pagará um valor ao clube cedente, a título de aquisição temporária dos direitos federativos do atleta. O RNRTAF, em seu art. 35, conceitua, em seus termos, o empréstimo como uma transferência por cessão temporária de atleta profissional convencionada pelo clube ao qual o atleta está contratualmente vinculado (cedente) a outro clube (cessionário). O parágrafo primeiro do mesmo artigo esclarece que as cessões temporárias sujeitam-se às mesmas regras

(86) Disponível em: <https://www.fifa.com/about-fifa/who-we-are/news/fifa-football-law-annual-review-to-be-streamed-on-fifa-com>. Acesso em: 7 jul. 2019.

aplicáveis às transferências definitivas de atletas, inclusive no que pertine às disposições referentes à indenização por formação e mecanismo de solidariedade (institutos que serão analisados em tópico próprio), obviamente se a transferência for onerosa, o que poderá ocorrer, como se irá ver, até em trocas de jogadores sem valor econômico diretamente envolvido. Também nas transferências temporárias, nos termos do art. 38 da Lei Pelé, anteriormente mencionado, a concretização da negociação depende de expressa e formal anuência do atleta profissional envolvido para a sua concretização.

Na cessão temporária, o clube cedente empresta, temporariamente, a titularidade dos direitos federativos do atleta ao clube cessionário por um período que não seja inferior a 3 meses, nem superior ao prazo restante do contrato de trabalho desportivo profissional do atleta com o clube cedente. Como já dito anteriormente, nos termos do art. 38 do RNRTAF, o clube cessionário não tem o poder, direito ou faculdade para transferi-lo para outra equipe, mesmo sendo o detentor provisório de seus direitos federativos. Segundo o RNRTAF, será lícita a prorrogação do prazo da cessão temporária desde que limitado ao prazo do contrato de trabalho firmado com o clube cedente. De acordo com o art. 36 do RNRTAF, a cessão temporária importa na suspensão dos efeitos do contrato especial de trabalho desportivo celebrado com o cedente. Ou seja, não haverá a obrigação do clube cedente pagar os salários do atleta, que ficarão a cargo do clube cessionário, salvo ajuste em contrário. É muito comum que um clube cedente, em que o atleta não deu o retorno futebolístico esperado, ceda o jogador a outro clube, sem qualquer ônus, arcando, inclusive, com parte dos salários do atleta, visando reduzir sua folha de pagamento e utilizando o clube cessionário como uma "vitrine" para o futebol do atleta, com o objetivo de uma eventual concretização de negociação futura. O salário do atleta profissional com o clube cessionário não poderá ser inferior ao que consta do contrato firmado com o clube cedente, salvo expressa previsão em acordo coletivo ou convenção coletiva de trabalho, nos termos do art. 7º, VI, da CRFB-1988.

O clube cessionário que fizer, unilateralmente, a rescisão do contrato de empréstimo do atleta antes do seu término, deverá comunicar ao clube cedente e obter a concordância dele e do atleta, arcando com seus salários até a data de conclusão prevista no contrato de empréstimo. A questão da responsabilidade pelo pagamento dos salários do atleta cedido temporariamente já foi analisada pela Justiça do Trabalho, concluindo-se, em condições normais, pela responsabilidade do clube cessionário, salvo ajuste em contrário. Verifique-se os trechos do acórdão do TRT da 3ª Região, referente ao processo (processo n.. 01010-2013-153-03-00-2 RO, DJ 09.06.2014) e disponível no sítio eletrônico: <www.trt3.jus.br>:

> "[...] o clube cessionário é o único responsável pelas verbas trabalhistas do jogador emprestado que se encontra a seu serviço. Afinal, o cessionário é quem ostenta a qualidade de empregador segundo a definição da lei; é ele quem assalaria o jogador e utiliza seus serviços. No outro vértice, em face do clube cessionário o atleta encontra-se na condição de empregado, porque está sob a subordinação jurídica dessa associação desportiva. Ademais, a cessão se dá com a expressa anuência do jogador que, portanto, chancela a reestruturação sofrida no vínculo empregatício original, resultando na formação de um

novo contrato. Resulta, daí, a existência de dois vínculos empregatícios distintos, com empregadores diferentes respondendo cada qual única e exatamente pelos créditos oriundos daquela prestação de serviços que lhes aproveita diretamente. Não há como impor a um clube o pagamento referente ao contrato de trabalho que reverteu em prol de outra associação, já que somente o real e efetivo empregador avulta como responsável pelas verbas trabalhistas de seu próprio empregado. Do contrário, clubes rivais acabariam responsáveis por créditos de jogadores que, na prática, atuam como seus adversários, desaguando em pouco recomendável promiscuidade para o ramo desportivo."

Este entendimento é consentâneo com o art. 39 e parágrafos da Lei Pelé, que dizem:

"Art. 39. O atleta cedido temporariamente a outra entidade de prática desportiva que tiver os salários em atraso, no todo ou em parte, por mais de 2 (dois) meses, notificará a entidade de prática desportiva cedente para, querendo, purgar a mora, no prazo de 15 (quinze) dias, não se aplicando, nesse caso, o disposto no *caput* do art. 31 desta Lei. (Redação dada pela Lei n. 12.395, de 2011).

§ 1º O não pagamento ao atleta de salário e contribuições previstas em lei por parte da entidade de prática desportiva cessionária, por 2 (dois) meses, **implicará a rescisão do contrato de empréstimo e a incidência da cláusula compensatória desportiva nele prevista, a ser paga ao atleta pela entidade de prática desportiva cessionária**. (Incluído pela Lei n. 12.395, de 2011)

§ 2º Ocorrendo a rescisão mencionada no § 1º deste artigo, o atleta deverá retornar à entidade de prática desportiva cedente para cumprir o antigo contrato especial de trabalho desportivo. (Incluído pela Lei n. 12.395, de 2011)."(grifei)

Perceba-se que o contrato de cessão temporária também terá, obrigatoriamente, como todo o contrato de trabalho desportivo, uma cláusula compensatória desportiva. Se o clube cessionário não cumprir suas obrigações financeiras com o atleta, por dois meses, poderá haver a rescisão do contrato de empréstimo, com pagamento da cláusula compensatória desportiva em favor do atleta (pelo clube cessionário) e rescisão do contrato de empréstimo. Nesse caso, o atleta deverá retornar à entidade de prática desportiva cedente para cumprir o antigo contrato de trabalho desportivo original. No *caput* do art. 39 da Lei Pelé há, ainda, uma disposição interessante, em que o atleta deverá, em nossa visão, obrigatoriamente (antes de requerer a rescisão indireta do contrato de empréstimo), notificar o clube cedente do atraso de salários superior a dois meses do clube cessionário. O clube cedente terá a faculdade, então, de, em 15 dias da notificação, purgar a mora do clube cessionário, ou seja, pagar a dívida do clube cessionário com o atleta, garantida a ação de regresso, mantendo o atleta no clube cessionário. Para o clube cedente, por vezes, é mais interessante manter o atleta no clube cessionário, por uma série de razões possíveis; por exemplo, para o clube cedente seria mais interessante manter o atleta cedido no clube cessionário, pois o jogador não teria espaço para mostrar seu futebol no clube cedente, podendo ficar mais visível no clube cessionário, com fincas a viabilizar transferências futuras. Assim, conclui-se, que, em regra, e salvo ajuste em contrário, a responsabilidade do pagamento de salários e demais obrigações trabalhistas, previdenciárias e fiscais do atleta cedido temporariamente é do clube cessionário.

Todavia, é importante pontuar, neste tópico, que para o clube cessionário arcar com os salários e demais obrigações decorrentes do contrato, é necessário, de início, um contrato de cessão temporária válido e aperfeiçoado. Por exemplo, é inválido, nos termos da Lei Pelé, e do RNRTAF, um contrato de cessão temporária de menos de três meses de vigência, o que levaria à responsabilização do clube cedente por eventuais salários e obrigações decorrentes do contrato original com o atleta. A transferência também pode ser frustrada pela ausência de apresentação à CBF, pelo clube cedente, de toda a documentação necessária para a transferência, seja ela nacional ou internacional, o que, novamente, manteria o contrato desportivo original intacto, com a responsabilidade de pagamentos de salários e outras obrigações decorrentes do clube que pretendia ceder o jogador.

O Judiciário também deve ficar atento à potencial ocorrência de fraudes, com a possibilidade de contratos de empréstimos fictícios, com o empregador original (cedente) se fiando na responsabilidade alheia para a ausência dos pagamentos devidos ao atleta. Não se pode ignorar a possibilidade de um clube transferir um jogador para outra agremiação sob a promessa de salários maiores, sendo que, sabida e anteriormente ao ajuste, o clube cessionário não teria condições financeiras de arcar com os salários do jogador cedido. O clube cessionário fica inadimplente e a dívida só poderia, em tese, ser cobrada do clube cessionário. Na hipótese desse tipo de fraude ser comprovada, incide, em nossa visão, o art. 9º, da CLT, e o art. 942, do CC, a gerar a responsabilidade solidária do clube cedente e do clube cessionário para adimplir com os valores devidos ao atleta.

Segundo o RNRTAF, o Termo de Cessão Temporária para fins de transferência será o padronizado da CBF, exigidas assinaturas dos clubes cedente e cessionário, do atleta e seu representante legal, quando menor de dezoito (18) anos, além de duas (2) testemunhas. Devem ser inseridas no Termo de Cessão Temporária as cláusulas financeiras relativas ao contrato entre os clubes e, se houver, as cláusulas extras. Após o envio do Termo de Cessão Temporária e do contrato entre o clube cessionário e o atleta, por meio do Sistema de Registro, será processada a transferência, e, após a análise da regularidade da documentação respectiva, o atleta será registrado, fazendo-se a publicização no BID. Nada impede que o clube cedente ajuste uma cláusula extra com o clube cessionário e o atleta que preveja a possibilidade de cessação imediata do contrato de empréstimo caso surja uma proposta de compra dos direitos federativos do atleta vinda, por exemplo, de equipe do exterior. Terminado o período de cessão temporária, o atleta deverá retornar ao clube cedente para cumprir o restante do seu contrato original, nos mesmos termos e condições anteriormente ajustados. Assim, mesmo que o atleta tenha um incremento salarial no clube cessionário durante o empréstimo, tal aumento não irá se comunicar com o contrato do clube cedente, nem obrigará a este, quando do retorno do atleta.

Devido aos limites de registros por temporada, já explanados em tópico anterior, em que se visa manter a competitividade e o interesse no jogo, o atleta somente poderá ser cedido temporariamente, e no máximo duas (2) vezes ao longo de cada temporada.

Terminado o prazo da cessão o atleta perde a condição de jogo pelo clube cessionário, processando-se automaticamente o retorno no Sistema de Registro, e fazendo-se a publicação no BID pela CBF, vedada cobrança de taxas para o retorno do empréstimo.

Finalmente, quanto às cessões temporárias, é importante destacar que o RNRTAF, publicado inicialmente em janeiro de 2015 (e reeditado posteriormente), previa a nulidade dos popularmente conhecidos "acordos de cavalheiros" nas cessões temporárias, em que os clubes cedentes e cessionários acordavam que o atleta cedido não poderia atuar contra o clube cedente, quando ambas as equipes se enfrentassem em uma mesma competição, sob pena de multa em favor da equipe cedente. Todavia, na versão atual de 2019, tal entendimento modificou-se.

Diz a atual redação do art. 35 do RNRTAF:

"**Art. 35** – Nas transferências por cessão temporária de atleta profissional, incumbe, privativamente, aos clubes cedente e cessionário ajustar as condições para participação do atleta nas partidas em que se enfrentem."

O RNRTAF, em seus termos, deu validade e permitiu a existência de cláusulas ajustadas entre as partes que visem a limitar, condicionar ou onerar a livre utilização do atleta cedido por parte do cessionário, enquanto vigorar a cessão. Em suma, os clubes cedente e cessionário podem, de acordo com o regulamento da CBF, estabelecer multas pecuniárias para o caso de um jogador cedido atuar, pelo clube cessionário, contra o clube cedente.

Respeitados os entendimentos em contrário, discordamos da regulamentação. A prática é aviltante ao direito de livre exercício à profissão, lembrando sempre que ao atleta profissional é sempre mais interessante estar em atividade, até pela possibilidade de reconhecimento e valorização de seu trabalho como jogador.

4.3. Justa causa desportiva e outras rescisões indiretas do contrato de trabalho desportivo

Como se sabe, são vários os fatos ensejadores de uma transferência de atletas profissionais entre clubes, com o consequente fim (ou suspensão) do contrato desportivo original. Podem existir transferências consensuais entre as partes (tanto em transferências definitivas como em transferências temporárias); rescisões unilaterais, tanto pela iniciativa do jogador (o que, como regra, gerará a incidência da cláusula indenizatória desportiva, com ressarcimento do clube), como pela iniciativa dos clubes (o que, como regra, gerará a incidência da cláusula compensatória desportiva, com ressarcimento do jogador); a existência de justa causa do empregado atleta (que deixa de cumprir as obrigações do seu contrato — inclusive aquelas previstas no art. 35 e incisos da Lei Pelé — e/ou incide em alguma das hipóteses das alíneas do art. 482 da CLT); os distratos consensuais; e, também, há a — ossibilidade de rescisão indireta do contrato quando ocorre a justa causa do clube empregador. A rescisão indireta do contrato de trabalho desportivo é a justa causa do empregador, que deixou de cumprir as obrigações básicas do contrato, tais como aquelas previstas no art. 31 da Lei Pelé:

"Art. 31. A entidade de prática desportiva empregadora que estiver com pagamento de salário ou de contrato de direito de imagem de atleta profissional em atraso, no todo ou em parte, por período igual ou superior a três meses, terá o contrato especial de trabalho desportivo daquele atleta rescindido, ficando o atleta livre para transferir-se para qualquer outra entidade de prática desportiva de mesma modalidade, nacional ou internacional, e exigir a cláusula compensatória desportiva e os haveres devidos. (Redação dada pela Lei n. 13.155, de 2015)

§ 1º São entendidos como salário, para efeitos do previsto no *caput*, o abono de férias, o décimo terceiro salário, as gratificações, os prêmios e demais verbas inclusas no contrato de trabalho.

§ 2º A mora contumaz será considerada também pelo não recolhimento do FGTS e das contribuições previdenciárias."

Da mesma forma, poderá haver a rescisão indireta do contrato de trabalho desportivo pela incidência das causas elencadas nas alíneas do art. 483 da CLT, adaptadas, por óbvio, às peculiaridades do contrato de trabalho desportivo e dos deveres da entidade de prática desportiva previstos no art. 34 e incisos da Lei Pelé. Lembra Zainaghi:

> "No caso de inadimplemento salarial, o atleta deverá deixar de trabalhar, e ingressar imediatamente com reclamação trabalhista requerendo liminarmente sua liberação para celebrar contrato com outro clube, diferentemente do que ocorre nas outras relações de trabalho, onde o empregado poderá esperar o término da ação para receber seus direitos trabalhistas, já que nesse caso ele não está impedido de trabalhar, o que não ocorre com os atletas de futebol, que precisam ter o contrato rescindido para que um novo seja registrado nas entidades de administração do desporto. É salutar, portanto, que os juízes, diante da informação e dos documentos, que comprovem a verossimilhança de que não ocorreu o pagamento de verbas salariais, ou valores devidos ao FGTS e ao INSS, autorizem o atleta a celebrar novo contrato, enviando ordem nesse sentido às entidades de administração do desporto com autorização para registrarem novo contrato de trabalho do reclamante."[87]

Além dessas possibilidades, o Regulamento da FIFA para Registro e Transferências de Jogadores criou mais uma possibilidade de rescisão contratual, com a consequente possibilidade de transferência do atleta para outra agremiação e o pagamento da cláusula compensatória desportiva em favor do atleta, já que se trata de uma justa causa patronal. Essa possibilidade é a denominada "justa causa desportiva". Segundo o art. 15 do Regulamento da FIFA para Registro e Transferências de Jogadores, aqui transcrito em tradução livre:

"Art. 15º Rescisão do contrato com justa causa desportiva

Um jogador profissional estabelecido que, no decurso da temporada, tenha participado em menos de dez por cento dos jogos oficiais disputados pelo seu clube pode rescindir o

(87) ZAINAGHI, Domingos Sávio. *Op. cit.*, p. 55.

contrato antes do seu termo com justa causa desportiva. Na apreciação destes casos, deve ser tida em consideração a situação do jogador. A existência de justa causa desportiva é determinada caso a caso. Nestes casos, não são impostas sanções desportivas, embora possa ser exigida uma compensação. Um jogador profissional só pode rescindir o seu contrato com base neste fundamento nos 15 dias subsequentes ao último jogo oficial da temporada do clube no qual o jogador se encontra registrado.[88]"

A previsão é extremamente polêmica, haja vista as suas consequências, inclusive financeiras. De toda sorte, a disposição regulamentar prevê que se um atleta estabelecido e formado, ao final de uma temporada, tiver atuado em menos de 10% dos jogos oficiais de seu clube poderá rescindir seu contrato por justa causa desportiva antes do seu termo final. O próprio artigo prevê que a situação será analisada caso a caso. A rescisão, a nosso sentir, nesses casos, só será aperfeiçoada pela via judicial da Justiça do Trabalho ou, também, pela via arbitral das entidades de organização do desporto, caso tal possibilidade tenha sido avençada entre as partes. Não nos parece razoável, porém, aplicar tal cláusula quando o jogador em questão for, por exemplo, como já reconhecido pela doutrina, um goleiro reserva[89] cuja posição, sabidamente, é de difícil substituição durante uma temporada regular.

A questão, em minha ótica, também deve ser analisada pelos prismas da capacidade técnica, disciplinar, competitiva, física e fisiológica do jogador que pleiteia a justa causa desportiva. Tal como ocorre na temática da equiparação salarial, entendo que, para aplicação da justa causa desportiva, o atleta que pleiteia tal rescisão indireta deve demonstrar que estava no mesmo nível técnico, disciplinar, competitivo, físico e fisiológico do(s) jogador(es) titular(es) que o fizeram aparecer em menos de 10% dos jogos oficiais da equipe. Nos termos da lei, deve ser um jogador "estabelecido" e formado. Assim, não nos parece razoável um jogador sem as mesmas qualidades técnicas, físicas, fisiológicas ou competitivas do jogador titular pleitear tal rescisão em vista das peculiaridades da profissão. Da mesma forma, em nossa visão, um jogador que fica muitas partidas suspenso, por incidência de vários cartões amarelos e/ou vermelhos, não pode requerer a incidência de tal rescisão, pois contribuiu, diretamente, para o seu não aproveitamento.

A situação é de difícil ocorrência, pois, tal como é difícil a prova de uma equiparação salarial entre empregados intelectuais, aqui são vários os fatores a serem considerados no âmbito competitivo desportivo para se chegar a uma hipotética conclusão de preterimento desportivo do atleta que pleiteia a rescisão. São vários os aspectos a serem considerados. Por exemplo, não nos parece razoável que um atleta jovem, ainda

---

(88) Dados disponíveis em: <www.fifa.com>: ***15. Terminating a contract with sporting just cause.*** *An established professional who has, in the course of the season, appeared in fewer than ten per cent of the official matches in which his club has been involved may terminate his contract prematurely on the ground of sporting just cause. Due consideration shall be given to the player's circumstances in the appraisal of such cases. The existence of sporting just cause shall be established on a case-by-case basis. In such a case, sporting sanctions shall not be imposed, though compensation may be payable. A professional may only terminate his contract on this basis in the 15 days following the last official match of the season of the club with which he is registered.>*

(89) MARCONDES, Luiz Fernando Aleixo. *Op. cit.*, p. 78.

em formação (até 23 anos pelas regras da FIFA), requeira tal rescisão, exatamente pela sua falta de experiência técnica oficial mais robusta e apelo mercadológico ainda baixo (salvo raras exceções) perante a torcida. Às vezes, o atleta tem um estilo mais individualista que não se encaixa com o sistema tático desenvolvido pelo técnico, sendo o aspecto coletivo da performance do titular avaliada neste aspecto.

Um caso interessante foi relatado na reunião anual de revisão dos regulamentos esportivos da FIFA no ano de 2019, relativo a um caso ocorrido em 2018. O caso foi submetido à Câmara de Resolução de Disputas da FIFA, um órgão arbitral que todos os filiados da FIFA aderem imediatamente, sendo que suas decisões são passíveis de recurso para o CAS/TAS, o tribunal máximo de arbitragem do esporte. A decisão ocorreu na Câmara da FIFA, em 2018, e foi tombado sob o número 06181022-E. No caso, um jogador de 20 anos tinha seus direitos econômicos ligados a um clube da segunda divisão. Na temporada anterior tinha feito 31 jogos pelo seu clube. Na temporada de 2018 foi emprestado para um clube da primeira divisão, equipe na qual teve a concorrência de 4 jogadores mais experientes na mesma posição. No clube da primeira divisão não jogou nem uma partida na temporada 2018. O jogador, então, ao final da temporada, quando deveria retornar ao seu clube de origem, requereu a aplicação da justa causa desportiva, pleiteando seu desligamento do clube que detinha seus direitos econômicos e federativos, por justa causa desportiva. Houve defesa do clube detentor dos direitos econômicos/federativos do atleta, alegando-se que o atleta ainda estava em formação, ainda não sendo um jogador "estabelecido". Argumentou-se que o atleta ainda era jovem, com sua formação de treinamento em desenvolvimento, sendo que, em um clube da primeira divisão, poderia alcançar novos patamares de performance do seu futebol. A Câmara de Resoluções de Disputas da FIFA (*DRC — Dispute Resolution Chamber)* decidiu que o atleta, de fato, ainda estava em formação desportiva, não tendo sido reconhecido o seu status de jogador "estabelecido", ainda mais por ter atuado naquela temporada em um clube de divisão superior, enfrentando a concorrência, na mesma posição, de 4 atletas mais experientes. A justa causa desportiva não foi reconhecida. Segundo a Câmara de Resoluções de Disputas da FIFA, o novo clube do jogador (um terceiro clube) e o próprio atleta tiveram, solidariamente, que pagar as devidas compensações financeiras ao clube detentor original de seus direitos econômicos (o clube da segunda divisão)[90]. Nenhuma sanção desportiva foi aplicada aos clubes envolvidos ou ao atleta. O caso em questão demonstra a particularidade do instituto, ao mesmo tempo em que demonstra a eficiência, em certos casos, da utilização da via arbitral.

De toda sorte, caso caracterizada a justa causa desportiva, ou mesmo nas outras hipóteses de rescisão indireta, o atleta ficará livre para firmar vínculo com outra entidade de prática desportiva, bem como fará jus à cláusula compensatória desportiva. No caso da incidência de justa causa desportiva, ou qualquer outra causa de rescisão indireta prevista em lei, é importante destacar que, segundo os termos do § 5º, do

(90) Dados disponíveis em palestra na FIFA em: <https://www.fifa.com/about-fifa/who-we-are/news/fifa-football-law-annual-review-to-be-streamed-on-fifa-com>. Acesso em: 7 jul. 2019.

art. 31, da Lei Pelé, o atleta fica autorizado a transferir-se para outra entidade de prática desportiva, inclusive da mesma divisão, independentemente do número de partidas das quais tenha participado na competição, bem como a disputar a competição que estiver em andamento por ocasião da rescisão contratual. Ou seja, não incidirá, nas hipóteses de rescisão indireta, por exemplo, a restrição de número máximo de partidas por determinada agremiação em um dado campeonato.

Finalmente, cabe destacar como já pontuado em tópico anterior, que, no caso de cessões temporárias, haverá a possibilidade de rescisão indireta somente do contrato de empréstimo. Nos termos do art. 39, §§ 1º e 2º, da Lei Pelé, se o clube cessionário não cumprir suas obrigações financeiras com o atleta, **por dois meses**, poderá haver a rescisão do contrato de empréstimo, com pagamento da cláusula compensatória desportiva em favor do atleta (em relação ao contrato de cessão temporária) e rescisão do contrato de empréstimo. Nesse caso, o atleta deverá retornar à entidade de prática desportiva cedente para cumprir o antigo contrato de trabalho desportivo original.

4.3.1. A justa causa praticada pelo jogador profissional de futebol e a sua tipificação(91)

A doutrina e a jurisprudência trabalhista desportiva já analisaram, em reiteradas vezes, a existência de justa causa patronal de clubes em contratos de atletas profissionais de futebol. Todavia, um tema ainda pouco explorado é a incidência, ou não, de justa causa praticada pelo próprio jogador de futebol e a sua caracterização, bem como as consequências de tal ocorrência, tão grave ela é para as partes envolvidas no contrato especial de trabalho desportivo. Este é o objeto do presente tópico.

Nos dias atuais, passou a ser comum o ajuizamento de ações pelos atletas contra os clubes, normalmente acompanhados de pedidos liminares de antecipação de tutela, em que se pleiteia a rescisão indireta do contrato pela violação de deveres patronais. As alegações mais usuais dizem respeito a potenciais violações dos arts. 31, 34 (e incisos) e 39, § 2º — este último no caso de empréstimo — da Lei n. 9.615/1998 (Lei Pelé). Ademais, há, ainda, pela aplicação do art. 28, § 4º, da mesma lei, a possibilidade de arguição de ocorrência de alguma das hipóteses das alíneas do art. 483, da CLT, haja vista que o contrato de trabalho desportivo não deixa de tratar de uma relação de emprego entre o atleta empregado e o clube empregador. A ruptura contratual por justa causa do empregador gerará, entre outros efeitos possíveis, o pagamento, pelo antigo empregador, da cláusula compensatória desportiva em favor do atleta.

Por outro lado, é cada vez mais frequente a divulgação, na mídia esportiva, de ocorrências de atitudes dos atletas que, potencialmente, podem gerar a rescisão do contrato de trabalho por violação das obrigações dos jogadores, com todas as consequências advindas desta potencial situação. A carreira de um jogador de futebol profissional em

(91) Partes deste capítulo foram originalmente publicadas no sítio eletrônico: <https://www.megajuridico.com/justa-causa-praticada-pelo-jogador-profissional-de-futebol-e-sua-tipificacao/>. Acesso em: 3 dez. 2016.

alto nível, salvo honrosas exceções, é consideravelmente curta e inicia-se, a rigor, em tenra idade. É usual testemunharmos garotos de 17, 18 ou 19 anos assinando, no início de suas carreiras, contratos com até 5 anos de duração, envolvendo cifras financeiras altíssimas e que transformam, completamente, as perspectivas de vida dos atletas e de suas famílias. Não é difícil imaginar que os atletas, naquelas idades, em regra, não detêm a maturidade desenvolvida suficientemente para lidar com as novas e enormes expectativas que são depositadas em seus ombros. Ademais, a nova realidade financeira e o acesso quase ilimitado a bens da vida, antes inatingíveis, pode gerar nos jovens atletas um "deslumbramento" que, se não for bem orientado e controlado, pode prejudicar o desempenho desportivo do profissional e a continuidade de sua carreira.

Além da situação dos atletas jovens, não raro, observa-se que até profissionais de certa rodagem se veem envolvidos em situações de potencial quebra de contrato por culpa do empregado, podendo haver a aplicação de justa causa pelo empregador, com todas as suas consequências, inclusive a potencial demanda pelo pagamento da chamada cláusula indenizatória desportiva em favor do clube empregador. A mídia esportiva já noticiou, reiteradamente, atitudes de atletas que violaram potencialmente os deveres que o profissional deve ter com seu clube empregador, como, ilustrativamente: o jogador entoar, publicamente, hino ou cântico de clube ou torcida rival; se envolver em crime, ou ser preso em flagrante delito, maculando a imagem do clube empregador ou impossibilitando a prestação de serviços; expressar, em entrevista televisiva ou rede social, desprezo ou desacato ao clube empregador ou à sua história; fazer uso excessivo de bebidas alcoólicas ou substâncias alucinógenas que comprometam seu rendimento desportivo; ser flagrado em exame *antidoping* por uso de drogas ilícitas, gerando punições que inviabilizem a sua prestação de trabalho ou que gerem punições desportivas ao clube empregador; deixar, propositalmente, de converter uma penalidade máxima em jogos oficiais por torcer, publicamente, para o time adversário; se envolver em briga em arena desportiva ou fora dela, injustificadamente, contra torcedores, árbitros e adversários; não comparecer em treinos, viagens ou jogos, com objetivo de forçar uma transferência para outra agremiação desportiva; deixar de atuar com dedicação nos jogos, em razão de recebimento indevido de valores ou vantagens de terceiros; entre outras ocorrências. A grande cobertura televisiva e as mídias sociais potencializam a divulgação de tais atitudes perante a torcida, imprensa, patrocinadores e dirigentes, potencializando o seu caráter nocivo ao clube empregador. E nem se diga que as atitudes do atleta fora das partidas e treinamentos estaria infensa à eventual análise e aplicação de justa causa, pois, ainda mais nos dias atuais em que as mídias sociais, a internet e a televisão, em tempo real, conectam a todos, a conduta social do atleta profissional repercute não somente perante o clube empregador, mas repercute também perante a torcida, imprensa, clubes rivais, patrocinadores e dirigentes. Nesse sentido, a Exma. Professora e ex-Desembargadora Federal do Trabalho, Dra. Vólia Bonfim Cassar, que, em seus termos, alerta que tal aferição pode ser feita quando "a conduta social do empregado repercutir diretamente na relação contratual"[92].

---

(92) CASSAR, Vólia Bonfim. *Direito do trabalho*. 12. ed. rev., atual. e ampl. Rio de Janeiro: Forense; São Paulo: Método, 2016. p. 1.073.

Howard Wilkinson, técnico de futebol inglês, observou que os jogadores de talento representam risco enorme para si mesmos, em livro do matemático britânico e especialista em Desenvolvimento Humano, Mike Carson:

> "Tem se tornado mais difícil à medida que as recompensas se tornaram maiores. Atualmente, o craque tem mais oportunidades de explorar a si mesmo do que jamais aconteceu. Simplesmente não há um limite. Se eu tenho um truque na manga e eu tenho um ego inflado, o que vou fazer? O que vou dizer? Quantas pessoas serão afetadas por isso? Quem vai perceber? Nos dias de hoje, ao final de uma partida, é possível pegar um avião e ir até Nova Iorque, fazer muita besteira numa boate, pegar outro avião de volta e estar no *YouTube* em seguida. E então temos um jogo importante na quarta à noite [...]" [...] Como Wilkinson relata, cinquenta anos atrás o craque saía de ônibus com os colegas numa noite de sábado: "Ele podia até beber, tomar umas cervejas a mais, ou se meter numa briga, mas a não ser que fosse algo realmente grave, jamais seria notícia nos jornais no dia seguinte por causa disso. O técnico ligava para o repórter e pedia para não escrever sobre o assunto, oferecendo uma notícia em primeira mão na semana seguinte" [...] Não são apenas os perigos que aumentaram, mas também as falhas se tornaram mais públicas. Nunca foi tão complicado criar um ambiente vitorioso e promover comportamentos que permitam alcançar o sucesso."[93]

Como lembra o Exmo. Ministro do TST, Mauricio Godinho Delgado, em sua obra *Curso de Direito do Trabalho*, a tipificação da justa causa obreira não tem, sempre, seus traços e contornos rigidamente fixados na legislação. Diz:

> "A tipificação trabalhista pode ser, desse modo, significativamente mais flexível e plástica do que a configurada no Direito Penal. Um exemplo dessa plasticidade é dado pela justa causa prevista no art. 482, "*b*", CLT, isto é, mau procedimento. Ora a plasticidade e imprecisão desse tipo legal trabalhista deixa-o muito distante do rigor formal exigido por um tipo legal penalístico."[94]

Nesse ponto, é imprescindível lembrar que o atleta profissional de futebol não deixa de ser um empregado, haja vista que assina um contrato de trabalho especial. Como empregado, detém uma série de deveres para com o clube empregador, tal como o dever de Lealdade, imprescindível para que se mantenha a fidúcia necessária entre o clube e o profissional, na manutenção do liame empregatício.

O art. 35 da Lei Pelé enumera os deveres básicos dos atletas profissionais, quais sejam:

> "Art. 35. São deveres do atleta profissional, em especial: (Redação dada pela Lei n. 9.981, de 2000)

---

(93) CARSON, Mike. *Os campeões:* por dentro da mente dos grandes líderes do futebol. Trad. Candice Soldatelli. Caxias do Sul: Belas-Letras, 2015. p. 79.

(94) DELGADO, Mauricio Godinho. *Curso de direito do trabalho.* 8. ed. São Paulo: LTr, 2009. p. 1.088.

I – participar dos jogos, treinos, estágios e outras sessões preparatórias de competições com a aplicação e dedicação correspondentes às suas condições psicofísicas e técnicas; (Incluído pela Lei n. 9.981, de 2000)

II – preservar as condições físicas que lhes permitam participar das competições desportivas, submetendo-se aos exames médicos e tratamentos clínicos necessários à prática desportiva; (Incluído pela Lei n. 9.981, de 2000)

III – exercitar a atividade desportiva profissional de acordo com as regras da respectiva modalidade desportiva e as normas que regem a disciplina e a ética desportivas."

Além desses deveres, o atleta empregado detém deveres como todo empregado, podendo suas atitudes serem enquadradas nas hipóteses das alíneas do art. 482 da CLT. É preciso lembrar que a caracterização da justa causa obreira deve representar uma atitude grave, que leve à completa ruptura do liame empregatício e quebra da fidúcia básica que deve haver entre o atleta profissional e o clube empregador. O contrato de trabalho desportivo é um contrato de trabalho especial e que, por sua natureza especial, permite a inclusão de cláusulas extras decorrentes do Poder Disciplinar que é decorrente desta peculiar relação de trabalho. Lembra-se que, na esteira da Teoria Contratualista prevalente no Direito do Trabalho, o Poder Disciplinar do empregador tem como fundamento o próprio contrato de trabalho, que subordina, juridicamente, o empregado ao empregador. Assim, entendemos que é possível ao clube empregador aplicar, com razoabilidade e proporcionalidade, multas por descumprimentos contratuais do atleta, previstos em contrato. Por exemplo, o clube pode aplicar uma multa financeira de desconto de percentual de salário do atleta por atraso ou falta injustificada do atleta a um treino, pois tal apenamento é uma decorrência natural da ausência injustificada do trabalho. A ausência injustificada do trabalho equivale a uma suspensão contratual, o que leva à ausência de vencimentos, sendo que, quanto ao atleta profissional de futebol, diferentemente de outros trabalhadores comum, a penalidade pecuniária é permitida. O magistério de Gustavo Felipe Barbosa Garcia vai na mesma linha:

> "Deve-se destacar que a "multa", ou seja, a pena pecuniária, em regra, não é admitida como medida disciplinar válida em nosso Direito do Trabalho, inclusive por contrariar o princípio da intangibilidade salarial (art. 462 da CLT). No entanto, como exceção, há previsão especial autorizando a aplicação da multa (penalidade pecuniária) ao atleta profissional. Nessa mesma linha excepcional, o art. 48, III, da Lei n. 9.615/1998, pertinente ao atleta profissional..."[(95)]

Em um ambiente de trabalho em que a disciplina nos treinamentos implica em melhora do rendimento desportivo, a aplicação de multa em casos como o descrito é razoável, lembrando que a atividade do atleta profissional não detém a obrigação de que o atleta e sua equipe ganhem os jogos. Há, todavia, nos termos do art. 35, I, da Lei

(95) GARCIA, Gustavo Felipe Barbosa. *Curso de direito do trabalho*. 6. ed. rev., atual. e ampl. Rio de Janeiro: Forense, 2012. p. 338.

Pelé, a obrigação do atleta de se dedicar ao máximo nos treinos e jogos, de modo correspondente às suas condições psicofísicas e técnicas. Uma vez aplicada tal penalidade de multa, em relação àquela atitude específica de atraso injustificado a treinamento, não poderá haver mais nenhuma punição ao atleta pelo princípio do "*no bis in idem*" ou vedação à dupla penalidade de um mesmo fato. Todavia, se o atleta voltar a se atrasar, nova multa poderá ser aplicada, pois a atuação do Poder Disciplinar do empregador pode analisar cada fato de modo apartado, gerando, para cada malferimento do contrato, uma reação disciplinar correspondente, podendo haver, nas reiterações, agravamento das punições, sendo possível evoluir até a justa causa.

É necessário pontuar que a Justiça do Trabalho não pode adentrar, em regra, na mensuração da punição aplicada ao empregado. Pode, todavia, verificar a razoabilidade e proporcionalidade da punição, bem como pode avaliar a sua legalidade, ou não. Em outras palavras, a Justiça do Trabalho não pode transformar uma multa aplicada ao jogador de R$ 10.000,00 em uma multa de R$ 2.000,00, pois tal atitude significaria adentrar, indevidamente, ao âmago do Poder Disciplinar do empregador. Por outro lado, observadas as circunstâncias do caso, a Justiça do Trabalho pode anular ou confirmar a multa aplicada. O mesmo se dá em relação a uma aplicação de justa causa ao atleta. A Justiça do Trabalho não pode, por exemplo, transformar uma justa causa em suspensão contratual. Pode, ao revés, verificar se a justa causa aplicada foi, ou não, proporcional, razoável ou legal, mantendo-a ou anulando-a. Nesse sentido, é o magistério da professora e ex-Desembargadora do Trabalho, a Exma. Vólia Bonfim Cassar:

> "Ao juiz não é dado o condão de graduar a pena, pois não é o detentor do poder disciplinar, nem vivenciou aquela relação. Resta ao Judiciário manter ou elidir a penalidade aplicada."(96)

Em uma demanda deste jaez perante a Justiça do Trabalho, na esteira do que defende o Ministro Mauricio Godinho Delgado, será necessário verificar a existência dos requisitos objetivos, subjetivos e circunstanciais do fato para a confirmação, ou não, da justa causa obreira.

> "Objetivos são os requisitos que concernem à caracterização da conduta que se pretende censurar; subjetivos, os que concernem ao envolvimento (ou não) do trabalhador na respectiva conduta; circunstanciais, os requisitos que dizem respeito à atuação disciplinar do empregador em face da falta e do obreiro envolvidos."(97)

Dentre os requisitos circunstanciais a doutrina e jurisprudência destacam a observância do critério da gradação de penalidades, como um caráter pedagógico do Poder Disciplinar. Em outras palavras, a interpretação da regra geral é de que seria necessário, inicialmente, fazer punições mais brandas, e, no caso de reiteração de condutas, passar a punições mais pesadas, até a chegada à aplicação de justa causa, com

(96) CASSAR, Vólia Bonfim. *Direito do trabalho*. 12. ed. rev., atual. e ampl. Rio de Janeiro: Forense; São Paulo: Método, 2016. p. 1.062.

(97) DELGADO, Mauricio Godinho. *Curso de direito do trabalho*. 8. ed. São Paulo: LTr, 2009. p. 1.091.

todas as suas consequências. Destaca-se, entretanto, que nada impede que, no caso de constatação de uma falta gravíssima, a punição do atleta já seja a dispensa motivada, pois, dependendo da circunstância, uma única falta grave pode gerar a total ruptura da fidúcia existente entre as partes.

Dentre as consequências de uma ruptura contratual por justa causa estão, por exemplo, a perda do direito a férias proporcionais + 1/3 (Súmula n. 171 do TST) e a perda do direito a 13º salários proporcionais (art. 3º, da Lei n. 4.090/1962). Mais especificamente quanto ao contrato de atleta profissional de futebol, no caso de caracterização de justa causa obreira, haverá uma incidência ainda mais grave: a possibilidade do clube empregador cobrar do atleta a cláusula indenizatória desportiva, nos termos do art. 28, I, da Lei n. 9.615/1998, caso, após a ruptura, o atleta passe a atuar por outro clube, momento em que o novo empregador, potencialmente, poderá ser responsabilizado solidariamente, nos termos do art. 28, § 2º da Lei Pelé:

> "§ 2º São solidariamente responsáveis pelo pagamento da cláusula indenizatória desportiva de que trata o inciso I do *caput* deste artigo o atleta e a nova entidade de prática desportiva empregadora." (Redação dada pela Lei n. 12.395, de 2011)

Frisa-se que essas perdas de direito são meras consequências da penalidade de justa causa, e não podem ser interpretadas como dupla penalidade. Tais descontos e consequências são faculdades legislativas conferidas ao ex-empregador, que não se confundem com as punições disciplinares aplicadas.

Destaca-se, como já dito anteriormente, que uma única atitude do atleta pode incompatibilizar, perpetuamente, a sua relação empregatícia com o clube empregador, dada a sua gravidade. Em outras palavras, não seria necessária a gradação de penalidades antes da aplicação de justa causa, se a atitude do atleta for de uma gravidade tal que quebre, indelevelmente, a fidúcia necessária para a existência do liame empregatício. Nesse sentido também leciona o Exmo. Ministro Mauricio Godinho:

> "O critério pedagógico de gradação de penalidades não é, contudo, absoluto e nem universal — isto é, ele não se aplica a todo tipo de falta cometida pelo trabalhador. É possível a ocorrência de faltas que, por sua intensa e enfática gravidade, não venham ensejar qualquer viabilidade de gradação na punição a ser deferida, propiciando, assim, de imediato, a aplicação da pena máxima existente no Direito do Trabalho (dispensa por justa causa)."[98]

Vale dizer que a justa causa deve ser avaliada de acordo com as circunstâncias do caso. Diz a professora Vólia Cassar:

> "A apreciação da falta do trabalhador deve ser avaliada em cada caso de forma concreta ou subjetiva isto é, levando-se em consideração a personalidade do agente, a intencionalidade, os fatos que levaram o empregado à

(98) DELGADO, Mauricio Godinho. *Op. cit.*, p. 1.097.

prática daquele ato, a ficha funcional pregressa, os antecedentes, as máculas funcionais anteriores; o grau de instrução ou de cultura, a época; o critério social etc."[(99)]

Especificamente quanto à caracterização da justa causa obreira em um contrato de trabalho desportivo, tendo em vista as últimas ocorrências divulgadas na mídia, o que nos parece fundamental para a caracterização, ou não, da justa causa obreira é a análise do Princípio da Lealdade entre atleta e agremiação empregadora, pois, a rigor, o atleta incorpora a imagem de seu clube empregador. Mike Carson, corretamente, observa:

> "O futebol é um negócio estranhamente territorial. Somos nós, os torcedores, que fazemos com que seja assim. Definimos nosso clube pelo nosso comprometimento. E, para muitos de nós, é o clube que nos define. As pessoas veem um indivíduo de modo diferente quando ele declara para qual time torce. Da mesma forma, **quando um jogador é contratado por um clube, ele passa a vestir uma espécie de manto sagrado. O clube paga um bom salário e, em retribuição, requer não apenas seu talento, mas sua lealdade. Os torcedores ao redor do mundo portam faixas e bandeiras que exigem paixão e comprometimento do time, pois cada jogador é visto como 'um de nós'.**"[(100)] (grifei)

Ou seja, ao se portar perante terceiros, sociedade e mídia, o jogador transmite não somente a sua imagem, mas do clube que representa e assim é visto por torcedores. Ter uma atitude que denigra a imagem do pavilhão que representa, pode incompatibilizar a relação do atleta com a torcida, com os dirigentes, patrocinadores e o clube, quebrando-se a relação especial de fidúcia que é necessária para a manutenção do liame empregatício. Assim, os exemplos dados acima podem, potencialmente, dentro da tipificação plástica de hipóteses de justas causas obreiras previstas na legislação, serem enquadradas na penalidade máxima existente dentro do Direito do Trabalho.

Com efeito, podem, **dependendo sempre da análise, peculiaridades, histórico e circunstâncias do caso concreto, se caracterizarem como justa causa as seguintes atitudes exemplificativas**: o jogador entoar publicamente hino ou cântico de clube ou torcida rival (art. 482, "*b*" e "*k*" da CLT); se envolver em crime com trânsito em julgado (art. 482, "*b*", "*d*" e "*k*", da CLT), ou ser preso em flagrante delito (art. 482, "*k*" e "*i*", da CLT, na medida em que entendemos que a ausência ao serviço por prisão em flagrante se caracteriza como falta injustificada, pois a ninguém é dado a ignorância da lei e, se capturado em flagrante delito, o agente assumiu o risco de ser preso e, por consequência, assumiu o risco de faltar injustificadamente ao serviço), maculando a imagem do clube empregador e/ou impossibilitando a prestação de serviços; expressar, em entrevista televisiva ou rede social, desprezo ou desacato ao clube empregador ou à sua história

(99) CASSAR, Vólia Bonfim. *Direito do trabalho*. 12. ed. rev., atual. e ampl. Rio de Janeiro: Forense; São Paulo: Método, 2016. p. 1.072.

(100) CARSON, Mike. *Os campeões:* por dentro da mente dos grandes líderes do futebol. Trad. Candice Soldatelli. Caxias do Sul: Belas-Letras, 2015. p. 54.

(art. 482, "*b*" e "*k*", da CLT); fazer uso excessivo de bebidas alcoólicas ou substâncias alucinógenas que comprometam seu rendimento desportivo (art. 35, I e II, da Lei n. 9.615/1998 e art. 482, "*e*", "*f*", "*h*"; ser flagrado em exame *antidoping* por uso de drogas ilícitas, gerando punições que inviabilizem a sua prestação de trabalho ou que gerem punições desportivas ao clube empregador (art. 35, III, da Lei n. 9.615/1998 e art.482, "*b*", "*f*" e "*k*" da CLT); deixar, propositalmente, de converter uma penalidade máxima em jogos oficiais por torcer, publicamente, para o time adversário (art. 482, "*b*" e "*d*", da CLT e art. 35, I, da Lei n. 9.615/1998); se envolver em briga em arena desportiva ou fora dela, injustificadamente, contra torcedores, árbitros e adversários (art. 482, "*b*" e "*j*" da CLT); atrasos reiterados a treinos, viagens e jogos (art. 482, "*b*", "*e*" e art. 35, I e II, da Lei n. 9.615/1990), deixar de atuar com dedicação nos jogos, em razão de recebimento indevido de valores pecuniários ou vantagens de terceiros (art. 482, "*a*" e art. 35, I e III da Lei n. 9.615/1998).

Apesar de todas estas ponderações, é preciso pontuar que o atleta detém uma força de trabalho que é patrimônio do clube empregador, pois o jogador, em uma potencial futura transferência, pode gerar enormes ganhos patrimoniais ao clube empregador, detentor de seus direitos federativos e econômicos. Além disso, pode gerar ganhos ao clube que tenha participado de sua formação ou tenha sido seu empregador nos primeiros anos de carreira, gerando, respectivamente, a indenização/compensação por formação ou indenização pelo mecanismo de solidariedade da FIFA, conforme será explicitado adiante nesta obra. Assim, nos parece claro que a caracterização, ou não, da justa causa obreira, com todas as suas consequências, dar-se-á, a rigor, pela interpretação da Justiça do Trabalho em ação judicial, razão pela qual o clube empregador deve, de fato, estar certo do descumprimento contratual grave do empregado a fim de intentar esta via de procedimento, pois, em eventual improcedência do seu intento, o clube empregador poderá arcar, ao revés, em provável reconvenção/ação originária, com todos os ônus de uma dispensa imotivada e adiantada do atleta, inclusive arcando com a chamada cláusula compensatória desportiva.

4.3.2. Teoria do adimplemento substancial

Como visto em tópico pregresso ao qual me remeto, tornou-se comum o ajuizamento de ações trabalhistas pelos jogadores de futebol, requerendo a rescisão indireta dos vínculos de emprego desportivos com determinada agremiação, em razão de inadimplementos contratuais reiterados dos empregadores. Normalmente, as ações vêm acompanhadas de pedidos liminares de antecipação de tutela para a liberação imediata do atleta para transferência para outra agremiação. Os clubes, diante de uma realidade de dificuldades financeiras e altos salários dos atletas em equipes de elite, têm tido uma preocupação em não deixar salários, gratificações, prêmios e outros direitos dos atletas profissionais atrasarem por período igual ou superior a três meses (art. 31, § 1º, da Lei Pelé), haja vista as consequências nefastas para o clube, tais como: perder os direitos econômicos do atleta, ter que arcar com cláusulas compensatórias desportivas, além de ficar privado dos serviços futebolísticos do jogador.

Eventualmente deferida a liminar, o atleta estaria livre para transferir-se para qualquer outra entidade de prática desportiva da mesma modalidade, nacional ou internacional. Ao final também estaria apto a exigir a cláusula compensatória desportiva e os haveres rescisórios devidos.

A doutrina e a criatividade jurídica dos advogados trabalhistas levaram à alegação defensiva, pelos clubes, da chamada "Teoria do Adimplemento Substancial". Não prevista formalmente no Código Civil de 2002, mas consubstanciada nos princípios da boa-fé objetiva (arts. 113 e 422 do Código Civil de 2002), da função social do contrato, da vedação ao abuso de direito (art. 187 do Código Civil de 2002) e ao enriquecimento sem causa (art. 884 do Código Civil de 2002), a Teoria do Adimplemento Substancial sustenta que deve se considerar resolvida a obrigação quando a atividade do devedor, embora não tenha sido perfeita ou não atingido plenamente o fim proposto, aproxima-se consideravelmente do seu resultado final.

Quanto ao campo desportivo, é comum a referida alegação quando o atleta recebe em valores inferiores aos montantes que lhe seriam devidos por período igual ou superior a três meses. Um caso conhecido na doutrina e na jurisprudência foi a situação envolvendo o jogador Leandro Damião, em processo que tramitou perante a Justiça do Trabalho em face do Santos Futebol Clube. Maurício de Figueiredo Corrêa da Veiga, a par de classificar a teoria, descreve qual foi a tese de defesa lá empreendida:

> "De acordo com a teoria do adimplemento substancial do contrato, o credor fica impedido de rescindir o contrato caso haja cumprimento de parte essencial da obrigação assumida pelo devedor, porém, não perde o direito de obter o restante do crédito, podendo ajuizar ação de cobrança para tanto. [...] No caso envolvendo o jogador Leandro Damião e o Santos Futebol Clube, a defesa alegava que o pagamento dos salários ocorreu de forma tempestiva, mesmo que com pequenas diferenças a menor, mas sempre pago de forma mensal e em valor aproximadamente 10 vezes superior ao teto estabelecido para um Ministro do Supremo Tribunal Federal. [...] O fundamento principal para aplicação da teoria do adimplemento substancial do contrato encontra-se no art. 187 do Código Civil. De acordo com o dispositivo, o titular de um direito que o exerce de forma a exceder os limites impostos pelo seu fim econômico ou social, pela boa-fé ou pelos bons costumes, comete ato ilícito. Logo o credor poderá exigir seu crédito e até indenização, mas não a extinção do contrato."[101]

Em outras palavras, a teoria em análise permitiria, em tese, que um clube não cumprisse integralmente as prestações e haveres devidos para com um atleta. Mesmo ultrapassado o prazo legal para purgar a mora (período igual ou superior a 3 meses), não haveria a ruptura do contrato de trabalho desportivo com a agremiação. Segundo a teoria, surgiria a possibilidade do jogador requerer indenização pelo que não foi

(101) VEIGA, Maurício de Figueiredo Corrêa da. *Direito e desporto*. São Paulo: LTr, 2018. p.. 96-98.

adimplido completamente, mas o vínculo de trabalho desportivo não seria rompido por rescisão indireta. Ainda segundo a teoria, nessas condições, se o atleta requeresse a ruptura do vínculo de trabalho desportivo atuaria com abuso de direito, nos termos do art. 187 do CC.

É preciso cautela na eventual aplicação da teoria em comento no campo trabalhista.

Inicialmente, destaca-se que, no campo trabalhista, até pelo disposto no art. 8º, da CLT, nos chamados "casos difíceis" (*hard cases*), em que a legislação trabalhista heterônoma estatal não fornece respostas completas ao caso concreto, é possível utilizar fontes subsidiárias do Direito Comum, e também os princípios. Nesse sentido, poder-se-ia falar na aplicação da Teoria do Adimplemento Substancial, calcada no princípio da boa-fé objetiva (arts. 113 e 422 do CC) quando, por exemplo, um empregador deveria entregar um cartão de vale-transporte para o empregado, mas, ao revés, entrega o valor do transporte em espécie. Substancialmente, mesmo que não na forma devida, a obrigação foi, ao fim e ao cabo, cumprida em seu objetivo final, considerando-se resolvida. É um exemplo de aplicação trabalhista da Teoria do Adimplemento Substancial.

A mora no cumprimento das obrigações, nos termos do art. 394 do Código Civil, baseia-se, fundamentalmente, em um requisito temporal. Não se pode ignorar, também, que o empregador, e a agremiação desportiva não deixa de sê-lo, assume os riscos do empreendimento, nos termos do art. 2º, da CLT.

César Fiuza, em sua obra *Direito Civil, Curso Completo*, estabelece conceito e alguns subprincípios ao Princípio da boa-fé objetiva:

> "A boa-fé objetiva baseia-se em fatos de ordem objetiva. Baseia-se na conduta das partes de uma relação obrigacional, que devem agir com correção e honestidade, correspondendo à confiança reciprocamente depositada. As partes devem ter motivos objetivos para confiar uma na outra. O princípio da boa-fé diz respeito à boa-fé objetiva. É um dever imposto às partes de agir de acordo com certos padrões de correção e lealdade. [...] Um subprincípio da boa-fé é o princípio da transparência [...] Outro subprincípio da boa-fé é o princípio da confiança [...] Ainda outro subprincípio da boa-fé é o princípio da solidariedade. As relações obrigacionais, mormente as contratuais, devem ser entendidas como relações cooperativas, em que credor e devedor colaborem mutuamente para o bom resultado. [...] Por fim, outro subprincípio da boa-fé é o princípio da vinculação obrigacional pelo exercício de posições jurídicas."(102)

Dessa forma, imaginemos a situação de um atleta profissional de futebol ganhar cerca de R$ 300.000,00 em salários mensais. O clube empregador, comunicando previamente dificuldades financeiras aos atletas (subprincípio da transparência) alega que

(102) FIUZA, César. *Direito civil:* curso completo. 18. ed. rev., atual. e ampl. São Paulo, Revista dos Tribunais, 2015. p. 431-434.

pagará somente parcialmente os salários vindouros para conseguir adimplir com os salários dos demais funcionários do clube e manter a instituição em funcionamento (subprincípio da solidariedade), e com a concordância do jogador em questão (subprincípio da confiança), paga salários mensais, por quatro meses seguidos, de forma incompleta, adimplindo, mensalmente, valores de R$ 295.000,00, ao invés dos R$ 300.000,00 avençados contratualmente. Nessa situação hipotética em análise, nos parece possível a aplicação da Teoria do Adimplemento Substancial, a impedir a ruptura contratual do atleta com o clube empregador, sem prejuízo da possibilidade de cobrança dos valores atrasados. Há consequências muito graves na ruptura de contratos de trabalho desportivos por rescisão indireta, inclusive com o pagamento de cláusula compensatória desportiva, razão pela qual a cautela deve primar na análise de casos dessa natureza.

Todavia, não cumpridas as formalidades citadas, nos parece indevida a aplicação da teoria em questão, até pelo fato do art. 31 da Lei Pelé ser expresso ao dizer que a ruptura contratual do vínculo de emprego desportivo terá lugar caso não haja o adimplemento de salários ou outros direitos do atleta, por três ou mais meses, no todo ou em parte. Em outras palavras, vai ser necessário ao juiz do trabalho responsável pelo caso analisar a situação em concreto, não podendo haver uma resposta pronta para casos que podem variar, essencialmente. No mesmo sentido se direciona o art. 67 do RNRTAF:

> "**Art. 67** – Nos termos do art. 18, § 6º, do Regulamento da FIFA sobre o *Status* e a Transferência de Jogadores, cláusulas contratuais que outorguem antecipadamente a um clube o direito de atrasar pagamentos devidos a um profissional além dos limites legais não serão reconhecidas, salvo previsão em contrário em acordo ou convenção coletiva de trabalho."

Nessa esteira, a Teoria do Adimplemento Substancial não pode se tornar panaceia jurídica para todos os males e inadimplementos de uma gestão desportiva, sob pena de se fazer tábula rasa da legislação estatal positivada, que foi específica quanto ao prazo de tolerância de inadimplementos antes de ficar caracterizada a hipótese de rescisão indireta. Nesse sentido também pondera o professor César Fiuza:

> "O Código Civil alemão (BGB) edificou a boa-fé subjetiva e a objetiva, na esfera contratual. A partir daí e com o fim dos ideais do liberalismo, a boa-fé objetiva ganha espaço em todo o Direito continental, transformando-se num parâmetro de conduta honrada, não só exigível, mas, acima de tudo, pressuposta. **<u>O cuidado que se há de tomar, contudo, é o de não diluir seu sentido a ponto de virar um curinga, usado em qualquer problema, para legitimar todo tipo de solução</u>**."[103] (grifei)

4.3.3. O distrato. Cláusulas abusivas no encerramento do contrato de trabalho desportivo — O caso Fred

O vínculo de trabalho desportivo da agremiação esportiva com o atleta profissional de futebol é representado, via de regra, pelo contrato especial de trabalho desportivo,

(103) FIUZA, César. *Op. cit.*, p. 432-433.

com vigência mínima de 3 meses e vigência máxima de 5 anos. Especialmente em contratos mais longos, por razões técnicas, financeiras, de transferência, de rescisão indireta, de rescisão unilateral, administrativas, ou até de desinteresse mútuo, o contrato pode ser encerrado antes do seu término pelas possibilidades elencadas no art. 28, § 5º e incisos da Lei Pelé.

No tópico em específico, analisamos a hipótese de distrato, prevista no art. 28, § 5º, I, da Lei Pelé. O distrato pressupõe a finalização do contrato por vontade mútua de ambas as partes contratantes, atleta e clube empregador, sem transferência imediata, a rigor, do atleta para outra agremiação ao tempo do distrato. Como um contrato bilateral, deve haver o compartilhamento de ônus e vantagens para ambas as partes distratantes, com a aplicação de equidade no estabelecimento das cláusulas do distrato.

Recentemente, um caso chamou a atenção da mídia esportiva nacional. Foi o caso do jogador de futebol Fred. Com contrato desportivo em curso com o Clube Atlético Mineiro, o atleta, em conjunto com o seu então empregador, resolveu fazer um distrato do contrato desportivo então em vigência. Até aí, nada de excepcional, pois haveria vantagens para ambas as partes distratantes. O clube teria o benefício de não ter que arcar com os altos salários do atleta até o final do vínculo desportivo, bem como poderia deixar de pagar a cláusula compensatória desportiva quando já não havia mais interesse na manutenção do contrato e o atleta poderia ficar livre para exercer a sua profissão por outra agremiação desportiva interessada em seus serviços. A situação deixou de ser usual por uma cláusula extra inserida no referido distrato. Uma das cláusulas do distrato preconizava que o atleta teria que pagar uma multa de 10 milhões de reais para o seu antigo empregador, o Clube Atlético Mineiro, caso o jogador fosse atuar pelo arquirrival do Atlético, o Cruzeiro Esporte Clube. Foi exatamente o que ocorreu. Após o distrato, o atleta aceitou uma proposta de vínculo de emprego desportivo com o Cruzeiro Esporte Clube, acordando com este clube que, em caso de cobrança daquela sanção, o novo empregador também se responsabilizaria pela multa com o ex-empregador.

Estabeleceu-se a celeuma, tanto na via arbitral, quanto na Justiça Comum e Justiça do Trabalho, acerca da aplicabilidade, ou não, da referida multa. Houve o surgimento de duas posições, uma pela aplicabilidade da multa em questão, outra pela não aplicabilidade.

Entendemos, academicamente, e com a devida vênia das respeitosas opiniões em contrário, pela inaplicabilidade da multa em questão. No caso em concreto, inicialmente, é preciso esclarecer que não estamos tratando de cláusula indenizatória desportiva, pois o contrato de trabalho desportivo com o primeiro empregador não se resolveu pela ruptura unilateral do atleta ou pela compra dos direitos econômicos do mesmo, com consequente cessão definitiva dos direitos federativos. Houve um distrato, não se podendo mais aventar acerca da referida cláusula indenizatória. A celeuma gira em relação a uma cláusula extra incluída no distrato que afetaria terceiros então estranhos à relação empregatícia original, além da própria liberdade de trabalho do jogador. No particular, há a incidência, a nosso sentir, do art. 27-B da Lei Pelé, que assim prescreve:

> "Art. 27-B. São nulas de pleno direito as cláusulas de contratos firmados entre as entidades de prática desportiva e terceiros, ou entre estes e atletas, que possam intervir ou influenciar nas transferências de atletas ou, ainda, que interfiram no desempenho do atleta ou da entidade de prática desportiva, exceto quando objeto de acordo ou convenção coletiva de trabalho." (grifei)

A legislação desportiva não poderia ser mais clara. É nula de pleno direito a cláusula de contrato firmado entre a entidade de prática desportiva e o atleta que possa intervir ou influenciar nas transferências de atletas. Fica claro que a cláusula em questão influenciou na transferência do atleta, pois, tanto assim o é, que está havendo uma discussão judicial e arbitral acerca da cobrança e legalidade da referida multa, sendo que o novo empregador desportivo do atleta sequer participou da avença original que instituiu a referida multa. A legalidade de tal cláusula, a nosso sentir, dependeria da participação do terceiro interessado na avença original, com o estabelecimento de alguma vantagem contratual para aquele hipotético contratante. Não é o caso da situação analisada. A vedação de cláusulas deste jaez também é vedada pelo regulamento de transferência de jogadores da FIFA, em seu art. 18*bis*, aqui transcrito em tradução livre:

> **"Art. 18ºbis – Influência de terceiros nos clubes**
>
> 1. Nenhum clube pode celebrar um contrato que permita a uma das partes ou a um terceiro adquirir uma posição de influência relacionada com a sua independência, políticas ou desempenho das equipes, em matérias laborais (empregabilidade) e de transferências.
>
> 2. A Comissão Disciplinar da FIFA pode impor sanções disciplinares aos clubes que não respeitem as obrigações estabelecidas no presente artigo."[104]

No mesmo sentido, posicionou-se o RNRTAF, versão 2019, da CBF:

> **"Art. 61** – Nenhum clube pode ajustar ou firmar contrato que permita a qualquer das partes, ou a terceiros, influenciar em assuntos laborais ou relacionados a transferências, independência, políticas internas ou atuação desportiva, em obediência ao art. 18bis do Regulamento da FIFA sobre o Status e a Transferência de Jogadores e à legislação desportiva federal." (grifei)

Como se vê, as próprias entidades de organização do desporto vedam este tipo de interferência, com possibilidade de sanção ao clube que celebrou aquele tipo de contrato. Trata-se de cláusula abusiva, que, em nossa visão, viola os princípios da boa-fé contratual. A liberdade de exercício da profissão foi cerceada, o que é vedado nos termos do art. 5º, XIII, da CRFB-1988, uma vez que o atleta não poderia escolher

---

(104) *Art. 18bis* ***Third-party influence on clubs***

1. No club shall enter into a contract which enables the counter club/counter clubs, and vice versa, or any third party to acquire the ability to influence in employment and transfer-related matters its independence, its policies or the performance of its teams.

2. The FIFA Disciplinary Committee may impose disciplinary measures on clubs that do not observe the obligations set out in this article.

livremente a agremiação desportiva que passaria a defender, sem sofrer a ameaça de sanção pecuniária desproporcional e elevada. A Lei Pelé, confirmando a abusividade daquele tipo de disposição, consignou, no seu art. 27-C:

"Art. 27-C. São nulos de pleno direito os contratos firmados pelo atleta ou por seu representante legal com agente desportivo, pessoa física ou jurídica, bem como as cláusulas contratuais ou de instrumentos procuratórios que: (Incluído pela Lei n. 12.395, de 2011)

[...]

III – restrinjam a liberdade de trabalho desportivo; (Incluído pela Lei n. 12.395, de 2011)

IV- estabeleçam obrigações consideradas abusivas ou desproporcionais; (Incluído pela Lei n. 12.395, de 2011)

V – infrinjam os princípios da boa-fé objetiva ou do fim social do contrato;" (Incluído pela Lei n. 12.395, de 2011)

O regramento é claro pela nulidade de cláusula que restrinja a liberdade de trabalho desportivo, estabeleça obrigações abusivas ou desproporcionais e infrinja os princípios da boa-fé objetiva ou do fim social do contrato.

Nesse mesmo sentido, é o magistério do professor César Fiuza, ao caracterizar as cláusulas abusivas em um contrato:

> "Essas cláusulas revelam, na verdade, condutas abusivas, seja por serem estritamente ilícitas, seja por revelarem abuso de direito, isto é, seja por serem funcionalmente ilícitas. É evidente que, levando em consideração os princípios informadores do Direito Contratual e os valores consagrados na Constituição, pode afirmar-se que estas cláusulas são abusivas não só nas relações de consumo, mas em qualquer relação contratual, pelo menos em tese."(105)

O eminente civilista, lastreando-se no Código de Defesa do Consumidor, que poderia ser utilizado no caso em concreto, pois o jogador somente é detentor de sua mão de obra, enquanto o clube tem o poderio econômico, caracterizando-se a ausência de equidade no estabelecimento do distrato, listou hipóteses de cláusulas abusivas, que, em nossa visão, se adéquam ao caso em análise:

> "[...] seriam abusivas, dentre outras, as cláusulas que: [...] impliquem em renúncia ou disposição de direitos. [...] Transfiram responsabilidades a terceiros que nada tenham a ver com o contrato. A regra vigora também nas relações de Direito Comum. Trata-se, aqui, do princípio da relatividade contratual. [...] Estabeleçam obrigações consideradas iníquas, abusivas, que coloquem o consumidor em desvantagem exagerada, ou sejam incompatíveis com a boa-fé ou a equidade. [...] O contrato é abusivo na origem. O fundamento é a justiça contratual, e a regra se aplica também ao Direito

(105) FIUZA, César. *Direito civil:* curso completo. 18. ed. rev., atual. e ampl. São Paulo, Revista dos Tribunais, 2015. p. 597.

Comum. O Código de Defesa do Consumidor estabelece alguns parâmetros para identificar o que seria vantagem ou desvantagem exagerada. Estes mesmos parâmetros se aplicam a qualquer contrato, mutatis mutandis. Assim, presume-se exagerada, entre outros casos, a vantagem que: a) ofende os princípios fundamentais do sistema jurídico a que pertence; b) restringe direitos ou obrigações fundamentais inerentes à natureza do contrato, de tal modo a ameaçar o seu objeto ou o equilíbrio contratual; c) mostra-se excessivamente onerosa para o consumidor (devedor), considerando-se a natureza e o conteúdo do contrato, o interesse das partes e outras circunstâncias peculiares ao caso. [...] Trata-se aqui de condição ou cláusula puramente potestativa e, portanto, leonina. Só uma das partes suporta os ônus. Só uma das partes usufrui vantagens. Nos contratos bilaterais, os ônus e vantagens devem ser compartilhados."[106]

Os principais objetivos do distrato, segundo o que foi divulgado pela mídia esportiva, eram: liberar o atleta para que o mesmo se transferisse para a agremiação que lhe aprouvesse e o antigo empregador ficasse liberado dos pagamentos dos salários até o termo final do contrato, além de ficar liberado de pagar a cláusula compensatória desportiva. Todavia, ao se cercear, exatamente, a liberdade de transferência do atleta pela instituição da cláusula em comento, atingiu-se o âmago da vantagem a que teria o atleta no distrato, levando somente o obreiro a arcar com os ônus do distrato, afetando, portanto, o equilíbrio contratual esperado.

Nesse mesmo sentido preconiza Rafael Ramos, analisando o mesmo caso e chegando a conclusão idêntica:

> "Ademais, permitir que se crie uma cláusula contratual desta espécie no trabalho desportivo, ressuscita características do superado instituto do passe, prejudicando também a concorrência entre clubes empregadores na sistemática atual de multas rescisórias. [...] Diante dos argumentos abordados acima, a Câmara Nacional de Resolução de Disputas (CNRD – órgão de arbitragem vinculado ao sistema federativo) da Confederação Brasileira de Futebol (CBF) ao emitir laudo arbitral condenando o Cruzeiro Esporte Clube e o Fred a indenizar em dez (10) milhões de reais o Clube Atlético Mineiro pela inserção da cláusula comentada, violou o art. 5º, XIII, 6º, 7º, da CF/1988, os arts. 187 e 422, do CC, e ainda a própria norma federativa contida no art. 18-bis, do regulamento de transferência dos jogadores da FIFA. O caso ainda está sob tramitação da arbitragem, pois há possibilidade de recurso dos ora sucumbentes para a instância arbitral de reapreciação, o Centro Brasileiro de Mediação e Arbitragem (CBMA), ou ainda, possibilidade de continuação do conflito na Justiça do Trabalho, podendo existir reformas.[107]"

(106) FIUZA, César. *Op. cit.*, p. 601-603.

(107) RAMOS, Rafael Teixeira. *O caso Fred entre Clube Atlético Mineiro e Cruzeiro Esporte Clube*. Artigo disponível em: <http://ostrabalhistas.com.br/o-caso-fred-entre-clube-atletico-mineiro-e-cruzeiro-esporte-clube/#_ftn1>. Acesso em: 6 jun. 2019.

O doutrinador fez bem-feita analogia com o famigerado instituto do passe, pois com o atleta remanesceriam obrigações pecuniárias com o antigo empregador, mesmo depois de findo o vínculo de emprego e o vínculo desportivo. No caso do atleta Fred, até o fechamento desta edição, a CNRD da CBF tinha decidido pela legalidade da cláusula em questão, sendo que a decisão ainda era passível de recurso nas vias arbitrais próprias. Também até o fechamento desta edição, a situação tinha sido judicializada perante a Justiça do Trabalho e havia sido deferida liminar em primeira instância suspendendo, por ora, a aplicabilidade da cláusula. Além disso, até o fechamento desta edição, o STJ havia sido incitado a dizer a respeito de qual justiça seria competente para analisar a demanda.

Conclui-se, com respeito às opiniões em contrário que advogam pela legalidade contratual de cláusulas daquele jaez (pela liberdade contratual das partes, com aplicação do art. 840 do CC), que, tecnicamente, disposições contratuais em distratos desportivos que cerceiem e estabeleçam condições desproporcionais entre as partes envolvidas, afetando o equilíbrio contratual e a boa fé objetiva são nulas de pleno direito, nos termos da Lei Pelé e dos regulamentos desportivos citados.

4.4. Período protegido. Impossibilidade de assédio para transferências

O Estatuto da FIFA para Transferências de atletas profissionais de futebol, em seu item 7 de seu glossário de definições, trouxe um novo instituto a ser considerado: o período protegido. Diz o referido item 7, em tradução livre:

> "Período protegido: período de três temporadas completas ou de três anos, conforme o que ocorrer em primeiro lugar, contado da entrada em vigor do contrato celebrado antes do 28º aniversário do jogador profissional, ou o período de duas temporadas completas ou de dois anos, conforme o que ocorrer em primeiro lugar, contado da entrada em vigor do contrato celebrado após o 28º aniversário do jogador profissional."[108]

Segundo os termos do art. 17 e parágrafos do Estatuto da Fifa para transferências, durante o período protegido, ou seja, o período de três temporadas completas ou de três anos (o que ocorrer primeiro) se o jogador tem menos de 28 anos; ou o período de duas temporadas completas ou dois anos (o que ocorrer primeiro) se o jogador tiver mais de 28 anos; (sempre a contar da vigência do seu contrato de trabalho); será proibido aos clubes que não tiverem contrato com o jogador, agentes ou qualquer um que se submeta aos Estatutos da FIFA, assediarem o atleta profissional para incentivar a sua rescisão unilateral e sem justa causa do contrato desportivo vigente. Para além do pagamento das compensações normais ao antigo clube do jogador, como o pagamento da cláusula indenizatória desportiva, o jogador que cedeu ao assédio e o clube ou agente

(108) Dados disponíveis em: <www.fifa.com>: *"Protected period: a period of three entire seasons or three years, whichever comes fi rst, following the entry into force of a contract, where such contract is concluded prior to the 28th birthday of the professional, or two entire seasons or two years, whichever comes fi rst, following the entry into force of a contract, where such contract is concluded after the 28th birthday of the professional".*

assediador podem ser punidos disciplinarmente e competitivamente pela FIFA. Em seus termos, os §§ 3º a 5º do art. 17 do Regulamento de Transferências da FIFA dizem, em tradução livre:

> "3. Para além da obrigação de pagamento de compensação, são impostas sanções desportivas ao jogador que rescinda o contrato durante o período protegido. Esta sanção corresponde à proibição de participar em jogos oficiais durante quatro meses. Existindo circunstâncias agravantes, a proibição é de seis meses. As sanções desportivas aplicadas produzem os seus efeitos a partir do momento em que o jogador é notificado da respectiva decisão. As sanções desportivas ficam suspensas no período entre o último jogo oficial da temporada e o primeiro jogo oficial da temporada seguinte, incluindo, em ambos os casos, as taças nacionais e campeonatos internacionais de clubes. Esta suspensão das sanções desportivas não é, contudo, aplicável se o jogador for um membro efetivo da Seleção Nacional da federação que está habilitado a representar, e se a federação em questão estiver a participar na competição final de um torneio internacional, no período entre o último jogo e o primeiro jogo da época seguinte. Não são aplicadas sanções desportivas caso a rescisão unilateral sem justa causa ou justa causa desportiva seja efetuada após o período protegido. Podem contudo ser impostas medidas disciplinares fora do período protegido pelo motivo da notificação da rescisão não ter sido efetuada no prazo de quinze dias contados do último jogo oficial da época (incluindo taças nacionais) do clube no qual o jogador está registado. Começa a correr novo período protegido quando, no momento da renovação do contrato, a sua duração seja prorrogada.
>
> 4.Para além da obrigação de pagamento de compensação, são impostas sanções desportivas ao clube que rescinda um contrato, ou que incite à rescisão de um contrato, durante o período protegido. Salvo demonstração em contrário, presume-se que o clube que celebre um contrato com um jogador profissional, que tenha rescindido o seu contrato sem justa causa, incitou o jogador à rescisão. O clube fica impedido de registar novos jogadores, quer nacional quer internacionalmente, durante dois períodos de registro.
>
> 5. É sancionado todo aquele que, sujeito aos Estatutos e aos regulamentos da FIFA, atue de forma a provocar uma rescisão de contrato entre um jogador profissional e um clube, de modo a facilitar a transferência do jogador."[109]

(109) Dados disponíveis em: <www.fifa.com>: *3. In addition to the obligation to pay compensation, sporting sanctions shall also be imposed on any player found to be in breach of contract during the protected period. This sanction shall be a four-month restriction on playing in official matches. In the case of aggravating circumstances, the restriction shall last six months. These sporting sanctions shall take effect immediately once the player has been notifi ed of the relevant decision. The sporting sanctions shall remain suspended in the period between the last official match of the season and the fi rst offi cial match of the next season, in both cases including national cups and international championships for clubs. This suspension of the sporting sanctions shall, however, not be applicable if the player is an established member of the representative team of the association he is eligible to represent, and the association concerned is participating in the final competition of an international tournament in the period between the last match and the fi rst match of the next season. Unilateral breach without just cause or sporting just cause after the protected period shall not result in sporting sanctions. Disciplinary measures may, however, be imposed outside the protected period for failure to give notice of termination within 15 days of the last official match of the season (including national cups) of the club with which the player is registered. The protected period starts again when, while renewing the contract, the duration of the previous contract is extended. 4. In addition to the obligation to pay compensation, sporting sanctions shall be imposed on any club found to be in breach of contract or found to be inducing a breach of contract during the protected period. It shall be presumed, unless established to the contrary, that any club signing a professional who has terminated his contract without just cause has induced that professional to commit a breach. The club shall be banned*

A matéria poderá ser submetida à Câmara de Resolução de Disputas ou Comitês disciplinares da FIFA. Assim, para além da obrigação de pagamento de compensação, são impostas sanções desportivas ao jogador que rescinda o contrato durante o período protegido. Esta sanção corresponde à proibição de participar em jogos oficiais durante quatro meses. Existindo circunstâncias agravantes, a proibição é de seis meses. As sanções desportivas aplicadas produzem os seus efeitos a partir do momento em que o jogador é notificado da respectiva decisão e são suspensas nas janelas internacionais. Salvo demonstração em contrário, presume-se que o clube que celebrou o novo contrato com um jogador profissional, após a rescisão unilateral e sem justa causa inciada pelo atleta, incitou o jogador à rescisão. O novo clube fica impedido de registar novos jogadores, quer nacional quer internacionalmente, durante dois períodos de registro (duas janelas de transferências). O regulamento reforça que será sancionado todo aquele que, sujeito aos Estatutos e aos regulamentos da FIFA, atue de forma a provocar uma rescisão de contrato entre um jogador profissional e um clube, de modo a facilitar a transferência do jogador. Ou seja, se deseja negociar, o clube que quiser adquirir os direitos federativos de um jogador deve procurar, inicialmente, o clube detentor daqueles direitos federativos, e não o atleta. Em nossa visão, os dispositivos regulamentares foram estabelecidos na tentativa de manutenção da estabilidade contratual entre atletas profissionais e clubes, dentro da lógica da "Causa Mista" já explanada neste estudo (equilíbrio entre a tutela do jogo e a tutela do trabalhador).

Recentemente, o Santos Futebol Clube ameaçou denunciar o Clube Chinês *Tianjin Quanjian* por assédio a seus jogadores durante o período protegido[(110)]. Assim, como visto, acatada a denúncia pelas entidades de Organização do Desporto, podem haver punições aos clubes assediadores e aos jogadores envolvidos, tanto em âmbito desportivo, como no âmbito financeiro.

4.4.1. Vedação da "transferência ponte"

As novas versões do RNRTAF, a partir de março de 2016, vedaram e sancionaram as chamadas "transferências ponte". De acordo com o art. 34, § 1º, do RNRTAF, entende-se como "transferência ponte" toda transferência que envolva o registro do atleta em um clube intermediário sem finalidade desportiva, visando a obtenção de vantagem direta ou indireta, por quaisquer dos clubes envolvidos (cedente, intermediário ou adquirente), do atleta ou de terceiros. A situação é de ocorrência presumida quando se verifica que a transferência não detém finalidade desportiva e o clube adquirente

from registering any new players, either nationally or internationally, for two entire and consecutive registration periods. The club shall be able to register new players, either nationally or internationally, only as of the next registration period following the complete serving of the relevant sporting sanction. In particular, it may not make use of the exception and the provisional measures stipulated in article 6 paragraph 1 of these regulations in order to register players at an earlier stage. 5. Any person subject to the FIFA Statutes and regulations who acts in a manner designed to induce a breach of contract between a professional and a club in order to facilitate the transfer of the player shall be sanctioned.>

(110) Disponível em: <http://esportes.terra.com.br/futebol/brasileiro-serie-a/santos-se-irrita-com-assedio-de-chineses-e-ameaca-ir-a-fifa,4807aaf7a28d9eb9e9c0a2781657a7ea3ekq35hj.html>. Acesso em: 11 fev. 2016.

funciona somente como uma "ponte" para o atleta se transferir para outra agremiação, que seria a verdadeira adquirente. Diz o § 2º, do art. 34, do RNRTAF:

"§ 2º Presume-se que a transferência não possui finalidade desportiva nas hipóteses exemplificadas:

I. dois registros definitivos do atleta em um lapso temporal igual ou inferior a 3 (três) meses;

II. registro definitivo seguido de transferência temporária, sem que o atleta participe de competições oficiais pelo clube cedente;

III. fraude ou violação a normas financeiras, trabalhistas e/ou desportivas;

IV. fraude ou violação aos regulamentos de entidades nacionais e/ou internacionais de administração do desporto;

V. ocultação do real valor de uma transação."

A situação ocorre, muitas vezes, quando um clube que deseja adquirir os direitos federativos de um atleta e usa um clube intermediário, normalmente de menor porte econômico, para realizar a primeira transferência, normalmente pagando direitos econômicos mais modestos, sendo que aquele clube intermediário imediatamente repassa o atleta ao verdadeiro clube adquirente. Os demais parágrafos do art. 34 do RNRTAF detalham ainda mais a ocorrência, bem como ressalva o direito de defesa da parte investigada pela prática que será investigada pela Câmara Nacional de Resolução de Disputas da CBF:

"§ 3º Fica ressalvado o direito da parte investigada de reverter as presunções, devendo a CNRD analisar se um ou mais registros possuem ou não finalidade desportiva com base nos seguintes critérios objetivos e não taxativos:

I. a idade do atleta;

II. o número de partidas disputadas pelo atleta em cada um dos clubes (cedente, intermediário e adquirente);

III. o lapso temporal entre cada transferência;

IV. a remuneração recebida pelo atleta em cada um dos clubes (cedente, intermediário e adquirente);

V. os valores envolvidos nas transferências;

VI. o valor de mercado estimado para o atleta no momento da(s) transferência(s);

VII. proporcionalidade dos valores envolvidos em cada sequência da transferência ponte;

VIII. a categoria dos clubes envolvidos para fins de "training compensation"; IX. a existência de fraude ou violação aos regulamentos de entidades nacionais e/ou internacionais de administração do desporto."

A prática também é vedada pelo art. 61 do RNRTAF que diz:

"**Art. 61** – Nenhum clube pode ajustar ou firmar contrato que permita a qualquer das partes, ou a terceiros, influenciar em assuntos laborais ou relacionados a transferências, independência, políticas internas ou atuação desportiva, em obediência ao art. 18bis do Regulamento da FIFA sobre o *Status* e a Transferência de Jogadores e à legislação desportiva federal."

Nessas situações em que, deliberadamente, o atleta não é aproveitado pelo clube intermediário, sendo quase que imediatamente repassado ao verdadeiro clube adquirente, podem haver sanções aos envolvidos, clubes e atletas. No caso, haveria a atuação do clube intermediário, do jogador e do verdadeiro adquirente como se intermediários fossem, sem o cumprimento das formalidades para este tipo de atuação, previstas no Regulamento Nacional dos Intermediários. Haveria, também, violações dos regulamentos de transferências da CBF e da FIFA, além de violação do art. 27-B da Lei Pelé. Assim, poderiam haver as seguintes sanções, previstas no RNI e no Regulamento da CNRD:

> "**Art. 36** – Compete à Câmara Nacional de Resolução de Disputas (CNRD) da Confederação Brasileira de Futebol (CBF) apreciar quaisquer questões decorrentes deste Regulamento, na forma de seu Regulamento.
>
> **Art. 37** – Cabe à CBF publicar e informar à FIFA todas as sanções porventura impostas pela CNRD, cabendo à Comissão Disciplinar da FIFA verificar se tais sanções devem ou não ter alcance mundial, como previsto no Código Disciplinar da FIFA.
>
> **Art. 38** – O Intermediário, jogador, técnico de futebol e/ou clube que infringir este Regulamento sujeita-se às sanções previstas no Regulamento da CNRD, aplicáveis de forma isolada ou cumulativa.
>
> **Art. 39** – Demais pessoas que infringirem este Regulamento sujeitam-se às sanções previstas no Regulamento da CNRD, aplicáveis de forma isolada ou cumulativa."

Algumas denúncias de "transferências ponte" já foram feitas no Brasil, inclusive envolvendo grandes clubes brasileiros, que foram investigados e punidos pelo STJD.

4.5. Indenização por formação e mecanismo de solidariedade

A indenização por formação, em âmbito nacional, é um instituto previsto na Lei Pelé e no RNRTAF, podendo ser conceituado como um ressarcimento e compensação ao clube formador certificado pelos investimentos humanos, educacionais, técnicos e materiais no atleta, e deverá ser paga, nas transferências nacionais, ao clube formador, desde que este, como dito, seja portador de certificação de ente formador emitido pela CBF. Nesse sentido, o art. 56 do RNRTAF:

> "**Art. 56** – A indenização por formação de atleta tem objetivo de ressarcimento e compensação de investimentos humanos, educacionais, técnicos e materiais, e deve ser paga, nas transferências nacionais, ao clube formador, desde que portador de Certificado de Clube Formador emitido pela CBF."

Diferentemente do mecanismo de solidariedade, a ser explanado em seguida, a indenização por formação, em transferências nacionais, será paga de acordo com as hipóteses descritas no § 5º, do art. 29, da Lei n. 9.615/1998:

> "§ 5º A entidade de prática desportiva formadora fará jus a valor indenizatório se ficar impossibilitada de assinar o primeiro contrato especial de trabalho desportivo por oposição do atleta, ou quando ele se vincular, sob qualquer forma, a outra entidade de prática desportiva, sem autorização expressa da entidade de prática desportiva formadora, atendidas as seguintes condições: (Redação dada pela Lei n. 12.395, de 2011)

I – o atleta deverá estar regularmente registrado e não pode ter sido desligado da entidade de prática desportiva formadora;

II – a indenização será limitada ao montante correspondente a 200 (duzentas) vezes os gastos comprovadamente efetuados com a formação do atleta, especificados no contrato de que trata o § 4º deste artigo;

III – o pagamento do valor indenizatório somente poderá ser efetuado por outra entidade de prática desportiva e deverá ser efetivado diretamente à entidade de prática desportiva formadora no prazo máximo de 15 (quinze) dias, contados da data da vinculação do atleta à nova entidade de prática desportiva, para efeito de permitir novo registro em entidade de administração do desporto."

Ou seja, deverá haver o pagamento da indenização no caso da entidade de prática desportiva, devidamente certificada perante a CBF, ficar impossibilitada de assinar o primeiro contrato especial de trabalho desportivo por oposição do atleta, ou quando ele se vincular, sob qualquer forma, a outra entidade de prática desportiva, sem autorização expressa da entidade de prática desportiva formadora e estando ainda vinculado ao clube formador original. O valor da indenização terá como teto o montante de 200 vezes os gastos efetivamente e comprovadamente efetuados na formação do atleta, conforme estipulado no contrato formal de aprendizagem assinado entre o representante legal do atleta/atleta e a entidade formadora (entre 14 e 21 anos). A previsão de idade até 21 anos justifica-se, pois o atleta pode ter se vinculado, de forma não profissional, na forma de contrato de aprendizagem ou na forma de contrato de formação, recebendo bolsa ou ajuda de custo (não profissional), em uma idade superior a 14 anos. A indenização só terá lugar se o atleta estiver registrado pela entidade formadora e se ainda estiver vigente o seu contrato de aprendizagem, contrato de formação e registro ativo pelo clube formador original. O pagamento somente poderá ser feito por outra entidade de prática desportiva, no prazo máximo de 15 (quinze) dias, contados da data da vinculação do atleta à nova entidade de prática desportiva, para efeito de permitir novo registro em entidade de administração do desporto.

Caso o primeiro contrato de trabalho desportivo do atleta seja assinado com um clube estrangeiro, sendo a formação realizada em uma entidade desportiva brasileira, também haverá o pagamento da indenização por formação. Segundo o Estatuto de Transferências e Registro de Jogadores da FIFA, a formação e educação de um jogador têm lugar entre os 12 e os 23 anos de idade. Em regra, a compensação por formação deve ser paga até aos 23 anos de idade pela formação recebida até aos 21 anos, a não ser que seja evidente que o jogador tenha terminado o seu período de formação antes dos 21 anos de idade, ou seja, se tornou um jogador estabelecido e formado antes daquela idade. Neste último caso, a compensação por formação deve ser paga até ao final da temporada em que o jogador atinge os 23 anos de idade, mas o cálculo do montante a pagar deve ser baseado nos anos compreendidos entre os 12 anos e a idade em que é efetivamente estabelecido que o jogador concluiu a sua formação. Assim, no caso do primeiro contrato do atleta formado no Brasil ser assinado com uma equipe estrangeira, a regulação da indenização por formação é feita pelo Estatuto de Transferências e Registro de jogadores da FIFA, em seu art. 20, com o estabelecimento de outras hipóteses para o pagamento de compensação por formação. Diz o art. 20, a respeito, em tradução livre:

> **"Compensação por formação**
>
> A compensação por formação é paga ao(s) clube(s) formador(es) do jogador: (1) quando o jogador celebra o seu primeiro contrato como profissional, e (2) em cada transferência do jogador profissional até ao final da temporada do seu 23º aniversário. A obrigação de pagamento da compensação por formação surge quer a transferência tenha lugar no decurso ou no termo do contrato do jogador. As disposições relativas à compensação por formação constam do Anexo 4 do presente regulamento."

Os arts. 2º do anexo 4 do regulamento detalha o pagamento por formação:

> **"Art. 2 Pagamento de compensação por formação**
>
> 1. Deve ser paga compensação por formação quando:
>
> I) o jogador for registado pela primeira vez como profissional; ou,
>
> II) o jogador profissional for transferido entre clubes de duas federações diferentes (quer seja durante o seu contrato quer seja no seu termo) antes do final da temporada do seu 23º aniversário.
>
> 2. Não deve ser paga compensação por formação se: I) o clube anterior rescindir o contrato do jogador sem justa causa (sem prejuízo dos direitos dos clubes anteriores); ou II) o jogador for transferido para um clube de 4ª divisão; ou III) o jogador profissional readquirir o status de amador ao ser transferido.(111)"

Ou seja, em âmbito internacional, haverá o pagamento de compensação/indenização por formação do atleta, quando o jogador for registrado pela primeira vez como profissional e o clube que o registrou como profissional é um clube do exterior que não foi o clube formador do atleta; ou quando o atleta profissional for transferido entre clubes de duas federações diferentes de forma onerosa antes do final da temporada de seu 23º aniversário. Não precisará ser paga compensação por formação se: I) o clube anterior rescindir o contrato do jogador sem justa causa (sem prejuízo dos direitos dos clubes anteriores); ou II) o jogador for transferido para um clube de 4ª divisão; ou III) o jogador profissional readquirir o *status* de amador ao ser transferido.

De acordo com os termos do art. 3º, do anexo 4, do Estatuto da FIFA para transferências, o clube pelo qual o jogador é registrado como profissional pela primeira vez é responsável por, no prazo de 30 dias contados do registo, efetuar o pagamento da compensação/indenização por formação a todos os clubes pelos quais o jogador tenha estado anteriormente registrado (de acordo com o histórico da carreira do jogador que figura no passaporte desportivo do atleta), e que tenham contribuído para a sua

(111) Dados disponíveis em: <www.fifa.com>: ***"20 Training compensation** Training compensation shall be paid to a player's training club(s): (1) when a player signs his fi rst contract as a professional, and (2) each time a professional is transferred until the end of the season of his 23rd birthday. The obligation to pay training compensation arises whether the transfer takes place during or at the end of the player's contract. The provisions concerning training compensation are set out in Annexe 4 of these regulations".*

formação, desde a temporada do seu 12º aniversário. O montante a pagar é calculado na proporção do período de formação que o jogador passou em cada clube. Nas transferências posteriores do jogador profissional, a compensação por formação ao clube anterior só é devida pelo tempo em que o jogador efetivamente recebeu formação por parte desse clube. Nos termos do art. 5º, do mesmo anexo 4, em regra, para calcular a compensação por formação devida ao(s) clube(s) anterior(es) de um jogador, é necessário considerar os custos que o novo clube teria dispendido se tivesse sido ele a formar o jogador.

Assim, quando um jogador se registra pela primeira vez como profissional, a compensação por formação a pagar é calculada considerando o custo de formação do novo clube multiplicado pelo número de anos de formação, em princípio, desde a temporada do 12º aniversário do jogador até a temporada do seu 23º aniversário. Em caso de transferências posteriores, a compensação por formação é calculada com base nos custos de formação do novo clube multiplicados pelo número de anos de formação no clube anterior. Para garantir que a compensação por formação para jogadores muito jovens não seja fixada em níveis desarrazoadamente elevados, os custos de formação dos jogadores para as temporadas entre os seus 12º e 15º aniversários (ou seja, quatro temporadas) são baseados nos custos de formação e educação para os clubes de 1ª divisão. Essa exceção não é, contudo, aplicável se o que der origem ao direito a compensação por formação tiver ocorrido antes do final da temporada do 18º aniversário do jogador. A Câmara de Resolução de Litígios da FIFA pode rever os litígios relativos ao montante da compensação por formação a pagar e tem o poder discricionário para ajustar este montante se o mesmo for claramente desproporcional ao caso que estiver a ser revisto. Em âmbito nacional, a Câmara Nacional de Resolução de Disputas da CBF também tem competência para analisar tais litígios, nos termos do art. 3º, IV, do seu regulamento - RCNRD.

Cabe lembrar que os clubes formadores, para efeito de recebimento desta indenização, são somente aqueles reconhecidos como tal pelas Federações Nacionais. Para tanto, no caso do Brasil, conforme explicitado em capítulo próprio, haverá a necessidade do cumprimento de uma série de requisitos para a obtenção do certificado de clube formador, que será emitido pela CBF.

Já o Mecanismo de Solidariedade também é uma indenização pela formação do atleta em suas primeiras temporadas da carreira, mas não é destinado, exclusivamente, a clubes que detenham o certificado de clubes formadores. Segundo os termos do art. 58 do RNRTAF, se um atleta profissional transferir-se de forma onerosa em caráter definitivo ou temporário de um clube para outro antes de findo seu contrato de trabalho desportivo, os clubes que deram suporte à sua formação e educação receberão uma parte da indenização a título de contribuição de solidariedade, distribuída, proporcionalmente, ao número de anos em que o atleta esteve inscrito em cada um deles ao longo das temporadas. Segundo o mesmo artigo, em seu parágrafo único, o mecanismo de solidariedade nas **transferências nacionais** será de 5% (cinco por cento) do valor pago pelo novo clube do atleta, sendo obrigatoriamente distribuídos entre os clubes que contribuíram para a formação do atleta, na proporção de: **I)** 1% (um por cento) para cada ano de formação do atleta, dos 14 (quatorze) aos 17 (dezessete) anos de idade, inclusive; **II)** 0,5% (meio por cento) para cada ano de formação, dos 18 (dezoito) aos 19 (dezenove) anos de idade, inclusive.

O art. 59 do regulamento estabelece que o valor do mecanismo de solidariedade, nas transferências nacionais, será pago pelo novo clube do atleta sem necessidade de solicitação por parte dos clubes formadores do jogador dentro dos trinta (30) dias seguintes à sua inscrição pelo novo clube. Competirá ao novo clube do atleta calcular o valor da contribuição de solidariedade e distribuí-lo pelo número de anos ou proporcionalmente, de acordo com o histórico do atleta constante de seu Passaporte Desportivo, devendo o atleta colaborar com sua nova entidade empregadora para que esta cumpra integralmente sua obrigação com o clube ou clubes que o formaram. A Lei Pelé foi ainda mais clara no *caput* do art. 29-A e outros parágrafos. Disse:

> "Art. 29-A. Sempre que ocorrer **transferência nacional**, definitiva ou temporária, de atleta profissional, até 5% (cinco por cento) do **valor pago pela nova entidade de prática desportiva** serão obrigatoriamente distribuídos entre as entidades de práticas desportivas que contribuíram para a formação do atleta, na proporção de: (Incluído pela Lei n. 12.395, de 2011)
>
> I – 1% (um por cento) para cada ano de formação do atleta, dos 14 (quatorze) aos 17 (dezessete) anos de idade, inclusive; e (Incluído pela Lei n. 12.395, de 2011)
>
> II – 0,5% (meio por cento) para cada ano de formação, dos 18 (dezoito) aos 19 (dezenove) anos de idade, inclusive. (Incluído pela Lei n. 12.395, de 2011)
>
> § 1º Caberá à entidade de prática desportiva cessionária do atleta reter do valor a ser pago à entidade de prática desportiva cedente 5% (cinco por cento) do valor acordado para a transferência, distribuindo-os às entidades de prática desportiva que contribuíram para a formação do atleta. (Incluído pela Lei n. 12.395, de 2011)
>
> § 2º Como exceção à regra estabelecida no § 1º deste artigo, caso o atleta se desvincule da entidade de prática desportiva de forma unilateral, mediante pagamento da cláusula indenizatória desportiva prevista no inciso I do art. 28 desta Lei, caberá à entidade de prática desportiva que recebeu a cláusula indenizatória desportiva distribuir 5% (cinco por cento) de tal montante às entidades de prática desportiva responsáveis pela formação do atleta. (Incluído pela Lei n. 12.395, de 2011)
>
> § 3º O percentual devido às entidades de prática desportiva formadoras do atleta deverá ser calculado sempre de acordo com certidão a ser fornecida pela entidade nacional de administração do desporto, e os valores distribuídos proporcionalmente em até 30 (trinta) dias da efetiva transferência, cabendo-lhe exigir o cumprimento do que dispõe este parágrafo." (grifos meus)

Ou seja, o pagamento do mecanismo de solidariedade, nos percentuais estabelecidos na lei (que variam de acordo com a idade e os anos de formação do atleta em cada clube formador), serão pagos pela entidade de prática desportiva cessionária (que recebeu o jogador na transferência) do atleta que reterá, do valor a ser pago à entidade de prática desportiva cedente, 5% (cinco por cento) do valor acordado para a transferência, distribuindo-os às entidades de prática desportiva que contribuíram para a formação do atleta. Assim, a entidade de prática desportiva que comprou definitivamente ou recebeu temporariamente os direitos federativos do atleta é quem deverá reter 5% dos valores que seriam pagos ao clube cedente e distribuir às entidades de prática desportiva que contribuíram para a formação do atleta.

Todavia, caso o atleta se desvincule da entidade de prática desportiva de forma unilateral, mediante pagamento da cláusula indenizatória desportiva prevista no inciso I do art. 28 da Lei (cláusula indenizatória desportiva), **caberá à entidade de prática desportiva que recebeu a cláusula indenizatória desportiva (antigo clube do jogador) distribuir 5%** (cinco por cento) de tal montante às entidades de prática desportiva responsáveis pela formação do atleta.

Já em âmbito internacional, o mecanismo de solidariedade é regulado pelo Estatuto da Fifa para Transferências e Registros de Jogadores de Futebol, em seu art. 21, que, diz, em tradução livre:

> "**Art. 21º Mecanismo de Solidariedade**
>
> Se um jogador profissional for transferido antes do termo do seu contrato, qualquer clube que tenha contribuído para a sua educação e formação recebe uma percentagem da compensação paga ao clube anterior (contribuição de solidariedade). As disposições relativas às contribuições de solidariedade constam do Anexo 5 do presente Regulamento.[(112)]"

O anexo 5 do Regulamento detalha o instituto. Diz, em seus termos, que se um jogador profissional for transferido na vigência de um contrato, o novo clube deve distribuir pelos clubes que, ao longo dos anos, estiveram envolvidos na formação do jogador, a título de contribuição de solidariedade, 5% deduzidos do valor total de qualquer compensação, não incluindo a compensação por formação paga ao clube anterior. Esta contribuição de solidariedade reflete o número de anos (cálculo *pro rata* se for menos de um ano) em que o jogador esteve registrado por cada clube entre as temporadas do seu 12º e 23º aniversários, do seguinte modo:

- Temporada do 12º aniversário: 5% (ou seja 0,25% da compensação total);
- Temporada do 13º aniversário: 5% (ou seja 0,25% da compensação total);
- Temporada do 14º aniversário: 5% (ou seja 0,25% da compensação total);
- Temporada do 15º aniversário: 5% (ou seja 0,25% da compensação total);
- Temporada do 16º aniversário: 10% (ou seja 0,5% da compensação total);
- Temporada do 17º aniversário: 10% (ou seja 0,5% da compensação total);

(112) Dados disponíveis em: <www.fifa.com>: *"**21 Solidarity mechanism** If a professional is transferred before the expiry of his contract, any club that has contributed to his education and training shall receive a proportion of the compensation paid to his former club (solidarity contribution). The provisions concerning solidarity contributions are set out in Annexe 5 of these regulations."*

– Temporada do 18º aniversário. 10% (ou seja 0,5% da compensação total);

– Temporada do 19º aniversário: 10% (ou seja 0,5% da compensação total);

– Temporada do 20º aniversário: 10% (ou seja 0,5% da compensação total);

– Temporada do 21º aniversário: 10% (ou seja 0,5% da compensação total);

– Temporada do 22º aniversário: 10% (ou seja 0,5% da compensação total);

– Temporada do 23º aniversário: 10% (ou seja 0,5% da compensação total).

Conforme palestra proferida na reunião de revisão anual dos regulamentos da FIFA, o integrante do Comitê próprio daquela entidade, *Matthijs Withagen*, revelou que há uma força tarefa na FIFA implementando estudos para modificar os valores daquela tabela de pagamento de mecanismo de solidariedade que não sofre modificações desde o ano de 2001[(113)].

O novo clube do atleta é quem deve pagar a contribuição de solidariedade ao(s) clube(s) formador(es), em conformidade com as disposições que precedem, no prazo máximo de 30 dias após o registro do jogador ou, em caso de pagamentos em prestações, no prazo de 30 dias após a data de tais pagamentos. É da responsabilidade do novo clube o cálculo do montante da contribuição de solidariedade e a sua distribuição, de acordo com o histórico da carreira do jogador que figura no seu passaporte desportivo. O jogador deve, se necessário, ajudar o novo clube a cumprir esta obrigação. Se, no prazo de 18 meses contados da transferência, não puder ser estabelecida uma ligação entre o jogador profissional e qualquer um dos clubes dos quais aquele recebeu formação, a contribuição de solidariedade é paga à federação (ou federações) do país (ou países) onde o jogador recebeu formação. Essa contribuição de solidariedade será aplicada em programas de desenvolvimento do futebol jovem na federação ou federações em questão. A Comissão Disciplinar da FIFA pode impor medidas disciplinares aos clubes que não cumpram as obrigações estabelecidas no referido anexo.

Recentemente, conforme relatado em palestra na reunião anual para revisão dos regulamentos da FIFA, um caso interessante foi reportado a respeito de uma disputa entre clubes acerca dos pagamentos de indenização por formação e mecanismo de solidariedade. O caso foi submetido à Câmara de Resolução de Disputas da FIFA (caso DRC 0516200), com recurso ao TAS/CAS (caso 2016/A/4821). Tanto a Câmara de Resoluções de Disputas da FIFA, como o TAS/CAS, este em sede recursal, chegaram à mesma conclusão. Na situação apresentada, um clube nigeriano cobrava de dois clubes ingleses o pagamento de indenização por formação (*training compensation)* e indenização pelo mecanismo de solidariedade, pois um atleta que tinha iniciado a sua formação no clube nigeriano, e atuava agora por um dos times ingleses, tinha sido envolvido em uma troca definitiva de direitos federativos com outro jogador do outro

(113) Disponível em: <https://www.fifa.com/about-fifa/who-we-are/news/fifa-football-law-annual-review-to-be-streamed-on-fifa-com>. Acesso em: 11 jul. 2019.

clube inglês, sem qualquer valor monetário envolvido na troca. A primeira questão a ser enfrentada pelos órgãos arbitrais foi saber se a troca, que não envolveu valores em espécie, tinha algum valor econômico. Entendeu-se que este tipo de troca tem valor econômico, sendo que foi utilizado como lastro para definir o valor de tal troca os montantes negociados nas transferências onerosas anteriores dos dois atletas envolvidos. Assim, concluiu-se que os direitos econômicos dos atletas se equivaleriam, mas a troca dos direitos federativos dos atletas, apesar de não envolver montantes pecuniários, tinha valor econômico. Assim, o clube inglês que recebeu o atleta na troca foi obrigado a pagar indenizações por formação e mecanismo de solidariedade ao clube nigeriano. Destaca-se, que, na mesma palestra, foi frisado, novamente, que há a intenção da FIFA de criar uma "*Clearing House*", que centralizaria as transferências de jogadores, concentrando todos os pagamentos envolvidos na transação, como pagamentos de intermediários, de taxas, atletas e dos clubes, inclusive no que toca às indenizações por formação e por mecanismo de solidariedade(114).

Para se exemplificar a importância do mecanismo de solidariedade no futebol mundial, lembramos do caso do jogador Hulk e do Clube Paraibano Serrano. O atacante de fama internacional e com convocações para a seleção brasileira teve uma passagem pelo Clube Serrano entre os anos de 1999 e 2000, o que transformou o clube do interior da Paraíba em uma das equipes formadoras do atleta, para efeito do mecanismo de solidariedade. Em 2012, quando o clube paraibano estava à beira da falência, foi beneficiado pela transferência do atacante do Clube do Porto de Portugal para o *Zenit*, da Rússia. Na época, a transferência girou em torno de 153 milhões de reais, dos quais 475 mil reais couberam ao clube paraibano, pelo mecanismo de solidariedade. O dinheiro possibilitou a quitação de dívidas e a reestruturação do clube, com o retorno do mesmo à primeira divisão estadual alguns anos depois. Posteriormente, o atacante foi novamente negociado, desta feita do clube russo para o *Shangai SIPG* da China, por um montante de 200 milhões de reais, o que gerará novos valores para o Serrano(115).

4.6. Possibilidades de punições desportivas por ausência de cumprimento dos termos do contrato de transferência

A maior punição que um clube e sua torcida podem imaginar são em âmbito desportivo, muito mais do que o âmbito pecuniário. Tanto o Estatuto de Transferências da FIFA, como o Regulamento Nacional de Registro e Transferência de Atletas de Futebol e o Regulamento Nacional de Intermediários preveem, em seus textos, a possibilidade de punições desportivas às equipes, jogadores, intermediários e federações associadas por descumprimento dos termos de seus regulamentos, em todos os aspectos lá tratados e nesta obra abordados. O Regulamento da FIFA, somente no que concerne ao Anexo

(114) Disponível em: <https://www.fifa.com/about-fifa/who-we-are/news/fifa-football-law-annual-review-to-be-streamed-on-fifa-com>. Acesso em: 11 jul. 2019.

(115) Disponível em: <http://globoesporte.globo.com/pb/noticia/2016/10/da-falencia-elite-saiba-como-hulk-evitou-extincao-de-clube-da-paraiba.html>. Acesso em: 28 maio 2019.

que trata do TMS, ou seja, das transferências internacionais dos jogadores, prevê, em seus termos, que podem ser impostas sanções a qualquer federação ou clube que viole qualquer uma das disposições dos regramentos acerca do TMS. Além disso, podem ser impostas sanções a qualquer federação ou clube que introduza dados inexatos ou falsos no sistema ou abuse do TMS para fins ilegítimos. O regulamento diz que as federações e clubes são responsáveis pelas ações e dados introduzidos pelos seus responsáveis no TMS. De acordo com o Código de Disciplina da FIFA podem ser impostas às federações, por violação dos regramentos de transferências da FIFA, nomeadamente, as seguintes sanções: repreensão ou advertência; multa; exclusão de uma competição (no caso, a seleção ligada à Federação punida); devolução de prêmios. Essas sanções podem ser impostas separada ou cumulativamente. De acordo com o Código de Disciplina da FIFA podem ser impostas aos clubes, por violação dos regramentos de transferências da FIFA, nomeadamente, as seguintes sanções: repreensão ou advertência; multa; anulação do resultado de um jogo; derrota; exclusão de uma competição; dedução de pontos; descida de divisão; proibição de efetuar transferências; devolução de prêmios, dentre outras que serão listadas abaixo. Estas sanções podem ser impostas separada ou cumulativamente. O FC Barcelona, tradicional e famoso clube espanhol, recentemente, foi punido pela FIFA por alegadas irregularidades na contratação de jogadores menores de 18 anos (cujas transferências internacionais, em regra, são proibidas pelo art. 19 do Regulamento da FIFA para Transferências). O clube catalão ficou impedido de realizar contratações durante todo o ano de 2015. A Real Federação de Futebol Espanhola também foi punida pelo mesmo episódio, sendo multada em 400 mil euros e obrigada a modificar seus regulamentos internos(116). O Manchester City, clube inglês, também foi punido em R$1,6 milhões de reais (370 mil euros), pelo mesmo motivo. Já o também inglês Chelsea, pelas mesmas razões, ficou impedido de participar da janela de transferências da temporada 2019/2010(117).

Em âmbito nacional, o RNRTAF também estabelece possíveis punições pelo descumprimento de obrigações financeiras devidas a atletas ou aos clubes. Diz o art. 64 do Regulamento:

> "**Art. 64** – Em cumprimento ao art. 12bis, dispositivo vinculante do Regulamento da FIFA sobre o Status e a Transferência de Jogadores, é dever dos clubes cumprir, tempestivamente, as obrigações financeiras devidas a atletas profissionais ou a outros clubes, nos termos dos instrumentos que entre si avençarem e formalizarem.
>
> § 1º Ocorrendo atraso por mais de 30 (trinta) dias dos pagamentos previstos no *caput* deste artigo, sem que a mora financeira tenha amparo contratual ou justo motivo, os clubes podem ser sancionados, na forma do Regulamento da CNRD.
>
> § 2º Para que um clube seja considerado em mora nos termos deste artigo, cabe ao credor

(116) Disponível em: <http://pt.euronews.com/2014/04/02/fifa-suspende-transferencias-do-barcelona-por-uma--epoca/>. Acesso em: 10 fev. 2016.

(117) Disponível em: <https://globoesporte.globo.com/futebol/futebol-internacional/futebol-espanhol/noticia/fifa-multa-manchester-city-por-irregularidades-na-transferencia-de-menores.ghtml>. Acesso em: 13 ago. 2019.

(atleta ou clube) notificar, por escrito, concedendo um prazo mínimo de 10 (dez) dias para que este cumpra suas obrigações financeiras em atraso.

§ 3º Exaurido o prazo, o credor, juntando os respectivos documentos comprobatórios do descumprimento das obrigações financeiras, fará a formal comunicação à CNRD, que pode ordenar o pagamento da obrigação e impor ao clube inadimplente as sanções previstas em seu Regulamento até o efetivo cumprimento.

§ 4º As sanções ao clube devedor podem ser aplicadas isolada ou cumulativamente.

§ 5º A reincidência de mora financeira pelo clube devedor é considerada agravante, importando sanção mais grave.

§ 6º A proibição de registrar novos atletas pode ser objeto de suspensão condicional da pena e, neste caso, cabe à CNRD fixar um período de seis (6) meses a dois (2) anos para o sursis desportivo.

§ 7º Se durante o transcurso do prazo do sursis desportivo o clube beneficiário vier a cometer outra infração tipificada no *caput* deste artigo, a suspensão da pena será automaticamente revogada, importando imediata vedação de registrar novos atletas, sem prejuízo da imposição de sanção pela nova infração cometida.

§ 8º A imposição de sanções com base neste artigo não caracteriza por si só justa causa para a rescisão do contrato entre um atleta e um clube.

§ 9º Na hipótese de rescisão unilateral da relação contratual, as disposições deste artigo aplicar-se-ão sem prejuízo de outras medidas previstas na legislação desportiva."

O RNI da CBF também prevê as punições desportivas e financeiras cabíveis a clubes, atletas e intermediários, por eventuais violações dos regulamentos da FIFA, CBF ou de seus respectivos estatutos, nos termos do regulamento da CNRD (Câmara Nacional de Resolução de Disputas). Por sua vez, diz o regulamento da CNRD a respeito das possíveis sanções:

"Art. 40 – No exercício de suas funções, a CNRD pode aplicar as seguintes sanções, cumulativamente ou não:

§ 1º A qualquer pessoa:

I – advertência;

II – censura escrita;

III – multa, inclusive por litigância de má-fé, a ser revertida em favor da CBF;

IV – multa a ser revertida em favor da parte interessada;

V – fixação de prazo para cumprimento de obrigações financeiras.

§ 2º Às pessoas naturais, no que couber:

I – bloqueio e repasse de receita ou premiação econômica que a parte tenha direito a receber da CBF ou de federação;

II – devolução de premiação ou título conquistado em competição organizada pela CBF;

III – exigência de bloqueio e repasse, pelo clube com o qual estiver registrada a parte, em favor da parte interessada, de até dez por cento de sua remuneração mensal, até a satisfação de eventual crédito, respeitada a capacidade econômica da parte (apenas para atletas e membros da comissão técnica);

IV – suspensão por prazo determinado, proporcional ao valor do crédito e/ou à relevância da obrigação, respeitada a legislação federal;

V – proibição de atuar em qualquer atividade relacionada ao futebol, de acordo com os regulamentos da CBF e da FIFA, respeitada a legislação federal.

§ 3º Às pessoas jurídicas, no que couber:

I – bloqueio e repasse de receita ou premiação econômica que tenha direito de receber da CBF ou de federação;

II – devolução de premiação ou título conquistado em competição organizada pela CBF (apenas para clubes);

III – proibição de registrar novos atletas, por período determinado não inferior a seis meses nem superior a dois anos (apenas para clubes);

IV – proibição de registrar novos atletas por um ou dois períodos completos e, se for o caso, consecutivos de registro internacional (apenas para clubes);

V – suspensão dos efeitos ou cancelamento do Certificado de Clube Formador (apenas para clubes);

VI – desfiliação ou desvinculação, respeitada a legislação federal.

§ 4º Aos Intermediários:

I – proibição temporária de registro de novos contratos de representação;

II – exigência de bloqueio e repasse, por clube com o qual possuir contrato vigente, em favor de jogador, clube ou outro Intermediário, de eventual remuneração a que faria jus, para fins de satisfação e até o limite de eventual débito existente;

III – suspensão temporária do registro junto à CBF por até doze meses;

IV – cancelamento do registro e proibição de novo registro por prazo de até vinte e quatro meses;

V – proibição do exercício da atividade de Intermediário no âmbito da CBF.

§ 5º Na aplicação das sanções previstas neste Regulamento, a CNRD deve levar em conta a proporcionalidade, a razoabilidade e a capacidade econômica da pessoa sancionada."

Conforme os artigos citados, o clube poderá ficar impedido de registrar e transferir atletas por até dois períodos completos, sendo que entendo que tal punição pode se dar sem prejuízo da cumulativa aplicação de multa nos limites previstos no art. 191 do CBJD. Mais gravemente, no âmbito desportivo, conforme os Regulamentos da FIFA, o clube pode sofrer perda de pontos e até descenso de divisão, dependendo da gravidade das eventuais violações.

4.7. Da prova documental apresentada perante a justiça do trabalho no que concerne a transferências internacionais e documentos em língua estrangeira

Especialmente quando tratamos de litígios decorrentes de transferências internacionais submetidos à Justiça do Trabalho, não raro há a ocorrência da apresentação pelas partes de documentos em língua estrangeira. Ocorre que os arts. 224, do CC, 148, da Lei de Registros Públicos (6.015/1973), 157, do CPC/1973 e 192 do NCPC/2015 determinam que os documentos juntados nos autos, para valerem como prova perante terceiros, devem ser traduzidos para o vernáculo, com firma de tradutor juramentado. Interessante notar que o Novo CPC/2015, em seu art. 192, possibilitou que a tradução para a língua portuguesa seja feita pela via diplomática ou pela autoridade central do país do documento, sendo estas novas possibilidades de tradução, além da firma de tradutor juramentado.

Caso não sejam obedecidos estes trâmites, em nossa ótica, os documentos, em princípio, não poderão ser conhecidos, ainda que o juiz da causa seja fluente na língua estrangeira em que veio o documento. Entendimento contrário implicaria em cerceamento de defesa da parte contrária, que não é obrigada, perante a Justiça Brasileira, a conhecer línguas estrangeiras. Nesse sentido, vem decidindo os Tribunais Pátrios:

"4ª TURMA DO TRT DA 9ª REGIÃO – ACÓRDÃO PUBLICADO EM 11/04/14

CNJ: 0000557-56.2013.5.09.0001

TRT: 12422-2013-001-09-00-8 (RO)

EMENTA

ART. 157 DO CPC. DOCUMENTOS EM LÍNGUA ESTRANGEIRA. TRADUÇÃO INDISPENSÁVEL. Os documentos colacionados aos autos pelas partes, em língua estrangeira, são inservíveis para fazer prova das situações neles descritas, pois apresentados desacompanhados de tradução, configurando, assim, ofensa ao art. 157 do CPC ('Só poderá ser junto aos autos documento redigido em língua estrangeira, quando acompanhado de versão em vernáculo, firmada por tradutor juramentado'), de aplicação analógica ao processo do trabalho. [...] Não lhe assiste razão. <u>De pronto, impõe-se reconhecer que o juízo a quo está correto quando diz que os documentos de fls. 18/22, 38/42, 46/59, 61/67, 81/87, 89, 91, 93, 95, 98, 100, 103/109, 111, 113, 116/119, 173/177, 185/186, 188 e 190/222, colacionados aos autos pelas partes, são inservíveis para fazer prova das situações neles descritas, pois apresentados em língua estrangeira e desacompanhados de tradução, configurando, assim, ofensa ao art. 157 do CPC ('Só poderá ser junto aos autos documento redigido em língua estrangeira, quando acompanhado de versão em vernáculo, firmada por tradutor juramentado''), de aplicação analógica ao processo do trabalho. Com efeito, referidos documentos não podem ser aceitos como meio de prova, independentemente da parte que tenha providenciado a juntada ou do fato de terem sido ou não efetivamente impugnados</u>." (grifei)

No mesmo sentido, o TRT da 2ª Região:

"DOCUMENTOS REDIGIDOS EM LÍNGUA ESTRANGEIRA – TRADUÇÃO OFICIAL INDISPENSÁVEL – O art. 157, do CPC é taxativo ao atribuir validade a documento redigido em língua estrangeira, somente quando acompanhado de versão em vernáculo, firmada por tradutor juramentado, não abrindo qualquer exceção, nem mesmo para os idiomas que têm origem latina. Trata-se de forma prevista em Lei, visando resguardar o interesse público na efetiva e segura entrega da prestação jurisdicional. Em que pese ser o espanhol idioma de fácil compreensão em nosso país, contém particularidades que podem levar à incerteza ou à incorreção na interpretação do teor dos documentos expressos no mesmo." (TRT 02ª R. – RO 00636-2005-001-02-00-0 – (20070611151) – 9ª T. – Relª Juíza Jane Granzoto Torres da Silva – DOESP 17.8.2007)

Por oportuno, pontua-se que as quatro línguas oficiais da FIFA são o inglês, o francês, o alemão e o espanhol, segundo os termos do art. 8º do Estatuto Geral da Entidade disponível no *site* www.fifa.com. A língua árabe foi acrescida recentemente como uma língua acessível no sítio eletrônico da FIFA (haja vista o seu aumento de uso de mais de 2.000 por cento na internet, entre os anos 2000 e 2008)[118], assim como o russo. Todavia, em todos os documentos oficiais da FIFA que tivemos acesso, nos Estatutos da entidade, e, em seu sítio eletrônico, reafirma-se que as quatro línguas oficiais da entidade são alemão, inglês, francês e espanhol. Assim, especialmente no que tange aos procedimentos de arbitragem no âmbito daquela entidade internacional, os pleiteantes deverão observar a linguagem a ser utilizada no procedimento, muito provavelmente o inglês, haja vista a sua maior acessibilidade mundial, sendo que o próprio Estatuto Geral da FIFA, no seu art. 8º, estabelece, em seus termos, que o inglês é a língua oficial para minutas, correspondências e anúncios da FIFA. Nesse mesmo sentido é o art. 28 do Regulamento de Transferências que, diz, em seus termos, que eventuais discrepâncias entre as interpretações do texto pela incidência de discordâncias entre o inglês, espanhol, francês e alemão, prevalecerá a interpretação feita pela língua inglesa.

(118) Disponível em: <http://www.fifa.com/about-fifa/news/y=2009/m=6/news=arabic-becomes-fifa-com-fifth-language-1068330.html>. Acesso em: 3 fev. 2016.

Capítulo 5

Direito Processual do Trabalho na Perspectiva Desportiva[(119)]

O presente capítulo busca verificar as possibilidades existentes de medidas de urgência judiciais para a rescisão antecipada de contratos desportivos, em especial em referência aos contratos de trabalho de atletas profissionais do futebol. Trata-se de uma atualização de estudos anteriores, em que foram analisados os mais recentes posicionamentos acerca da matéria, inclusive com a análise da mais nova jurisprudência consolidada do TST e verificação da chamada "Reforma Trabalhista".

Sentiu-se a necessidade de esclarecer questões processuais nesta edição, haja vista o incremento das situações processuais deste jaez.

Constata-se, inicialmente, que um mercado futebolístico efervescente gera uma série de conflitos entre as partes desse contrato especial de trabalho desportivo. A situação se densifica com uma frequência quase semestral, pelo grande número de transferências de atletas entre clubes, inclusive pela via judicial. Um dos principais focos de disputa daquela relação de trabalho é a tentativa de rescisão antecipada do contrato de trabalho pelos atletas profissionais, seduzidos por propostas salariais mais tentadoras oriundas de outras agremiações desportivas, seja em âmbito nacional, seja em âmbito internacional.

Passou a ser comum o ajuizamento de ações pelos atletas contra os clubes, normalmente acompanhados de pedidos incidentais de tutela de urgência, em que se pleiteia a rescisão indireta do contrato pela violação de deveres patronais. As alegações mais usuais dizem respeito a potenciais violações dos arts. 31, 34 (e incisos) e 39, § 2º — este último no caso de cessões temporárias de atletas (empréstimo) — da Lei n. 9.615/1998 (Lei Pelé). Ademais, há, ainda, pela aplicação do art. 28, § 4º, da mesma lei, a possibilidade de arguição de ocorrência de alguma das hipóteses das alíneas do art. 483 da CLT, haja vista que o contrato de trabalho desportivo não deixa de tratar de uma relação de emprego entre o atleta empregado e o clube empregador. Por tal circunstância, é claramente possível a aplicação subsidiária da CLT às relações de trabalho desportivas do atleta profissional do futebol.

(119) Partes deste capítulo já foram utilizadas em outras publicações deste autor.

A ruptura contratual por justa causa do empregador gerará, entre outros efeitos possíveis, o pagamento, pelo antigo empregador, da chamada cláusula compensatória desportiva em favor do atleta. Por outro lado, é preciso sopesar que os pleitos também podem revelar a ausência de causas ensejadoras da justa causa patronal, o que não afasta a liberdade de trabalho do atleta e a sua autonomia da vontade, caso em que poderá, ainda, pedir a rescisão unilateral, arcando, *a posteriori*, com as consequências financeiras e desportivas deste tipo de ruptura.

A situação, muitas vezes, pode ser dramática. Recentemente, ficou conhecido o caso do jogador francês *Dimitri Payet*. O atleta era empregado do clube inglês *West Ham*. Seu objetivo era voltar para o seu clube de origem, o *Olympique* de Marselha. Face à negativa inicial do clube inglês em negociar seus direitos federativos que estavam fixados no valor de 77 milhões de euros, o jogador fez uma declaração que mostrou sua agonia com a situação:

> "Juro por tudo que é mais sagrado que nunca mais vestirei a camisa do West Ham. Se não me negociarem, eu mesmo machucarei meus joelhos. Sou um ser humano, tendo o direito de decidir meu futuro. E vejo meu futuro em Marselha."[120]

Posteriormente, o jogador conseguiu seu intento e se transferiu para o clube francês, sendo que seu antigo empregador foi ressarcido em 30 milhões de euros pela transferência[121].

A fugaz carreira de um atleta profissional de futebol, aliado ao rápido fechamento das janelas de transferência internacional, períodos do ano em que se permite a transferência e registro de atletas em âmbito internacional, vêm demandando instrumentos de resposta processual para estas demandas apresentadas perante a Justiça do Trabalho e até em outras searas de resolução de disputas.

Um dos artigos mais importantes do Novo Código de Processo Civil é, sem dúvida, o art. 15 da nova lei adjetiva civil. Aquele artigo diz, em seus termos, que, na ausência de normas trabalhistas que regulem o Processo do Trabalho, os dispositivos do Novo Código aplicar-se-ão de modo subsidiário e supletivo às lides trabalhistas. Lado outro, o art. 769 da CLT também permitiu que o intérprete se utilizasse da legislação processual comum, no caso de omissão da legislação processual trabalhista.

No que se refere a hipóteses de concessão de liminares de urgência, a legislação processual trabalhista foi deficiente e lacônica em relação a instrumentos processuais próprios para se garantir tutelas de ruptura antecipada em contratos de trabalho. Tal situação, leva, nos termos do art. 769 da CLT e do art. 15 do CPC, à possibilidade de

---

(120) Dados disponíveis em: <http://extra.globo.com/esporte/decidido-sair-do-west-ham-payet-dispara-se-nao-me-venderem-eu-mesmo-machucarei-meus-joelhos-20789594.html#ixzz4Xo2W14mH>. Acesso em: 30 jul. 2017.

(121) Dados disponíveis em: <http://www.dn.pt/desporto/interior/dimitri-payet-apresentado-no-marselha-5637312.html>. Acesso em: 30 jul. 2017.

utilização da legislação processual comum e de outros remédios processuais no caso de tentativas de ruptura antecipada do contrato de trabalho desportivo.

Na prática, a criatividade jurídica dos intérpretes da legislação tem trazido ao Judiciário pedidos de tutelas de urgência antecipada (art.300 e seguintes do NCPC/2015), tutelas de evidência (art.311), *Habeas Corpus*, Mandados de Segurança e Correições Parciais.

Nesse ponto, é preciso lembrar que, desde a extinção do chamado "*Passe*", não se pode obrigar nenhum atleta a permanecer vinculado a um determinado clube contra a sua vontade. Entendimento contrário implicaria em ferir a liberdade de trabalho do atleta empregado e a sua autonomia da vontade. Ocorre que, na época do "Passe", o jogador poderia continuar vinculado a um clube, mesmo após o fim da sua relação de emprego, e sem receber rendimentos. Atualmente, felizmente, essa situação não mais existe, pois o vínculo desportivo do atleta profissional, agora, como regra geral, caminha "*paripassu*" com o vínculo trabalhista. Quando um vínculo cessa, o outro também cessa. Todavia, no caso especial do contrato de trabalho desportivo, é preciso se ter em mente que, para atuar por qualquer clube, o atleta necessita que o seu empregador seja detentor, ainda que temporário, de 100% dos seus direitos federativos, que, grosso modo, como já explanado nessa obra, é o direito de registrar o atleta nas Ligas ou entidades/confederações/federações de organização do desporto para a atuação profissional nas competições oficiais. Como o atleta não pode ser registrado, concomitantemente, por duas agremiações desportivas, o clube empregador do jogador deverá ceder/vender os direitos federativos do atleta consensualmente; ou, o atleta deverá conseguir um provimento jurisdicional (ou arbitral perante os juízos arbitrais aptos) de urgência para tanto. Ou seja, na análise de um caso concreto, sempre há que se distinguir as consequências pecuniárias da ruptura de um contrato de trabalho desportivo e a liberdade de atuação do atleta empregado. Em outras palavras, o atleta profissional de futebol, caso deseje romper o vínculo empregatício que tenha com determinado clube, durante a vigência do contrato desportivo de trabalho, sem a anuência de seu atual empregador, poderá fazê-lo, arcando com as cominações pecuniárias correspondentes, ou seja, a multa indenizatória desportiva.

Quando se trata do contrato de trabalho desportivo, é preciso se ter em mente que um contrato padrão tem, nos termos da Lei Pelé (9.615/1998), ao menos duas cláusulas obrigatórias, quais sejam: a cláusula indenizatória desportiva e a cláusula compensatória desportiva. A primeira prevê, nos termos do art. 28, I, *a*, da Lei n. 9.615/1998, a possibilidade de pagamento de indenização ao clube detentor definitivo dos direitos federativos do atleta no caso de transferências do atleta para outra entidade desportiva, durante a vigência do contrato de trabalho:

> "I – cláusula indenizatória desportiva, devida exclusivamente à entidade de prática desportiva à qual está vinculado o atleta, nas seguintes hipóteses: (Incluído pela Lei n. 12.395, de 2011).
>
> a) transferência do atleta para outra entidade, nacional ou estrangeira, durante a vigência do contrato especial de trabalho desportivo."

Escolhida a via judicial (renúncia à via arbitral — art. 337, § 6º, do NCPC, especialmente pela falta de cláusula de compromisso arbitral pregressa ao conflito), é necessário o sopesamento de direitos e de verossimilhança de alegações para o deferimento, ou não, da tutela pretendida, pois, a rigor, a parte reclamante alega descumprimentos contratuais do empregador que ensejariam a rescisão indireta do ajuste.

Ou seja, nos parece que, na análise do deferimento, ou não, de tutela de urgência requerida em casos como os ora analisados, é preciso sopesar dois direitos conflitantes: o direito de liberdade de trabalho/autonomia da vontade do atleta e o direito da entidade desportiva empregadora, detentora definitiva dos direitos federativos do atleta, de receber a cláusula indenizatória desportiva no caso de ruptura antecipada do contrato de trabalho, com transferência do atleta para outra agremiação.

Analisa-se cada uma das possibilidades de provimento jurisdicional aventadas.

No caso de pedido de tutela de urgência incidental antecipada em uma ação trabalhista, em que o atleta empregado requer a sua liberação para atuação em outras agremiações, é preciso, nos termos do art. 300 do NCPC, analisar a probabilidade do direito e o perigo de dano ao atleta reclamante. Assim, se o atleta alega que o clube empregador, por exemplo, não está arcando com os depósitos de seu FGTS por 03 ou mais meses (art. 31, § 2º, da Lei Pelé), provando tal fato cabalmente via juntada de extratos fundiários atualizados que atestam tal ocorrência, nos parece que a tutela poderá ser concedida, sem restrições, devendo, com urgência, serem cientificados o atleta, seu atual empregador e as entidades de organização do desporto. No caso brasileiro, a entidade de organização do desporto é a CBF, que deverá ser intimada para, especificamente, providenciar o registro do atleta em outra agremiação de sua preferência (no caso de transferência nacional) ou fornecer os documentos e informações para a Federação Internacional (no caso de transferência internacional). De bom alvitre é também comunicar a decisão às Federações locais, para efeitos dos campeonatos regionais. Ou seja, no exemplo dado, provou-se, documentalmente, a verossimilhança das alegações de justa causa patronal e o perigo de dano, haja vista que o atleta não pode ficar trabalhando sem o recebimento dos valores devidos (contraprestação), sendo de se destacar que, no caso do FGTS, o numerário, dependendo da situação (por exemplo, aquisição de casa própria), poderá ser eventualmente sacado durante a contratualidade. Cabe lembrar que, na análise da concessão, ou não, da tutela de urgência, o juízo fará uma análise perfunctória das provas, em cognição sumária. Em outras palavras, a verossimilhança das alegações e a probabilidade do direito devem estar presentes em uma análise sumária, o que revela a necessidade, na maioria das vezes, que a prova seja documental e indene de dúvidas, permitindo ao juízo a formação de seu convencimento sem a necessidade de dilação probatória. Assim, se a pretensão esposada pela reclamação gera dúvidas ao magistrado quanto à verossimilhança das alegações, a tutela antecipada não deve ser concedida sem condições, haja vista a gravidade de suas consequências, pois, queira ou não, a rigor, o clube empregador faz uma série de investimentos para contar com os serviços do atleta, empenhando o futuro financeiro e de conquistas da agremiação na performance e atuação dos seus empregados contratados. É a chamada "Causa Mista" do Direito Desportivo do Trabalho, em que se sopesa a proteção ao trabalhador e a tutela do jogo. Um exemplo de tal ocorrência seria o pedido de desligamento do atleta por suposta ausência contumaz de recolhimentos fundiários quando não apresenta os extratos fundiários para provar, de plano, aquela situação. Nesse caso, fica prejudicada a prova da verossimilhança de alegações.

Por outro lado, sopesando o direito à liberdade de atuação do atleta, uma solução engenhosa dada por alguns precedentes recentes, dependendo da urgência da situação, é a concessão de tutela, com exigência de caução.

A previsão é legalmente estabelecida no art. 300, § 1º, do NCPC. Diz o dispositivo legal:

> "§ 1º Para a concessão da tutela de urgência, o juiz pode, conforme o caso, exigir caução real ou fidejussória idônea para ressarcir os danos que a outra parte possa vir a sofrer, podendo a caução ser dispensada se a parte economicamente hipossuficiente não puder oferecê-la."

Assim, mesmo não estando totalmente convencido da verossimilhança das alegações, o juiz pode conferir a tutela condicionada a uma caução real ou fidejussória. Por exemplo, se o atleta alega, em inicial, que não vem recebendo salários há mais de três meses na agremiação empregadora, sem qualquer prova documental nesse sentido (por exemplo, extratos bancários que provem a ausência de depósitos na conta-salário), não se tem, em cognição sumária, sem a formação de contraditório, a verossimilhança de alegações provada. Nesse caso, calcado na probabilidade do direito à livre atuação, o juiz condutor do processo pode, não sendo obrigado, exigir caução para o deferimento da tutela de urgência. Em outras palavras, o juiz pode conceder a tutela de forma condicionada, ou seja, somente poderá ter a liberdade de atuação por outro clube o atleta que, por exemplo, depositar em juízo o valor da cláusula indenizatória desportiva em favor do clube empregador acionado, garantindo-se a indenização da entidade desportiva caso não se verifiquem, *a posteriori*, as alegações da inicial. Destaca-se que o juízo também deve atuar com prudência nesses casos, para não se exigir do atleta a caução de uma cláusula indenizatória desportiva que pode chegar a valores exorbitantes, que o atleta pode não ter como arcar, o que esvaziaria o efeito prático da tutela, devendo ser observada a parte final do § 1º, do art. 300, do CPC.

Chama-se a atenção para o contrato de cessão temporária de atletas profissionais (o popular "empréstimo"). No caso, o clube cessionário é detentor temporário dos direitos federativos do atleta. A situação tem regramento específico na Lei Pelé, qual seja, o art. 39 e §§ 1º e 2º do mesmo dispositivo legal. Na situação em análise, em regra, o clube cessionário é responsável por todos os pagamentos ao atleta. Por se tratar de um contrato mais curto do que o contrato com o clube cedente, se o clube cessionário atrasar o pagamento do salário, contribuições ou outros valores devidos ao atleta, por apenas 2 meses, será necessário que o atleta notifique a entidade desportiva cedente para, em 15 dias, purgar a mora do clube cessionário. Não o fazendo o clube cedente, o atleta poderá entrar com uma ação para rescindir o contrato de cessão temporária com o clube cessionário e receber as verbas devidas, inclusive a cláusula compensatória desportiva. Ocorre, entretanto, um erro comum nessas demandas. Não raro, a parte reclamante, no caso o atleta cedido, ajuíza ação contra o clube cessionário, empregador temporário, com pedido de tutela de urgência para se transferir para qualquer clube de sua preferência. Entretanto, nos termos explícitos do § 2º, do art. 39, da Lei Pelé, ocorrendo a rescisão indireta com o clube cessionário, o atleta deverá retornar à entidade de prática desportiva **cedente** para cumprir o restante do seu antigo contrato de trabalho desportivo original. Assim, a princípio e nos termos da lei, o juiz responsável não pode, em tal situação, deferir tutela de urgência antecipada liberando o atleta para atuar por toda e qualquer equipe, pois a ação tem o fim único de rescindir o contrato com a equipe cessionária e não com a equipe cedente, a não ser em caso de fraude e conluio entre equipes cessionária e cedente, situação que deve vir explícita em petição inicial, sobretudo com a inclusão, no polo passivo, de ambas as equipes.

Não concedida a tutela antecipada incidental, ou concedida de forma condicionada, a decisão, em regra, não é atacável de plano para um órgão jurisdicional revisor por recurso, nos termos do art. 893, § 1º, da CLT (o que não impede o pedido de reconsideração direcionado ao próprio juiz prolator da decisão, caso provas ou fatos novos venham aos autos e possam ser capazes de modificar a decisão inicial).

Aqui, cabe um destaque importante. Até meados de abril de 2017, não sendo deferida a tutela antecipada, a jurisprudência consolidada afirmava que somente no caso de sentença definitiva desfavorável é que a parte reclamante poderia, juntamente com o recurso ordinário direcionado ao TRT, requerer novamente a tutela antecipada, agora ao órgão revisor, o TRT. Tal posicionamento jurisprudencial foi modificado em meados de abril de 2017, pela ausência de recurso próprio para ataque a uma decisão denegatória de tutela provisória antes da sentença. Permitiu-se o ajuizamento do Mandado de Segurança para ataque à decisão concessiva ou denegatória da tutela proferidas antes da sentença definitiva. Com efeito, passou a prever a Súmula n. 414 do TST:

> "Súmula n. 414 do TST
>
> **MANDADO DE SEGURANÇA. TUTELA PROVISÓRIA CONCEDIDA ANTES OU NA SENTENÇA (nova redação em decorrência do CPC de 2015) – Res. n. 217/2017 – DEJT divulgado em 20, 24 e 25.4.2017**
>
> I – A tutela provisória concedida na sentença não comporta impugnação pela via do mandado de segurança, por ser impugnável mediante recurso ordinário. É admissível a obtenção de efeito suspensivo ao recurso ordinário mediante requerimento dirigido ao tribunal, ao relator ou ao presidente ou ao vice-presidente do tribunal recorrido, por aplicação subsidiária ao processo do trabalho do art. 1.029, § 5º, do CPC de 2015.
>
> II – No caso de a tutela provisória haver sido concedida ou indeferida antes da sentença, cabe mandado de segurança, em face da inexistência de recurso próprio.
>
> III – A superveniência da sentença, nos autos originários, faz perder o objeto do mandado de segurança que impugnava a concessão ou o indeferimento da tutela provisória."

Assim, caso a tutela antecipada seja concedida somente em sentença, o Mandado de Segurança não é cabível, sendo possível o pedido suspensivo da tutela em sede de RO, para decisão do Tribunal. Destaca-se que a decisão atacada deve ter conteúdo decisório, não podendo ser despacho de mero expediente. Nesses dois sentidos, a interpretação da OJ n. 92 da SbDI-II do TST:

> "**92. MANDADO DE SEGURANÇA. EXISTÊNCIA DE RECURSO PRÓPRIO (inserida em 27.5.2002)**
>
> Não cabe mandado de segurança contra decisão judicial passível de reforma mediante recurso próprio, ainda que com efeito diferido."

Aqui, teremos três situações, com lastro na aplicação subsidiária e analógica do art. 1029, § 5º, do NCPC. A primeira situação: se já foi admitido o RO pelo juízo de admissibilidade do primeiro grau e publicada tal decisão, mas o feito ainda não foi distribuído no TRT, o pedido será direcionado ao TRT, nos mesmos autos principais, sendo que o exame do pedido de suspensão dos efeitos da sentença será examinado pelo relator futuramente designado (art. 1.029, § 5º, I, do NCPC). Até a distribuição do feito, variando tal hipótese de acordo com cada regimento interno de TRT, a situação poderá ser examinada pelo Presidente da turma/câmara, ou, em caso de recesso, pelo Presidente do TRT ou seu substituto em exercício. A segunda situação: se já distribuído o RO a um relator no TRT, o pedido será direcionado ao relator do recurso (art. 1.029, § 5º, II, do NCPC). Finalmente, caberá, também, caso não tenha sido realizado, ainda, o juízo de admissibilidade do RO, o requerimento de efeito suspensivo ao juiz prolator da sentença, pela aplicação analógica do inciso III, do § 5º, do art. 1.029 do NCPC. Todavia, nessa última hipótese, não se vislumbra muita possibilidade de êxito da parte requerente, pois nos parece ser rara a possibilidade do juiz prolator da sentença dar efeito suspensivo contra uma decisão definitiva sua, após toda a verificação do cabedal probatório, apesar de não ser impossível tal provimento, em eventual apresentação de fatos novos, nos termos do art. 435, do CPC, e Súmula n. 8, do TST, que deverão ser submetidos ao contraditório da parte contrária no caso de intenção concessiva dos efeitos. Por consequência lógica, e pela aplicação dos mesmos dispositivos legais retromencionados, tais correlações serão aplicadas também em caso de Recurso de Revista (RR) direcionado ao TST, com pedido de efeito suspensivo do mesmo. Assim, interposto o RR e ainda não feito o juízo de admissibilidade do apelo pela presidência ou vice-presidência do TRT, o pedido de suspensão dos efeitos do acórdão do TRT deverão ser direcionados ao Presidente ou Vice-Presidente do Tribunal (TRT) recorrido (bem como nos casos do recurso ter sido sobrestado, nos termos do art. 1.037 do NCPC). Interposto o RR e já publicada a admissão do recurso de revista, o pedido de suspensão será direcionado ao TST, com julgamento pelo relator a ser designado por sorteio, ou, antes da distribuição, pelo Ministro de plantão. Finalmente, interposto o RR, admitido e já distribuído o recurso no TST, o pedido deverá ser direcionado ao relator designado. Em suma, o pedido de suspensão dos efeitos do recurso interposto nunca ficará sem autoridade designada para prolatar decisão sobre o pedido de suspensão dos efeitos do recurso, modificando-se, tão só, o direcionamento do requerimento de efeito suspensivo do apelo, dependendo da fase processual do feito. Destaca-se, por cautela, que a parte final do item I da Súmula n. 414, do TST, só previu a possibilidade do requerimento para suspensão dos efeitos do RO ao relator, ao Presidente ou Vice-Presidente do TRT. Todavia, nos parece que, uma vez admitida a aplicação subsidiária do art. 1.029, § 5º, do NCPC, a extensão da interpretação poderia ser feita também para o caso do juiz de primeiro grau, quando ainda não tendo sido publicada a decisão de admissibilidade do RO.

Quanto ao Mandado de Segurança, destaca-se, não pode ser usado como sucedâneo de recurso. Observe-se, a respeito, novamente, a OJ n. 92 da SbDI-II do TST.

A impetração concomitante de mandado de segurança e de recurso ordinário tem, além da impropriedade do procedimento, um potencial lesivo à pretensão final da parte recorrente/impetrante, pois, caso o MS (em face da sentença de primeiro grau) tenha sido impetrado antes do RO, abrir-se-ia a possibilidade de não conhecimento de um recurso ordinário posterior por preclusão consumativa. Ao final, o MS não seria conhecido por incabível, e o RO poderia ter sua análise prejudicada em face da pregressa utilização de um outro remédio processual que, frise-se, era incabível para o caso em concreto. Assim, em face de sentença do primeiro grau publicada, o procedimento correto da parte seria a interposição de recurso ordinário com posterior requerimento para o eventual deferimento de efeito suspensivo ao RO.

Já no caso de deferimento ou indeferimento da tutela antes da sentença, é cabível o mandado de segurança para impugnação à concessão ou indeferimento da tutela provisória, sendo o apelo direcionado ao TRT, no caso da decisão do juízo de primeiro grau. A eventual superveniência de sentença nos autos originários faz perder o objeto do mandado de segurança, passando-se, novamente, à hipótese do item I da Súmula n. 414, do TST, qual seja, a possibilidade de pedido de efeito suspensivo em sede de RO, na forma do art. 1.029, § 5º, do NCPC, em requerimento dirigido ao TRT, caso já tenha sido feita a publicação do exame de admissibilidade do apelo. Conclui-se, pelo próprio texto do art. 1.029, § 5º, e incisos do NCPC que o requerimento de efeito suspensivo do RO poderá ser feito em petição apartada, pois se identificam momentos processuais distintos no texto legal: um em que o processo já foi distribuído ao relator no TRT, sendo o relator responsável pela análise do requerimento; outro, em que o processo ainda não foi distribuído, mas a admissibilidade do RO já foi feita, em que direcionamento do requerimento passa ao TRT, com posterior envio ao relator sorteado; e, finalmente, no período entre a publicação da decisão de admissibilidade do recurso e a interposição do mesmo, em que o juiz de primeira instância, no caso de recurso ordinário(RO), decidirá o requerimento. Perceba-se, pois, que pode haver competência do juiz prolator da sentença de primeiro grau de jurisdição para a análise do pedido de efeito suspensivo ao RO oposto contra a sentença, no caso da admissibilidade do RO ainda não ter sido feita e publicada. Como as razões do RO são direcionadas ao TRT, sendo que no apelo só há uma petição de endereçamento dirigida ao juiz prolator da sentença, nos parece ser mais adequado que o pedido de efeito suspensivo direcionado ao juiz de primeira instância seja feito em peça apartada, até para melhor identificação do feito nos autos eletrônicos.

Observa-se que a possibilidade do expediente de impetração de Mandado de Segurança contra o indeferimento de tutela antecipada antes da sentença teve sensível modificação no entendimento consolidado do TST. O remédio é ajuizado perante o órgão revisor imediato, qual seja, o TRT, requerendo a revisão do indeferimento, ou da concessão, da tutela em primeiro grau de jurisdição. O procedimento, para ataque à concessão de liminar, antes de abril de 2017, era vedado pela Súmula n. 418, do TST, que dizia em sua antiga redação, *in verbis*:

> **"Súmula n. 418 do TST**
>
> **MANDADO DE SEGURANÇA VISANDO À CONCESSÃO DE LIMINAR OU HOMOLOGAÇÃO DE ACORDO (conversão das Orientações Jurisprudenciais ns. 120 e 141 da SBDI-2) - Res. n. 137/2005, DJ 22, 23 e 24.8.2005**
>
> A concessão de liminar ou a homologação de acordo constituem faculdade do juiz, inexistindo direito líquido e certo tutelável pela via do mandado de segurança." (ex-Ojs da SBDI-2 ns. 120 - DJ 11.8.2003 - e 141 - DJ 4.5.2004) (grifei)

A Súmula acima teve sua redação modificada em abril de 2017, passando, na esteira da Súmula n. 414 anteriormente citada, a não mais prever a vedação de impetração de mandado de segurança em caso de concessão de liminar. Diz a nova redação da Súmula n. 418 do TST:

> **"Súmula n. 418 do TST**
>
> **MANDADO DE SEGURANÇA VISANDO À HOMOLOGAÇÃO DE ACORDO (nova redação em decorrência do CPC de 2015) - Res. n. 217/2017 - DEJT divulgado em 20, 24 e 25.4.2017**
>
> A homologação de acordo constitui faculdade do juiz, inexistindo direito líquido e certo tutelável pela via do mandado de segurança."

Como se vê, não há mais impedimento jurisprudencial para que as partes impugnem a concessão ou indeferimento de tutelas provisórias antecipadas, concedidas ou negadas antes da sentença de primeiro grau, pela via mandado de segurança.

De toda sorte, para a concessão da segurança pretendida deverá se fazer presente a existência de direito líquido e certo. A nosso sentir, diante de dúvidas quanto à concessão de tutela e o seu posterior indeferimento, não se vislumbra direito líquido e certo em sede de MS, afastando-se os requisitos para a concessão da segurança. Nos dizeres do saudoso professor Hely Lopes Meirelles:

> "Direito líquido e certo é o que se apresenta manifesto na sua existência, delimitado na sua extensão e apto a ser exercitado no momento da impetração. Por outras palavras, o direito invocado, para ser amparável por mandado de segurança, há de vir expresso em norma legal e trazer em si todos os requisitos e condições de sua aplicação ao impetrante: se a sua existência

for duvidosa; se a sua extensão ainda não estiver delimitada; se o seu exercício depender de situações e fatos ainda indeterminados, não rende ensejo à segurança, embora possa ser defendido por outros meios judiciais."(122)

Tanto assim o é que o Mandado de Segurança sequer cabe a emenda, especialmente no que toca à prova documental, não se aplicando o disposto no art. 321, do CPC, no particular. Em outras palavras, para eventual sucesso na concessão da segurança, há que se estabelecer uma prova documental pré-constituída. Nesse sentido, também, a Súmula n. 415, do TST, recentemente reformada:

"Súmula n. 415 do TST

MANDADO DE SEGURANÇA. PETIÇÃO INICIAL. ART. 321 DO CPC DE 2015. ART. 284 DO CPC DE 1973. INAPLICABILIDADE. (atualizada em decorrência do CPC de 2015) – Res. n. 208/2016, DEJT divulgado em 22, 25 e 26.4.2016

Exigindo o mandado de segurança prova documental pré-constituída, inaplicável o art. 321 do CPC de 2015 (art. 284 do CPC de 1973) quando verificada, na petição inicial do *"mandamus"*, a ausência de documento indispensável ou de sua autenticação." (ex-OJ n. 52 da SBDI-2 – inserida em 20.9.2000)

Outro instrumento utilizado é o *habeas corpus*, resultado da posição pioneira do Exmo. Ministro Guilherme Augusto Caputo Bastos, no histórico HC 3981-95.2012.5.00.0000, em que foi pleiteada a liberdade de trabalho do jogador Oscar dos Santos Emboaba Júnior perante o São Paulo Futebol Clube, em face de decisão turmária do TRT da 2ª Região. No caso, observou-se, mais uma vez, a probabilidade do direito vindicado. Com a ampliação da competência material da Justiça do Trabalho, feita pela Emenda Constitucional n. 45/2004, possibilitou-se, em alguns julgados, a interpretação pela possibilidade de utilização do *habeas corpus* na Justiça Especializada. Assim, a partir da pioneira posição do Exmo. Ministro Guilherme, passou a existir a interpretação que o *habeas corpus* poderia ser estendido para abarcar a ilegalidade ou abuso de poder praticado em face de uma relação de trabalho, até pelo efeito da chamada "horizontalidade" dos Direitos Fundamentais. Segundo tal entendimento, não é somente o estado, representado por uma figura de autoridade estatal que pode ser classificado como ente ou autoridade coatora. Tanto no *habeas corpus* quanto no mandado de segurança, é possível haver substrato coativo identificado na figura do particular, que, apesar de não poder praticar abuso de poder, pois não é investido em poder estatal, pode, em tese, praticar ilegalidades. Ilegalidades, nos termos da CRFB-1988 também podem ser objeto de questionamento por meio daqueles remédios constitucionais.

Ou seja, admitiu-se que o questionamento acerca de direitos fundamentais não se estende somente ao Estado e seus agentes como autoridades coatoras, mas, também, aos particulares. Entendeu-se que a autoridade pública pode praticar abuso de poder, enquanto o particular pode praticar ilegalidade, o que abriria a possibilidade de impetração do *habeas corpus* ou mandado de segurança nas duas hipóteses. Um exemplo de

(122) MEIRELLES, Hely Lopes. *Mandado de segurança, ação popular, ação civil pública, mandado de injunção, habeas data.* 20. ed. São Paulo: Malheiros, 1995. p. 34-35.

tal ocorrência ligada ao direito desportivo seria, por exemplo, um diretor de registros de uma determinada federação de futebol negar o registro de um atleta, quando não houver motivo aparente para tanto. Nessa situação, ao praticar ilegalidade nos termos dos próprios regulamentos desportivos, o mencionado diretor, em tese, poderia ser qualificado como autoridade coatora particular, sendo possível a impetração de mandado de segurança perante a justiça do trabalho (a questão diz respeito a uma relação de trabalho e ao exercício da profissão) para garantir o direito ao livre exercício da profissão pelo atleta profissional de futebol. Nesse caso, bastaria a prova documental de negativa de registro em tempo razoável e a necessidade de prova do perigo da demora, que poderá facilmente ser comprovado com, por exemplo, a juntada da tabela de jogos do campeonato a ser disputado e que o atleta poderia se ver tolhido de participar pela atuação do mencionado diretor, que não viabilizou, a tempo, a regularização do registro do atleta.

Voltando à ação de *habeas corpus*, a interpretação pela utilização daquela ação constitucional objetivou à proteção da autonomia da vontade contra ilegalidade ou abuso de poder eventualmente perpetrados, seja pela autoridade judiciária, seja pelas partes da relação de trabalho. No caso concreto do jogador Oscar, a liminar deferida estabeleceu a particularidade específica do *habeas corpus* para o contrato de trabalho desportivo. O HC distribuído perante o TST desconstituiu liminarmente decisão proferida pela 16ª Turma, do TRT, da 2ª Região. Segundo a liminar, mesmo contra a vontade do jogador (e este é um aspecto fundamental), a decisão afastou o pedido de rescisão indireta e mandou reestabelecer o vínculo desportivo entre São Paulo Futebol Clube e o atleta, sendo que o vínculo desportivo é acessório ao contrato de emprego. No caso, portanto, mesmo contra a vontade do atleta, deu-se pelo reestabelecimento do vínculo desportivo, quando o atleta já não demonstrava o intuito de permanecer vinculado ao clube empregador, o que geraria, portanto, outras consequências, qual seja, o pedido de demissão. Perceba-se a sutileza da possibilidade de deferimento da medida na hipótese descrita. No particular, fica claro que a liminar deferida não adentrou às consequências pecuniárias do eventual desfazimento do vínculo de emprego. Quedou-se, simplesmente, na potencial ilegalidade de decisão que negou liberdade de trabalho e autonomia da vontade do jogador, quando, em nossa visão, a parte impetrante requeria a cessação do vínculo originário, de uma maneira ou de outra (seja por rescisão indireta, seja pelo pedido de demissão), nos termos, inclusive, do art. 483, § 3º, parte final, da CLT.

A nosso sentir, o entendimento naquela hipótese do HC na Justiça do Trabalho seria possível, todavia, respeitadas as doutas posições em contrário, é difícil a sua ocorrência e o seu provimento. É efetivamente raro uma ação em que o trabalhador atleta deseje a cessação do vínculo por pedido de demissão (seja como pedido principal, seja como pedido sucessivo), pois, neste caso, poderia utilizar as vias normais, pagando a cláusula indenizatória desportiva em favor do clube empregador para atuação em outra agremiação. É mais usual o ajuizamento de pedido de rescisão indireta, afastando-se a cláusula indenizatória desportiva, com consequentes requerimentos de pagamentos de uma rescisão por culpa do empregador, inclusive com o adimplemento da cláusula compensatória desportiva em favor do atleta. É raro um pedido sucessivo de demissão, haja vista as graves consequências financeiras ao atleta caso, efetivamente, se transfira para outro clube (o que não ocorrerá, por exemplo, se o atleta se aposentar). Agora, respeitadas as posições em contrário, não nos parece ser possível o deferimento liminar de HC quando, claramente, o atleta não deseja o pedido de rescisão unilateral por sua iniciativa e deseja deixar o clube empregador sem custos pessoais, por alegada culpa do empregador. Tal situação se densifica se o clube empregador estiver em dia com as suas contraprestações contratuais. Tampouco nos parece possível o ataque, via HC, de decisão de 1ª ou 2ª instância que simplesmente nega o pedido de rescisão indireta, pois, na nossa visão, o *habeas corpus* não pode fazer o papel de sucedâneo de recurso, uma vez que a legislação processual é pródiga em possibilidades recursais e utilização de outros remédios, como o mandado de segurança em especial. Incide o Princípio da Unirrecorribilidade das decisões judiciais, pois, caso contrário, estar-se-ia diante de um potencial e teratológico cenário de supressão de instâncias, com a possível impetração de um *habeas corpus* sobre outro *habeas corpus*, o que se chocaria, em potência, com as previsões de litispendência ou coisa julgada, nos termos do art. 337, §§ 1º, 2º e 3º do CPC.

A existência de um novo *habeas corpus* contra uma eventual decisão denegatória de um primeiro *habeas corpus*, mesmo que sob fundamento diverso, não altera a causa de pedir principal. Não há que se confundir fundamento legal com causa de pedir, como observado no Novo Código de Processo Civil anotado de Theotonio Negrão, José Roberto F. Gouvêa; Luis Guilherme A. Bondioli e João Francisco N. da Fonseca, ao transcreverem o seguinte julgado do STJ:

> "A **diversidade de fundamento legal** invocado pelas partes ou a alteração na **qualificação jurídica dos fatos** narrados não são determinantes para afastar a identidade entre as ações. Tais fatores não integram a causa de pedir, nem vinculam o magistrado, por força dos princípios iura novit curia e da mihi factum, dabo tibi jus. A nossa legislação processual adotou a teoria da substanciação, segundo a qual são os fatos narrados na petição inicial que delimitam a causa de pedir. Concretamente, da leitura dos autos, extrai-se que, em ambas as ações, foi relatado o mesmo fato, qual seja a celebração de negócio jurídico entre o ex-sócio gerente da massa falida e a primeira ré, durante o período suspeito da falência, em prejuízo ao patrimônio da massa falida. Também constata-se que, em ambos os casos, buscou-se a mesma consequência jurídica: o reconhecimento da nulidade/ineficácia do referido negócio. Nesse contexto, era defeso à parte, que não obteve êxito na primeira demanda, renovar a pretensão, narrando os mesmos fatos e visando às mesmas consequências, apenas sob diferente qualificação jurídica (dação em pagamento) e indicação mais precisa dos dispositivos legais (art. 52, inciso II e 53 do Decreto-lei n. 7.666/45)." (REsp 1009057/SP, rel. Ministro Vasco Della Giustina (Desembargador convocado do TJ/RS), Terceira Turma, julgado em 27.4.2010, DJe 17.5.2010)[123] (grifei)

(123) NEGRÃO, Theotonio; GOUVÊA, José Roberto Ferreira; BONDIOLI, Luis Guilherme Aidar; FONSECA, João Francisco Naves da. *Novo Código de Processo Civil e legislação processual em vigor*. 47. ed. atual. e refor. São Paulo: Saraiva, 2016. p. 542.

Ou seja, mais um argumento da parte impetrante não modifica a causa de pedir das duas ações idênticas. Cabe lembrar que o *habeas corpus* é uma ação independente. A causa de pedir, pela Teoria da Substanciação vigente em nosso Ordenamento, diz respeito aos fatos das demandas. Os fatos, nas duas ações, são os mesmos, o que nos parece que atrairia os óbices processuais mencionados, respeitadas as posições em contrário. Tal entendimento se densifica porque há a possibilidade de, de uma decisão de HC, haver recurso ordinário para instância superior.

A diversidade de fundamento legal invocado pelas partes ou a alteração na qualificação jurídica dos fatos narrados não são determinantes para afastar a identidade entre as ações. Tais fatores não integram ou modificam a causa de pedir, nem vinculam o magistrado, por força dos princípios *iura novit curia* (o juiz conhece o direito) e da *mihi factum, dabo tibi jus* (dê-me os fatos que lhe dou o direito).

Frise-se que a coisa julgada abarca todas as potenciais alegações da parte.

Em caso de *habeas corpus* sucessivos, sob os mesmos fundamentos, tem, em nossa visão, perfeita aplicação ao caso o disposto no art. 508 do NCPC. Este artigo diz, em seus termos, que passada em julgado a sentença de mérito, consideram-se deduzidas e repelidas todas as alegações que a parte poderia fazer e não as fez no processo, valendo referidos dispositivos para novos argumentos em outra demanda, conforme escólio magistral de Nelson Nery Júnior:

> "Transitada em julgado a sentença de mérito, **as partes ficam impossibilitadas de alegar qualquer outra questão relacionada com a lide, sobre a qual pesa a autoridade da coisa julgada**. A norma reputa repelidas todas as alegações que as partes poderiam ter feito na petição inicial e contestação a respeito da lide e não fizeram (alegações deduzidas e dedutíveis — cf. Barbosa Moreira. A eficácia preclusiva da coisa julgada material no sistema do processo civil brasileiro [Temas p. 100]). **Isto quer significar que não se admite a propositura de nova demanda para rediscutir a lide, com base em novas alegações. A este fenômeno dá-se o nome de eficácia preclusiva da coisa julgada.**"[124] (grifei)

É preciso lembrar que o HC pressupõe patente ilegalidade do ato atacado ou abuso de poder da autoridade impetrada, o que não nos parece ser o caso em situações de decisões judiciais motivadas dentro dos limites da lide, em que não há patente violação ao direito perseguido. O remédio constitucional depende de prova pré-constituída, não comporta dilação probatória e seus fundamentos devem vir demonstrados de plano, em seu ajuizamento. A possibilidade de deferimento de um *habeas corpus* pressupõe o impedimento do autor exercer a sua vontade de deixar o clube, por exemplo, quando requer uma demissão, ou quando fica patente a hipótese de rescisão indireta. Não há que se confundir tais situações com o caso em que não é conveniente ao atleta pedir

(124) NERY JUNIOR, Nelson e NERY, Rosa Maria Andrade. *Código de Processo Civil comentado e legislação extravagante.* 11. ed. São Paulo: Revista dos Tribunais, 2010. p. 739.

demissão, por questões financeiras, não havendo prova inequívoca de caso de rescisão indireta do contrato.

De toda sorte, já houve posições dissonantes acerca da aplicabilidade do *habeas corpus* na justiça do trabalho, para casos como os que são ora analisados, em que não há clara restrição de liberdade primária de locomoção. A decisão, recente, foi da maioria do colegiado da SbDI-II do TST, cuja ementa está assim lavrada:

> "***HABEAS CORPUS*. ATLETA PROFISSIONAL. LIBERAÇÃO PARA EXERCÍCIO EM OUTRA AGREMIAÇÃO ESPORTIVA. AUSÊNCIA DE RESTRIÇÃO DO DIREITO PRIMÁRIO DE LIBERDADE DE LOCOMOÇÃO (DIREITO DE IR, VIR E PERMANECER). SUPERAÇÃO DA DOUTRINA BRASILEIRA DO *HABEAS CORPUS*. NÃO CABIMENTO.** A Justiça do Trabalho tem competência constitucional para apreciação de *habeas corpus*, quando o ato questionado envolver matéria sujeita à sua jurisdição. Contudo, tal competência deve observar os limites de cabimento da referida ação constitucional garantidora de liberdades fundamentais, em respeito à instrumentalidade das ações constitucionais. A jurisprudência do Supremo Tribunal Federal e do Superior Tribunal de Justiça é firme no sentido de que o *habeas corpus* tem cabimento restrito à defesa da liberdade de locomoção primária, assim entendida como o direito de ir, vir e permanecer. Admissível, portanto, como meio de proteção de direitos que tenham na liberdade física condição necessária para o seu exercício. Precedentes do STF e do STJ. Contraria o entendimento majoritário dessas Cortes, portanto, a admissão de *habeas corpus* para discutir cláusula contratual de atleta profissional, com pedido de transferência imediata para outra agremiação desportiva e de rescisão indireta do contrato de trabalho, por não afetar restrição ou privação da liberdade de locomoção. Se a discussão afeta somente secundariamente a liberdade de locomoção, decorrente de liberdade de exercício de profissão ou trabalho, não cabe *habeas corpus*, caso em que o direito deve ser tutelado por outro meio admitido em Direito. Eventuais restrições do exercício de atividade por atleta profissional não autorizam a impetração de *habeas corpus*, porquanto não põem em risco a liberdade primária de ir, vir ou permanecer. Ademais, na hipótese dos autos, o *habeas corpus* foi utilizado como substitutivo de decisão a ser proferida na reclamatória trabalhista, âmbito apropriado para a análise probatória da alegação de descumprimento do contrato, uma vez que o paciente apresentou reclamatória trabalhista, cujo pedido de tutela de urgência de natureza antecipada foi indeferido e contra o qual impetrou mandado de segurança. O presente *habeas corpus* foi impetrado contra decisão em agravo regimental da Seção Especializada do Tribunal Regional, que cassou a liminar concedida no mandado de segurança. ***Habeas* corpus extinto sem resolução de mérito, nos termos do art. 485, IV, do CPC/2015.**" (HC-1000678-46.2018.5.00.0000, Subseção II Especializada em Dissídios Individuais, relator Ministro Alexandre Luiz Ramos, DEJT 19.11.2018) (grifei)

O entendimento foi que o *habeas corpus* é de possível ocorrência na Justiça do Trabalho. Todavia, o remédio constitucional está restrito à defesa da liberdade de locomoção primária, assim entendida como o direito de ir, vir e permanecer. O relator do caso, Exmo. Ministro Alexandre Luiz Ramos, remeteu a decisões pretéritas do Supremo Tribunal Federal (STF) e do Superior Tribunal de Justiça (STJ), em que se decidiu que o *habeas corpus* não é o meio adequado para discutir situação que não implique pena privativa de liberdade e cerceamento de liberdade de locomoção física e primária. Na avaliação do Ministro, se a discussão afeta somente secundariamente a liberdade de locomoção, o direito deve ser tutelado por outro meio processual, como o mandado de segurança, sob pena de se banalizar o instituto do HC, desviar a sua finalidade e sobrecarregar as Cortes Trabalhistas com a utilização do remédio como sucedâneo de recurso, em busca de uma decisão favorável em todas as instâncias, o quê, de fato, causa tumulto processual. Portanto, segundo a decisão não seria possível "... a admissão de *habeas corpus* para discutir cláusula contratual de atleta profissional, com pedido de transferência imediata para outra agremiação desportiva e de rescisão indireta do contrato de trabalho, por não afetar restrição ou privação da liberdade de locomoção. Se a discussão afeta somente secundariamente a liberdade de locomoção, decorrente de liberdade de exercício de profissão ou trabalho, não cabe habeas corpus, caso em que o direito deve ser tutelado por outro meio admitido em Direito".

A decisão da SbDI-II, do TST, ainda que tomada por maioria, parece dar a tendência de não cabimento de *habeas corpus* na Justiça do Trabalho quando a discussão só afete secundariamente a liberdade de locomoção física, como entendeu o colegiado ser o caso de discussão de cláusula contratual de atleta profissional, com pedido de transferência imediata para outra agremiação esportiva e rescisão indireta do contrato de trabalho desportivo. Houve, inclusive, a listagem de precedentes, no mesmo sentido, do STJ e do STF, confirmando-se a tendência da jurisprudência.

Um outro instrumento processual que vem sendo utilizado é o das correições parciais, também denominado reclamação correicional.

A conceituação do instituto é dada por Sérgio Pinto Martins:

> "A correição parcial é o remédio processual destinado a provocar a intervenção de uma autoridade judiciária superior em face de atos tumultuários de procedimento praticados no processo por autoridade judiciária inferior. Ato tumultuário da boa ordem processual é o que não observa as regras legais previstas para o processo [...]"(125)

Ou seja, o remédio é para corrigir erros, abusos e atos contrários à boa ordem processual, quando não haja recurso ou outro meio processual específico.

Nos parece, nesse caso, que a possibilidade de utilização deste instrumento processual é bastante restrita. As Correições Parciais são procedimentos utilizados para se atacar, em regra, erros de procedimento das autoridades judiciais, e não para se atacar eventuais erros de julgamento; eventual *error in judicando* só poderá, em regra, ser atacado via recurso próprio. Na Justiça do Trabalho, a Corregedoria Regional poderá analisar atos de juízes de primeiro grau e a Corregedoria Geral no TST poderá analisar atos de desembargadores dos TRT´s. No caso específico dos contratos desportivos, este instrumento poderá ter consequências na matéria de fundo somente de modo indireto,

(125) MARTINS, Sérgio Pinto. *Direito processual do trabalho:* doutrina e prática forense; modelos de petições, recursos, sentenças e outros. 24. ed. São Paulo: Atlas, 2005. p. 471, *apud* DANI, Marcos Ulhoa. *Direito processual do trabalho* — Teoria e práticas modernas. Rio de Janeiro: Forense. 2012, p. 270.

sem que isto represente extrapolação da competência de cada Corregedoria. Tem sido o caso, por exemplo, de demora excessiva e sem justificativa de juízo de admissibilidade de recurso de revista, adentrando-se, inclusive, o período de recesso forense. Já ocorreram casos em que houve correição parcial ao TST nesse sentido, requerendo-se o provimento jurisdicional de fundo, pois o processo estaria em demora excessiva e, antes da decisão de admissibilidade de revista, o TST não poderia analisar eventual pedido de tutela de urgência trazida no corpo do recurso principal, por falta de competência para tanto. Nesse caso, o Corregedor Geral do TST, ou quem lhe fizesse as vezes em substituição, poderia, calcado nos mesmos requisitos de probabilidade do direito, verossimilhança de alegações e perigo na demora, analisar pedido liminar de liberação de atuação do atleta por outra agremiação, em caráter incidental. Novamente, lembra-se, o juízo, nesse caso, é de cognição sumária, e não exauriente, demandando, portanto, uma constatação inequívoca e patente de violação do direito para eventual provimento. A verificação de dúvidas no caso em concreto, a nosso sentir, obstaculizam o provimento do apelo.

Finalmente, chegamos ao instrumento processual de tutela de evidência, que, diferentemente das tutelas de urgência antecipadas (que podem ser antecedentes ou incidentais), só podem ser analisadas em caráter incidental, preferencialmente após a formação do contraditório (incisos I e IV, e parágrafo único, do art. 311, do CPC). As hipóteses legais são autoexplicativas, sendo que, no caso, não haverá a necessidade de demonstração de perigo de dano para o eventual provimento de urgência. A tutela poderá ser concedida no caso, por exemplo, de manifesto propósito protelatório da parte contrária e abuso de direito de defesa, bem como se a petição inicial foi instruída com prova documental suficiente dos fatos constitutivos do direito do autor, a que o réu não oponha prova capaz de gerar dúvida razoável. No caso das tutelas de urgência, acreditamos, nos termos dos arts. 139, IV, e 536, do CPC, que a tutela também pode ser deferida, inclusive, de ofício.

Como se vê, o deferimento de liminares na Justiça do Trabalho, nos casos analisados, geram consequências importantes nos contratos de trabalho dos atletas, tanto para estes como para as agremiações empregadoras, sendo de se destacar o cuidado em tais análises, pois, de acordo com as hipóteses do art. 302 do NCPC, independentemente da reparação do dano processual, a parte responde pelo prejuízo que a efetivação da eventual tutela de urgência concedida causa à parte adversa se, por exemplo, a sentença final for desfavorável ao autor. Verificou-se, ainda, nova discussão a respeito de cláusula compromissória para a utilização da via arbitral para solução daqueles conflitos, com a existência de regramentos próprios nas câmaras de resolução de conflitos já instituídas.

Um outro fator importante a ser analisado é que, em havendo a ruptura, via liminar, o contrato desportivo vigente deve ser rescindido, para que haja novo registro em nome de novo clube. Todavia, sendo cassada a liminar deferida, o vínculo original deverá ser reestabelecido, o que sempre deve ser comunicado às Federações e Confederações envolvidas, para as devidas providências burocráticas.

Enfim, percebe-se que os eventuais deferimentos das liminares apresentadas, em muito, passam pela análise dos pedidos iniciais, das provas documentais que os acompanham, bem como pela probabilidade de provimento final, evitando-se, assim, potenciais prejuízos processuais e materiais futuros para as partes envolvidas.

Referências Bibliográficas

AMADO, João Leal. Desporto, Direito e Trabalho: uma Reflexão sobre a Especificidade do Contrato de Trabalho Desportivo. In: BELMONTE, Alexandre Agra; MELLO, Luiz Philippe Vieira de; BASTOS, Guilherme Augusto Caputo (Orgs. e Coords.). *Direito do trabalho desportivo:* os aspectos jurídicos da Lei Pelé frente às alterações da Lei n. 12.395/2011.São Paulo: LTr, 2013.

BASTOS, Guilherme Augusto Caputo. *Direito desportivo.* Brasília: Alumnus, 2014.

______. *Direito desportivo.* 2. ed. Belo Horizonte: Casa da Educação Física, 2018.

CAMARGOS, Wladimyr Vinycius de Moraes. Conflito entre Fontes Normativas Estatais e não Estatais do Direito Desportivo. O Recurso ao Pluralismo Jurídico como Forma de Superação da Falsa Dicotomia. In: BELMONTE, Alexandre Agra; MELLO, Luiz Philippe Vieira de; BASTOS, Guilherme Augusto Caputo (Orgs. e Coords.). *Direito do trabalho desportivo:* os aspectos jurídicos da Lei Pelé frente às alterações da Lei n. 12.395/2011. São Paulo: LTr, 2013.

CARSON, Mike. *Os campeões:* por dentro da mente dos grandes líderes do futebol. Trad. Candice Soldatelli. Caxias do Sul: Belas-Letras, 2015.

CASSAR, Vólia Bonfim. *Direito do trabalho.* 12. ed. rev., atual. e ampl. Rio de Janeiro: Forense; São Paulo: Método, 2016.

______; BORGES, Leonardo Dias. *Comentários à reforma trabalhista.* 3. ed. Rio de Janeiro: Forense; São Paulo: Método, 2018.

CAÚS, Cristiano. *Pro competitione 2 x Tapetão 0.* Disponível em: <https://esportelegal.wordpress.com/2012/11/09/pro-competitione-2-x-0-tapetao/>. Acesso em: 19 jun. 2019.

CAVAZZOLA JUNIOR, Cesar Augusto. *Manual de direito desportivo.* São Paulo: EDIPRO, 2014.

DANI, Marcos Ulhoa. Os recursos de embargos no TST sob a égide da lei n. 13.015/2014: a influência do Novo CPC e o Princípio da Segurança Jurídica Dinâmica. In: *Revista do Tribunal Superior do Trabalho*, Rio de Janeiro, Lex Magister, vol. 80, n. 4, out./dez. 2014.

______. *Redução de salário em contratos esportivos. Jornal COrreio Brasiliense.* Disponível em: <http://correadaveiga.adv.br/reducao-de-salario-em-contratos-esportivos/>. Acesso em: 8 jan. 2016.

DELGADO, Mauricio Godinho. *Curso de direito do trabalho.* 8. ed. São Paulo: LTr, 2009.

______. *Princípios de direito individual e coletivo do trabalho.* 3. ed. São Paulo: LTr, 2010.

FIUZA, César. *Direito civil:* curso completo. 18. ed. rev., atual. e ampl. São Paulo: Revista dos Tribunais, 2015.

GARCIA, Gustavo Felipe Barbosa. *Curso de direito do trabalho.* 6. ed. rev., atual. e ampl. Rio de Janeiro: Forense, 2012.

HOBSBAWN, Eric J. (1917) *O novo século:* entrevista a Antonio Polito. Tradução do italiano para o inglês Allan Caeron; tradução do inglês pra o português e cotejo com a edição italiana Claudio Marcondes. São Paulo: Cia. das Letras, 2009.

KELSEN, Hans. *Teoria geral do direito e do Estado.* Trad. Luís Carlos Borges. São Paulo: Martins Fontes, 2000.

MARCONDES, Luiz Fernando Aleixo. *Direitos econômicos de jogadores de futebol. Lex Sportiva e Lex Publica.* Alternativa jurídica às restrições de compra e venda de direitos sobre o jogador. Curitiba: Juruá, 2016.

MARQUES, Cláudia Lima. O "Diálogo das Fontes" como método da nova teoria geral do direito: um tributo a Erik Jayme. In: MARQUES, Cláudia Lima (Coord.). *Diálogo das fontes:* do conflito à coordenação de norma do direito brasileiro. São Paulo: Revista dos Tribunais, 2012.

MARTINS, Sérgio Pinto. *Direito processual do trabalho:* doutrina e prática forense; modelos de petições, recursos, sentenças e outros. 24. ed. São Paulo: Atlas, 2005; *apud* DANI, Marcos Ulhoa. *Direito processual do trabalho* — Teoria e práticas modernas. Rio de Janeiro: Forense, 2012.

MEIRELLES, Hely Lopes. *Mandado de segurança, ação popular, ação civil pública, mandado de injunção,* habeas data. 20. ed. São Paulo: Malheiros, 1995.

MIGUEL FILHO, Theophilo Antônio. Soberania Nacional, Normas da FIFA e Juridicidade das Janelas de Transferência.In: BELMONTE, Alexandre Agra; MELLO, Luiz Philippe Vieira de; BASTOS, Guilherme Augusto Caputo (Orgs. e Coords.). *Direito do trabalho desportivo:* os aspectos jurídicos da Lei Pelé frente às alterações da Lei n. 12.395/2011. São Paulo: Ltr, 2013.

NEGRÃO, Theotonio; GOUVÊA, José Roberto Ferreira; BONDIOLI, Luis Guilherme Aidar; FONSECA, João Francisco Naves da. *Novo Código de Processo Civil e legislação processual em vigor.* 47. ed. atual. e refor. São Paulo: Saraiva, 2016.

NERY JUNIOR, Nelson; NERY, Rosa Maria Andrade. *Código de Processo Civil comentado e legislação extravagante.* 11. ed. São Paulo: Revista dos Tribunais, 2010.

RAMOS, Rafael Teixeira. *Direito desportivo trabalhista* — A fluência do ordenamento do desporto na relação laboral desportiva e seus poderes disciplinares. São Paulo: Quartier Latin, 2010.

______. Direito do trabalho desportivo: profissionalismo, contrato laboral desportivo, as partes da relação empregatícia desportiva e a interveniência de terceiros. In: BELMONTE, Alexandre Agra; MELLO, Luiz Philippe Vieira de; BASTOS, Guilherme Augusto Caputo (Orgs. e Coords.). *Direito do trabalho desportivo:* os aspectos jurídicos da Lei Pelé frente às alterações da Lei n. 12.395/2011. São Paulo: Ltr, 2013.

SÁ FILHO, Fábio Menezes de. Análise da admissibilidade da resolução de conflitos individuais afetos ao direito laboral desportivo pela arbitragem no Brasil. In: MELO FILHO, Álvaro; SÁ FILHO, Fábio Menexes de; SOUZA NETO, Fernando Tasso de; RAMOS, Rafael Teixeira (Coords.). *Direito do trabalho desportivo* — homenagem ao Professor Albino Mendes Baptista — Atualizado com a lei que alterou a Lei Pelé — Lei n. 12.395, de 16 de março de 2011. São Paulo: Quartier Latin, 2012.

SABO, Vera Lúcia. Utilização da Lei de Arbitragem no contrato de trabalho do atleta profissional do futebol. In: MACHADO, Rubens Approbato; LANFREDI, Luis Geraldo Sant'ana; TOLEDO, Otávio Augusto de Almeida; SAGRES, Ronaldo Crespilho; NASCIMENTO, Wagner (Coords.). *Curso de direito desportivo sistêmico* — vol. II. São Paulo: Quartier Latin, 2010.

SOUZA, Gustavo Lopes Pires de. *Direito desportivo*. Coordenação de Gustavo Lopes Pires de Souza. Belo Horizonte: Arraes Editores, 2014.

SOUZA, Paulo Henrique Chacon de. O contrato do atleta profissional de futebol. *Revista Jus Navigandi*, ISSN 1518-4862, Teresina, ano 19, n. 4129, 21 out. 2014. Disponível em: <https:// jus.com.br/artigos/30378>. Acesso em: 28 maio ?ANO?

SOUZA JÚNIOR,Antônio Umberto; SOUZA, Fabiano Coelho de; MARANHÃO, Ney; AZEVEDO NETO, Platon Teixeira de. *Reforma trabalhista:* análise comparativa e crítica da Lei n. 13.467/2017. São Paulo: Rideel, 2017.

VEIGA, Maurício de Figueiredo Corrêa da. *Direito e desporto*. São Paulo: LTr, 2018.

______. *Manual de direito do trabalho desportivo*. 2. ed. São Paulo: LTr, 2017.

______. *Temas atuais de direito desportivo*. São Paulo: LTr, 2015.

______; SOUSA, Fabrício Trindade de. *A evolução do futebol e das normas que o regulamentam:* aspectos trabalhista-desportivos. São Paulo: LTr, 2013.

ZAINAGHI, Domingos Sávio. *Os atletas profissionais de futebol no direito do Trabalho*. 2. ed. São Paulo: LTr, 2015.

Sítios eletrônicos da internet:

<http://correadaveiga.adv.br/>.

<http://epoca.globo.com>.

<http://extra.globo.com/>.

<http://ostrabalhistas.com.br>.

<http://pt.euronews.com>.

<http://www.cbma.com.br>.

<http://www.dn.pt/>.

<http://www2.planalto.gov.br/acervo/legislacao>.

<https://www.brasildefato.com.br>.

<https://cdn.cbf.com.br>.

<https://leiemcampo.com.br>.

<https://portaldeimigracao.mj.gov.br>.

<https://www.migalhas.com.br>.

<https://sportv.globo.com>.

<https://uolesportevetv.blogosfera.uol.com.br>.

<www.cbf.com.br>..

<www.cnj.jus.br>.

<www.esportes.terra.com.br>.

<www.esporte.uol.com.br>.

<www.fifa.com>.

<www.futebol.com>.

<www.globoesporte.globo.com>.

<www.ibdd.com.br>.

<www.jornaldebrasilia.com.br>.

<www.justlanded.com>.

<www.mte.gov.br>.

<www.mg.superesportes.com.br>.

<www.sportsvalue.com.br>.

<www.stf.jus.br>.

<www.tas-cas.org>.

<www.trt3.jus.br>.

<www.trt10.jus.br>.

<www.tst.jus.br>.

<www.veja.abril.com.br>.

<www.zh.clicrbs.com.br>.